U0094617

·····出發！365天·····

濟州島

제 ····· 全攻略 ····· 주

租車自駕 X 行程規劃 X 食購玩宿 X 韓劇網紅熱點

韓國最美島嶼完整指南，明天就出發

雪姬 —— 著

內容 | CONTENTS

- 本書內的所有價格只作參考用途，相關收費會因個別情況而變動，且不作另行通知 。
- 本書內的所有巴士資訊只作參考用途，當地交通會因應實際情況而隨時變動，出發前必須自行上網查詢最新的交通資訊。

回憶製造機---「濟州島」

　　濟州島能為每個外來的遊人帶來美好回憶，對每個到訪過的人，只要提起「濟州」這個名字，大家都會自然而然地回味起那段幸福的旅遊時光。而這台巨型的回憶製造機器，亦有著她獨特的魅力和個性。島上因為女人多、石頭多，還有風多，所以又被稱為「三多島」。風多，是因為濟州島一年四季都刮著大大小小的風，走在路上不難發現到處都建有風車設施，正在為這座海洋小島提供珍貴的原動力；亦因為強風的關係，大家常稱濟州島為「風之島」。在島上看著巨大的白色風車轉動，海風清涼吹拂，絕對能令人忘卻城市中的煩擾。島民都愛沒事就到海邊吹吹風，喝瓶冰涼的啤酒，身心的疲累就會一掃而空。

　　女人多，因為一直以來島上的男性都需出海工作，一去就長時間回不了家，留下女性在島上獨力看守家園，照顧著一家老幼的大小事務，還要幫補家計外出賺錢，有的去當海女抓魚，有的到田裡耕種，又有的在市場做買賣。因為家中男人不在，所有粗重工作如砍柴、打水，都是女人獨力完成，一手撐起全家，造就了濟州島女性那積極主動又堅強的個性。因為濟州女性的強韌，以及島民對女性的敬重，讓濟州島又得到「女人島」的美名。

石頭多，則是因為作為火山島的濟州，島上堆積滿大大小小的岩石，自古以來島上居民都會收集岩石來興建他們的房屋及圍牆，一塊一塊黑色的石頭堆砌成非常獨特的風景，而這種岩石建築的方式唯濟州島所獨有。置身於濟州的村落中，不難發現到處都是黑色石牆，每條狹小的巷弄小路，都以黑石分隔着，配上藍藍綠綠的屋頂從石牆中冒出，形成濟州村落最典型的模樣，更成為了現代人打卡寫生最愛的畫面。

　　濟州島能療癒現代人因步調匆忙而備感緊張的身心，所以大家都愛上在這裡度假時的悠閒，得以短暫逃難煩囂的生活節奏。人們在這裡盡情地貼近大自然，那壯麗而獨特的樹林、親切而純樸的島民、充滿活力的藍海，每一個瞬間都散發出濟州島獨有的魅力。來這裡感受慢活輕鬆的生活，濟州島能為你釋放那沉重的壓力，在這無形的大自然魔力中，為你製造出美好回憶的框架。

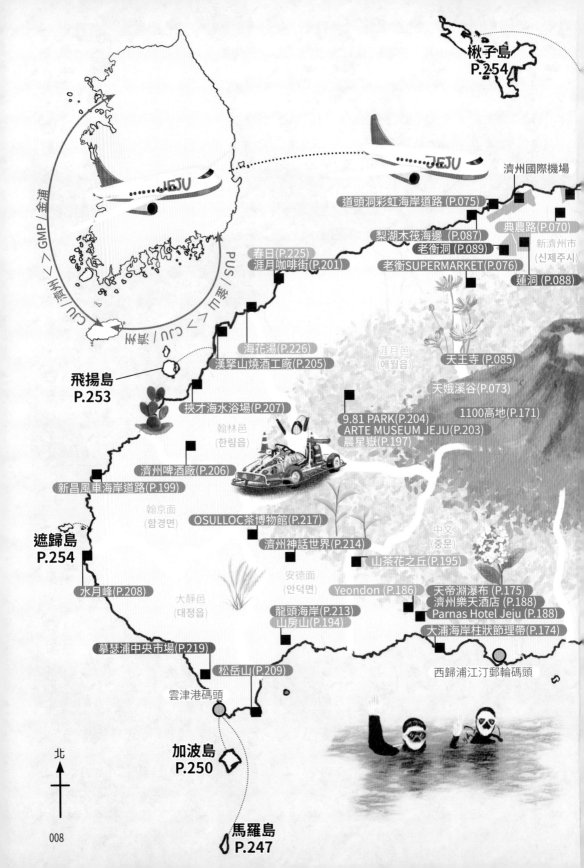

楸子島
P.254

濟州國際機場

道頭洞彩虹海岸道路 (P.075)

典農路 (P.070)

梨湖木筏海邊 (P.087)

新濟州市
(신제주시)

老衡洞 (P.089)

老衡SUPERMARKET (P.076)

蓮洞 (P.088)

春日 (P.225)

涯月咖啡街 (P.201)

天王寺 (P.085)

涯月邑
(애월읍)

海花湯 (P.226)

天娥溪谷 (P.073)

漢拏山燒酒工廠 (P.205)

飛揚島
P.253

9.81 PARK (P.204)

1100高地 (P.171)

挾才海水浴場 (P.207)

ARTE MUSEUM JEJU (P.203)

翰林邑
(한림읍)

晨星嶽 (P.197)

濟州啤酒廠 (P.206)

新昌風車海岸道路 (P.199)

翰京面
(한경면)

遮歸島
P.254

OSULLOC茶博物館 (P.217)

中文
(중문)

濟州神話世界 (P.214)

山茶花之丘 (P.195)

水月峰 (P.208)

安德面
(안덕면)

Yeondon (P.186)

天帝淵瀑布 (P.175)

濟州樂天酒店 (P.188)

Parnas Hotel Jeju (P.188)

龍頭海岸 (P.213)

山房山 (P.194)

大浦海岸柱狀節理帶 (P.174)

大靜邑
(대정읍)

摹瑟浦中央市場 (P.219)

松岳山 (P.209)

西歸浦江汀郵輪碼頭

雲津港碼頭

北

加波島
P.250

馬羅島
P.247

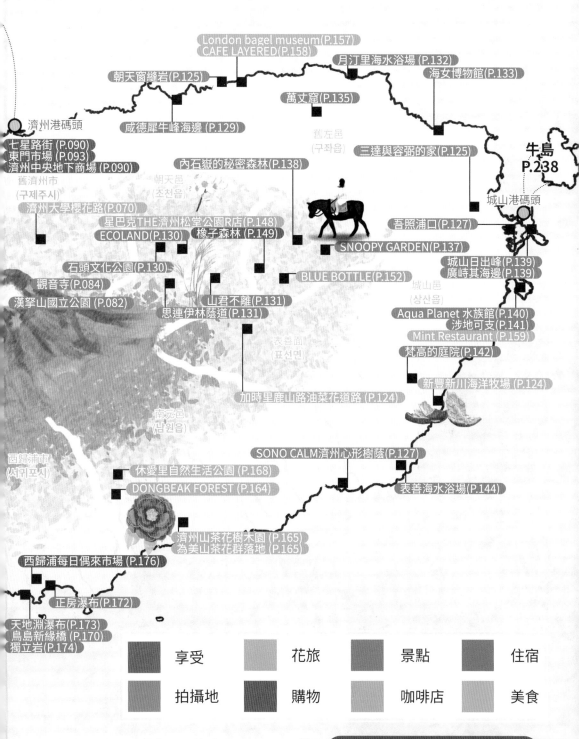

London bagel museum(P.157)
CAFE LAYERED(P.158)
月汀里海水浴場 (P.132)
海女博物館 (P.133)
朝天窗纓岩(P.125)
萬丈窟(P.135)
濟州港碼頭
七星路街 (P.090)
東門市場 (P.093)
濟州中央地下商場 (P.090)
咸德犀牛峰海邊 (P.129)
舊左邑
(구좌읍)
三達與容弼的家(P.125)
牛島
P.238
舊濟州市
(구제주시)
內石嶽的秘密森林(P.138)
城山港碼頭
朝天邑
(조천읍)
濟州大學櫻花路(P.070)
星巴克THE濟州松堂公園R店(P.148)
橡子森林 (P.149)
吾照浦口(P.127)
ECOLAND(P.130)
SNOOPY GARDEN(P.137)
石頭文化公園(P.130)
城山日出峰(P.139)
廣峙其海邊(P.139)
觀音寺(P.084)
山君不離(P.131)
城山邑
(상산읍)
漢拏山國立公園 (P.082)
思連伊林蔭道(P.131)
BLUE BOTTLE(P.152)
Aqua Planet 水族館(P.140)
涉地可支 (P.141)
Mint Restaurant (P.159)
表善面
(표선면)
梵高的庭院(P.142)
新豐新川海洋牧場(P.124)
南元邑
(남원읍)
加時里鹿山路油菜花道路 (P.124)
西歸浦市
(서귀포시)
SONO CALM濟州心形樹蔭(P.127)
休愛里自然生活公園 (P.168)
DONGBEAK FOREST (P.164)
表善海水浴場 (P.144)
濟州山茶花樹木園 (P.165)
為美山茶花群落地 (P.165)
西歸浦每日偶來市場 (P.176)
正房瀑布(P.172)
天地淵瀑布(P.173)
鳥島新緣橋 (P.170)
獨立岩(P.174)

享受　　花旅　　景點　　住宿

拍攝地　　購物　　咖啡店　　美食

濟州島全島地圖

旅行者資訊

韓國簽證

持香港或台灣護照的旅客，均可免簽證在韓國停留90天，而護照有效期則必須為6個月或以上。

入境手續

入境韓國時，旅客需要填寫「入境卡」(有中文版本)，而台籍旅客則必須同時填寫「健康狀態問卷」(或者網上申請Q-CODE，即「健康狀態問卷」的網上電子版本)，兩者均可在機上向空服人員領取，並於下機之前填寫好；另外，亦可以在抵達韓國機場後，於過海關前的櫃檯自行索取並填寫。通過人工海關時，將入境卡連同護照一併交給海關關員檢查，同時入境者會被要求拍下臉部影像，並掃描雙手食指的指紋。如果持有超過免稅範圍的物品，或超過1萬美元的外匯等進入韓國，則必須義務申報項目，填寫「海關申報書」，每個家庭綜合填寫一張，通過海關

後領回行李，再利用「海關申報(Goods to Declare)」通道入境即可。另外亦可利用「旅客海關申報」行動應用程式QR碼，進行海關申報及繳交稅金。如果沒有需要申報的物品，就不用填寫海關申報書。

> **雪姬小提示**
>
> ### 使用SeS入境可免填入境卡
>
> 入境者若已在韓國申辦SeS自動通關使用權的話，在入境韓國時就不用再填寫入境卡了。

韓國SeS自動通關

經常到訪韓國的旅客，建議在韓申請SeS自動通關，入境時便可直接使用韓國人專用的自助通關系統，以節省入境時使用人工關卡的等候時間。申請SeS費用全免，只要在韓國指定地點申請即可，包括濟州國際機場(位置參考P.270)在內的國內各個主要機場都能辦理。當完成申請後，日後從海外進入韓國時，不論從哪個機場或港口入境，都能直接使用自動通關。

申請條件

- 晶片護照效期
  需至少6個月以上
- 入境者有免簽待遇
- 年紀需滿17歲
- 過去在韓國無犯罪紀錄

辦理程序

入境後攜同有效護照到指定辦理中心＞提交護照＞照片建檔及登錄雙手食指指紋＞通過檢核＞於護照上貼上註冊標籤，上面會印有護照持有者姓名、出生日期，以及自動通關申請日及到期日＞完成申請，下次入境韓國時便可使用。

出境手續

從國際線出境離開濟州，登機手續至少在飛機起飛前兩小時到達機場辦理；如果是從國內線出發前往韓國其他地區，則需要留意行李安排，如果有行李需要托運的話，必須於起飛前45至60分鐘抵達機場辦理登機手續。一般飛國內線的話，雖然可以自行使

> **雪姬小提示**
>
> ### SeS註冊標籤不一定會有
>
> 註冊標籤並非必要，有些辦理中心不會貼註冊標籤，因為SeS是以電腦與晶片建檔為主，而有效日期是跟申請者的護照有效日期一致，譬如你的護照是2028年1月1日到期，那麼你的SeS到期日亦會是同一天。但當你更換護照後，原有的SeS亦會失效，下次再入境韓國時就要重新申請。

旅 遊 前 準 備

用自助登機先辦理好手續，但若是需要托運行李，還是得拿著登機證和護照前往櫃台排隊托運，會比較花時間，所以必須提前到達機場處理，畢竟飛機不會等人。如果沒有托運行李而只有隨身手提行李的話，最晚起飛前20分鐘到達機場辦理登機手續即可。

時差

韓國比港台快一個小時

店鋪營業時間

在濟州市中心以外的地區，店鋪一般都會在晚上7點之前陸續打烊，最晚也只開到8點，如果不是自駕的話，在晚上要等巴士回市區也是非常困難。不過在市中心內的店家則會比較晚才關門，如蓮洞區和東門市場附近，這邊無論購物或餐廳都營業到比較晚，所以完成一天行程後，若還想繼續逛街吃宵夜的話，就可以到這些地方。

電壓

韓國電壓為220V(伏特)、60Hz(赫茲)，插頭形狀為圓型兩孔，換上轉接頭便可直接使用。韓國插座的孔洞直徑為4.8mm，如果轉接頭太細，插上時便容易鬆脫，所以購買轉接頭時需要特別留意。到韓國旅遊建議自備轉接頭，如果真的有需要在當地購買的話，可以到便利商店或大創尋找。

網卡網路

韓國最主要的電信業者為KT、SKT、LG等，當中以SKT最為便宜，通常都會包含通話分鐘(即打電話)，而筆者最常用的則是KT網路供應商，其網路訊號在濟州島是最為穩定的，不論接收和網速都是最佳，不過當然收費亦會較為昂貴。對上網需求量大的用戶，在購買上網卡時，需要特別注意網速以及數據量，以防旅程途中才發現不能順暢使用網路數據，影響旅遊心情。如果旅行中除了必備的手機外，還有其他需要用到網路的器材時，那就必須要確保網卡能夠分享數據使用。除了實體SIM卡外，現在也有e-SIM供選擇，不用更換卡片，使用上更加方便。

另外亦可租借Wi-Fi分享器，但缺點是要多帶一件隨時需要充電的東西在身上，以濟州島旅遊來說，還是不太建議，畢竟濟州島不似首爾那般方便，隨便走幾步路附近就有咖啡店可以充電，所以還是建議一人一張網卡比較安全實際。不過，無論你是使用SIM卡還是分享器，均建議出發前先行在台灣或香港機場領取，因為濟州國際機場內只有SKT的櫃檯能夠領取。

當地實用資訊

日落/日出時間預測技巧

濟州島旅遊必訪行程，一定會包含看日出和追日落，因為那震撼的太陽美景確實令人著迷，而要順利掌握準確時間，必定要依靠天氣APP。大家可以透過下文提及的iPhone內建天氣APP、Kweather以及The Weather Channel，就可以輕鬆掌握最佳的拍攝時間。而拍攝日落最理想的時間，也就是專業攝影師口中的「Magic Hour」，基本上就是在日落前15分鐘出現，只要配合天氣APP就能輕鬆捕捉最唯美的畫面。

• 觀賞日落勝地

要看濟州島最美的日落，必定是往西部走，當中最著名的觀賞點就在涯月漢潭海岸散步路；而比較接近濟州市中心的觀賞點則是梨湖木筏海水浴場；另外當地人最熱門的賞日落勝地還有位於濟州島最西邊的水月峰。

• 觀賞日出勝地

要看濟州島最美的日出，必到位於濟州最東邊的城山日出峰，很多人喜歡在日出前登上城山再捕捉朝陽升起的瞬間。不過若是從濟州市中心出發的話，至少要清晨4~5點出門，而且如果是包車前往，還會有額外收費，所以很多人為了觀賞日出，乾脆就選擇入住在城山附近。另外，如果不想登山又想看日出，也可以到城山旁邊的廣峙其海岸，這裡同樣是賞日出的勝地。

實用韓詞翻譯APP

不懂韓文又想輕鬆在韓國旅遊，必定要下載安裝韓語翻譯APP「Papago」，這是連韓國人自己都會使用的翻譯應用程式，操作與「Google Translate」相似，但翻譯韓文的準確性更高。Papago具備12國語言翻譯，除了以文字輸入外，亦可以用掃描圖片的方式來翻譯圖中文字，這樣要點餐時，或者要搞懂搖控器上的文字時，就更加方便不求人。

超實用韓國餐廳訂位APP

「CATCH TABLE」是當地人最常用的訂位APP，不需要韓國手機號碼，外國遊客也可以輕鬆預約心儀餐廳的位子，基本上所有網紅店、人氣店都能在此APP上預約訂位。但要留意的是，CATCH TABLE有兩個版本，當中適合外國遊客使用的是「CATCH TABLE Global」，設有英文介面，而且不需要韓國手機號碼作註冊。

緊急聯繫

• 濟州觀光公社官網

濟州觀光公社的官方網站，提供線上即時客服查詢功能，設有包含中文在內的多種語言選擇，只要在指定時間內就會有專人即時為你解答所有濟州的旅遊資訊，包括景點諮詢、交通、慶典活動、旅遊翻譯、輪椅租借服務等等。而這項線上客服的開放時間為每天早上9時至下午6時，全年無休。

Ⓐ 濟州市善德路23號1樓
Ⓤ www.visitjeju.net

• 濟州觀光資訊中心

提供觀光相關資訊及翻譯服務(韓、中、日、英)，除了可以打電話查詢外，島上還設有十多處實體資訊中心，有需要的遊客可以親臨到訪查詢。

Ⓣ 064-740-6000

• 警察廳「112」

遇上犯罪事件、交通意外或需要緊急報警處理的事件時，可以即時以電話報案。

• 韓國旅遊專線「1330」

此熱線為24小時旅遊諮詢服務，晚間會由首爾接聽，全年無休。他們專門為旅客提供中、英、日語的旅遊導覽與觀光旅遊翻譯服務，用手機直接撥打即可，旅途中若需要專業協助，亦可以撥打求助。

氣候月曆

濟州島是韓國最溫暖的地方，不過風很大，也經常會下雨，但只要掌握最適當的旅遊時間，配合最適宜旅行的天氣，必定可以讓你盡情享受濟州島的美好時光。

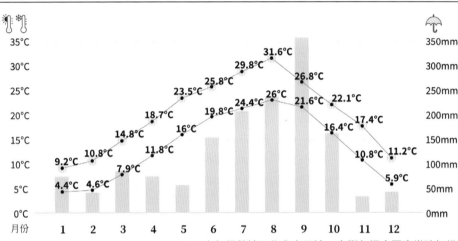

*以上氣候數據只作參考用途，實際氣溫會因應當時氣候變化而有所不同，出發前務必參考即時天氣預報。

12~2月・冬

濟州島是韓國最南端的島嶼，加上溫暖的洋流圍繞，氣溫比其他地區來得高。儘管如此，韓國的冬季以寒冷見稱，而濟州島也沒有例外，加上濟州島又稱「風之島」，島上因為風大，在寒冷的天氣下，體感溫度可能會跟實際氣溫有很大差距。而且濟州島同樣會下雪，特別是靠近漢拏山的地區尤甚，所以即使濟州島沒有韓國本島寒冷，也要格外注意防風，建議穿著羽絨衣最為保暖。另外，冬遊濟州主要走的都是戶外路線，較少停留在室內景點，這種旅遊模式跟韓國本島有點不同。雖然濟州島的室內場所都開有暖氣，但因為冬季亮點主要是在戶外，所以發熱衣、暖暖包、圍巾、手套及保暖的帽子等都是必須的，再加上「洋蔥式」的穿搭法就行了。

值得一提的是，濟州島的東部會比西部寒冷，所以在行程安排和保暖穿搭上也需要特別注意。另一方面，濟州島畢竟是座海島，冬天遇上大雪的情況下，有可能導致渡輪及飛機航班受阻，過去曾有因暴雪而迫使飛機暫停起降的前例，從而致使航班取消或延期，情況嚴重的話，更可能會滯留濟州，直到航班恢復正常為止。

3~5月・春

3月份是濟州島吹起春風的時候，氣溫也會稍微上升，但是日夜溫差頗大，平均會在10°C至20°C之間徘徊。雖然初春時分，下午的氣溫會稍稍暖和，但早上和晚上風涼，出門還是得帶件大衣；至於其他時間，一件防風外套及長袖上衣就足夠了。到了暮春時分，可把長袖上衣換成

雪姬小提示

4月時天氣比較不穩定

4月氣候不穩，筆者曾經試過在一天內跑行程，結果從北部出發時是晴天，到了南部下大雨，經過西部突然暴雪，但回到北部時又太太陽，所以厚外套一定要帶著，並且配合洋蔥式穿搭才是上策。

短袖，再配上防風外套。另外，4月開始梅雨季來臨，這個時候亦是濟州島的蕨菜生長期，所以濟州島民又稱這時的梅雨為「蕨菜梅雨(고사리 장마)」，只有梅雨季到來，才算是春天的來臨。

6~9月·夏

踏進6月，此時濟州島的氣溫已上升到20°C左右，降雨量亦大幅增加2~3倍以上，雨天多，空氣比較潮溼。濟州島在韓國是繼鬱陵島之後，雨水最多的地區，特別是位於南部的西歸浦地區，其降雨量更大。而進入夏季後，還常有暴雨和颱風出現，所以出發前請先確認好天氣預報，隨身帶把雨傘以防萬一。另一方面，濟州島在不下雨的日子裡太陽猛烈，必須常備太陽眼鏡、帽子和手提電風扇，出門前和旅程中塗好防曬，還要經常補充水份，以免中暑。

10~11月·秋

來到10月份開始，整個濟洲島的降雨量逐漸減少，平均氣溫也降至10°C左右，下午時間有太陽照耀時，氣溫稍微溫暖，但當日落西山後，島上又颳著涼風，晝夜溫差讓人容易著涼，所以早晚出門時都要帶件防風外套保暖。另外，秋季的天氣會比較乾燥，需要注重皮膚保溼，出發時可以自備或在當地購買保溼產品。

查詢預測 及即時氣象APP

·「K-weather」

由韓國氣象預報公司K-weather所營運，APP中可以查看到韓國各地的天氣情況及準確的氣象預告，當地人都會用它來查詢天氣，不過該系統只有韓文，如果不懂韓文就只能靠圖像來認知，或是截圖到韓語翻譯APP「PAPAGO」譯成中文再看。

·「The Weather Channel」

由著名國際氣象預測平台www.weather.com所營運的APP，能夠輸入並選擇你想要查看的地區，跟iPhone內建的氣象APP差不多，能顯示當天的詳細氣象預測，並按時段總結(午前、午後、傍晚及徹夜)，亦可詳細查看每小時的天氣預測，更可看到兩週內的天氣預報。如果需要更詳盡的氣象預測，亦可參考其官網，裡頭更提供未來1個月的天氣預測！

·iPhone內建天氣APP

iPhone內建的「天氣APP」在預測韓國氣象時的準確度頗高，可以不用額外下載APP。活用天氣APP內的功能，可以預測到未來9天的氣溫、天氣概況、日間/晚間氣溫。除了每天每小時的天氣預測外，亦有提供詳細氣溫、降雨量、氣象概況、日出/日落時段，以及體感溫度等資訊。而iPhone內建「天氣APP」的氣象資訊，則是來自著名國際天氣預測平台www.weather.com，而這也是筆者最常使用的天氣查詢APP。

·NAVER MAP內的天氣

NAVER MAP是到韓國旅遊必定要使用的韓國地圖APP之一，應用程式內除了地圖功能外，還提供搜尋區域的即時天氣及未來兩天的氣象預測，在旅程途中使用更加方便快捷。

雪姬小提示

即時天氣概況監測不求人

在NAVER MAP及KAKAO MAP內都建有「路面監控」功能，亦即是韓國路面的CCTV即時監視器，只要在地圖中找到旅遊目的地附近的「路面監控」圖標，點進去就能看到現場的即時路面影像，只要運用這個功能，就可以了解該區當下的天氣情況，看看是晴是雨還是雪。另外，還可以看到路人們的穿著，如當地人身上是否穿著厚重的大衣等，憑著這些即時影像就能判斷實際的寒冷程度。詳細操作請參考P.31。

外幣兌換、WOWPASS 與退稅

出發前兌換

如果你是從香港出發，可以先在香港兌換少量韓幣，因為香港兌換外幣的匯率不會太差，先在香港兌少量，到達濟州後直接坐車到市區，再去尋找兌換所。

但如果你是從台灣出發，那就來到濟州後用美金兌換會比較好，因為濟州的匯率一般比台灣更好，而以美金兌換韓幣，也會比新台幣兌換韓幣的匯率更佳，所以可以在台灣先換美金，到了濟州再換成韓幣，即使換匯兩次，仍然比在台灣直接兌換划算很多。不過要考慮的是飛機到達濟州的時間，因為如果太早或太晚的話，機場內的銀行沒有開門，那就要等到了市區後才可以換錢，但要離開機場到達濟州市中心時還是需要少量現金。

機場兌換

濟州國際機場內有銀行可以提供外幣兌換，在1樓國際線入境大廳內有「新韓銀行」和「濟州銀行」，出閘口後往左邊走就會看到，營業時間為早上09:00~16:00(12:00~13:00休息)，這裡就可以兌換到韓幣。但眾所週知的是，機場兌換的匯率一般沒有市區來的好。

海外提款

在韓國只要找到貼有「Global」或是「International」字樣的提款機，就可以使用海外提款卡直接提領韓幣，當然海外提款會有手續費，那就視乎你自己的銀行而定，而每間銀行收取的手續費都不相同。故此，一般我們使用海外提款服務時，都會一次把錢提足，這樣就不會衍生出多次的手續費。這裡提醒大家，如果需要使用海外提款的話，請在出發前先開啟銀行帳戶的海外提款功能，而大部份銀行也可以同時選擇海外提款的金額限制，把所有都設定好後，就可以安心在韓國提款了。如果抵達濟州國際機場後，需要現金搭乘公共交通工具前往市中心的話，就可以考慮使用海外提款服務應急。

民間換錢所

濟州的民間換錢所都集中在濟州市老衡洞區內，其外幣匯率一般比首爾或釜山等大城市差，但又比機場內的佳，因此如果是經首爾或釜山來到濟州的話，那就請盡量在當地兌換好，再前往濟州。

- **國內連鎖換錢所 MONEY BOX濟州島分店**

店內雖然沒有設置Money box的換錢機台，但是有櫃檯換錢服務，匯率不差，而且就位於濟州君悅海逸酒店旁，那是許多旅客下榻的大型飯店之一。

Ⓐ 제주시 원노형4길 1
(濟州君悅海逸酒店正門右邊，CU便利商店旁)
Ⓗ 10:00~21:00，公休：週日

WOWPASS卡

這是一張可以用外幣儲值、付款、搭乘大眾交通工具的外國旅客專屬預付卡，一張卡包含T-money交通卡和簽帳金融卡(扣賬卡)兩大功能，持卡即可使

用韓國當地的刷卡系統。開卡費為5000₩(不能退)，直接將外幣存入卡片內(上限為1百萬₩，可存入16種外幣，包括新台幣、港幣、美金、韓幣)，匯率跟首爾的明洞換錢所差不多，還有APP可同步使用，省卻現金找錢的煩惱；亦可以從卡片中提領韓幣出來，只是每次提領都還是會有手續費。WOWPASS卡要使用護照購買，在指定的WOWPASS機台辦理，每人限辦一張，每張效期為6年。

另外需要留意的是，由於一張卡有兩個功能，意即代表著卡內建置有兩個帳戶，一個是在機台存入現金的簽帳金融卡(扣賬卡)帳戶，另一個是T-money交通卡的帳戶，你只要拿著卡到便利商店等可以充值T-money的地方，就可以直接充值。

・WOWPASS付款方式

也許有人會有疑問，付款時店員要怎麼分辨？簡單點，在付款時跟店員說：「Card」，那店員就會知道要扣帳簽帳金融卡；同樣地，你要扣T-money的帳戶時，也只要跟店員說：「T-money」就行了。

・WOWPASS餘額轉帳

WOWPASS卡可以不用經過機台，直接以手機APP加值韓幣進WOWPASS帳戶內，不過每次都會產生一定的手續費。另外，WOWPASS帳戶之間可以在無手續費的情況下，免費轉賬到另一個WOWPASS帳戶內，只需要有收款人的QR code或是連結，就可以快捷匯款到對方帳戶，方便迅速。

WOW EXCHANGE

WOWPASS的機台帶有WOW EXCHANGE服務，就是可以用包括新台幣、港幣、美金等16種外幣直接兌換韓幣，不用經過WOWPASS卡。不過要留意的是，WOW EXCHANGE的匯率與WOWPASS卡的匯率大不相同，如果你只是需要兌換少量現金而附近又沒有換錢所的話，就可以使用WOW EXCHANGE來兌換韓幣。

・WOWPASS機台機場位置

其他機台可參考WOWPASS APP，有部份機台設於大型超市如emart或LOTTE Mart內，這些機台會受超市營業時間影響，並不是24小時開放，需要注意超市的營業日期和時間。

1)機場國際航站樓

Ⓐ 濟州國際機場國際航站樓入境大廳5號出口 / SK櫃台旁自助機區 / 不提供現金兌換服務

2)機場國內航班連接通道

Ⓐ 濟州國際機場國內航班入境大廳3號出口 / Olive Young對面自助機區 / 不提供現金兌換服務

退稅

在指定的單一商店或專櫃購物消費滿1.5萬韓元或以上時，即可向店家索取退稅單據，在機場辦理退稅申報，期限為自購物起3個月內。到機場通過海關前，先至退稅櫃檯使用退稅機器掃描「退稅單據」，待通過海關後，再前往出境管制區的退稅服務櫃檯，便可退回現金(人民幣、美金或韓幣)，或直接把金額退還到信用卡內。而部分連鎖店如Olive Young和ARTBOX等，則有提供「即時退稅服務」，在結帳時出示有效護照，系統便會自動扣除相關稅金。

島上交通

濟州島的移動方式不同於韓國本島，島上因為沒有鐵路系統，主要是靠巴士、計程車或是自駕來移動，很多人都因此而擔心旅遊難度。對於獨遊或是背包客而言，以巴士遊的方式探索濟州島是一個挺不錯的體驗，不過每日能到訪的地方不多，因為花費在移動上的時間頗長，所以如果會開車的話，在濟州島自駕也不失為完美的選擇。如果是與家人或朋友一同來遊玩，開車自駕當然還是最佳選項，不過負責開車的人有很多活動就不能參與，譬如喝酒、或是登山等，因為會直接影響駕駛安全。在這種情況下想要玩得盡興，就可以選擇包車服務。

島上各大交通比較

島上交通	巴士	計程車	包車	自駕
每天走訪的景點數量	大約2個 (只能走鄰近的景點) 評分：★★☆☆☆	大約3個 評分：★★★☆☆	大約4~5個 🚗 評分：★★★★★	大約4~5個 🚗 評分：★★★★★
交通費用	約1,200W~3,000W/程 評分：★★★★★ (最便宜)	3,200W起錶 評分：★☆☆☆☆ (最昂貴)	約32~34萬W起 (以2~6人計算/天，每天9小時) 評分：★★★☆☆	基本車型 約4~9萬W起/天 評分：★★★★☆
評價	**背包窮遊首選** 最為便宜，但大半時間都花在等車和坐車的路上，而且巴士到站時間不穩定，突發情況非常多，容易迷路。 市區以外的巴士站比較疏落，坐巴士還要考驗腳骨力，候車時間非常長，而且車站亦會比較簡陋。	**市區短程首選** 長途搭乘的話費用非常昂貴，加上逐程收費，計算起來比包車更貴，只適合短距離移動。 可以使用APP叫車。在市區叫車容易，但如果在郊外景點，要找計程車就十分困難，問題是濟州旅遊主要都在郊外地區。	**懶人首選** 行程客製化，可以找國語或英語司機導遊，不影響溝通。 收費比較昂貴，適合與旅伴一起分攤。在旅遊旺季必須要提早預約，另外如果包車超時的話還會有額外收費。 合法包車和非法包車難以分辨，遇上非法包車，旅遊嚴重欠缺保障。	**持駕照首選** 只要持有國際駕駛執照，就能在當地租車自駕，行程完全隨心自訂，收費亦十分合理。 濟州山路多，遇上下雨或下雪的話，自駕難度飆升。島上交通意外率非常高，一般出事的都是租車人士以及新手駕駛。 安排住宿的時候需要包含停車場設施，以便把車停放過夜。
性價比總評分	★★★☆☆	★★☆☆☆	★★★★☆	★★★★★

★★★★★為滿分

包車

想要輕鬆暢遊濟州島，可以考慮包車服務，行程完全由客人自訂。如果人數在3人或以上，就可以直接考慮包車，因為人數越多，車費分攤起來就越便宜。另外，有小孩或老人同行的話，就更加合包車遊，可以減少換車的煩惱，又方便旅程中照顧左右。

• 基本包車收費方式參考

包車服務一般以人數計算收費，而行李費用則是另外計費，下方以六人以下，8~9小時/天的計算作為參考。

• 主要劃分成兩個地域收費

1) 濟州市中心內(即機場附近的新、舊濟州市內)約320,000₩
2) 其他地區(即濟州市中心以外的地區)約340,000₩
3) 費用已包含：車費、油錢、停車費、小費，以及司機費用
4) 司機導遊語言選擇：國語、英語、韓語 (一般外語的收費會比較貴)
5) 客人的景點門票及餐食費用：需自付

• 包車的額外費用項目

- 包車司機的超時加班費
- 包車上牛島
- 清晨出發看日出
- 環島跨區遊
- 跟車行李收費
- 需要包車公司安排完整的包車行程
- 包車接送機
- 司機導遊的餐食費用

• 特別注意事項

1) 客人要自訂行程，如果需要包車公司安排行程的話，一般都需要額外收費。
2) 包車服務必須至少提前一星期預約，特別是濟州島的旅遊旺季，包車人數眾多，可能會出現供不應求的情況。
3) 包車司機能夠為客人提供簡單的語言翻譯，例如國語或者英語。在旅程中途若遇上突發狀況，需要韓語翻譯時，可以請包車司機即時幫忙。
4) 包車服務的收費會因應市場情況而有所變動，價錢容易浮動不定，所以每次包車前都需要先向包車公司確認好費用再作考慮。
5) 經營包車服務的公司必須是當地註冊旅行社，司機導遊則必須持有當地導遊牌照，才能提供合法的包車服務。

雪姬小提示

!! **如何分辨合法的包車服務供應商**

在島上有無數的包車服務供應商，大家要小心謹慎地選擇，因為在韓國，唯有持當地導遊牌照的專業人士，並且必須要受僱於當地合法註冊的旅行社內，才有資格成為開包車帶客人旅遊的司機導遊。

在網路上經常會出現一些便宜的包車服務，大家務必要求包車供應商提出合法持牌的證明，才能付錢使用其服務。若使用非法包車，旅遊保險不能受保，發生任何意外都沒辦法獲取保險賠償。

國語、英語包車服務推薦

- 推薦當地註冊經驗資深的專業旅行社
- 按照指定人數配備不同車型
- 絕不取巧收費，保證持牌司機導遊
- 台灣職員專業跟進更貼心
- 選擇本書中的景點，請包車司機開車沒難度

VITAMIN TOUR KOREA
(濟州愛寶旅行社旗下)

 LINE
vitamintourkr

 WHATSAPP
+852 64330205

住在濟州市中心
直接叫計程車
到機場便宜又快捷

建議如果是住在濟州市中心內，其實往來機場是非常近，自行乘坐計程車的車費亦不貴。以新濟州市出發為例，前往機場約10分鐘左右，大概只需要4,000₩，而從舊濟州市出發前往機場的話約15分鐘，則只需要6,000₩，一台計程車可乘坐四人，每人平均分攤的費用其實跟坐巴士差不多，大家還可以自行使用app叫車，或者到飯店前台請櫃檯人員幫忙叫車都可以，不然到街上隨手攔車也不難。計程車前往機場便宜又快捷，相比之下包車的送機收費約100,000₩，實在便宜太多了。

離開市中心找
計程車很困難

計程車

主要分黑色、白色和銀色三種，白色和銀色是普通計程車，而黑色則是模範計程車，當然，黑色計程車的收費比較貴。另外還會有部份是大型車廂的珍寶計程車，對於攜帶大件行李的遊客來說非常友善，它們提供的服務也更為優質。不過如果只需要短距離移動，其實坐哪一種車型價錢都不會相差很遠。濟州島亦有提供國際計程車服務，司機能操多種外語，包括中文、英文和日文等，能跟客人溝通無礙，不過國際計程車需要提前預約，服務的模式跟包車雷同，亦會提供多款車型選擇。

• 韓國快速叫車必用
KAKAO T

全韓國通用的叫車APP，類似Uber，設有韓語、英語和日語介面，除了多種車型可供選擇外，還能透過APP叫計程車。註冊時不需要韓國手機號碼，用本身居住國家/地區的手機號碼就行了，只要註冊一個KAKAO TALK帳戶就可以使用，而且付款方式還可以選擇現場以現金、交通卡或信用卡結帳。

• 國際計程車

濟州官方唯一指定的旅遊翻譯計程車，可以讓外國遊客安全地在島上遊玩。司機必須兼備豐富的駕駛經驗和高水準的外語會話能力，同時還會提供旅行所需的一切服務。旅客可以指定旅行路線，模式跟包車相似，不過乘坐的是計程車。國際計程車會按照人數安排不同大小的車型接載客人，只需要上網預約即可。

Ⓤ www.jeju.go.kr/globaltaxi

基本上只要離開了市中心就會很難找到計程車，但是很多景點都不在此範圍內，所以要離開景點的時候，就要提早使用KAKAO T叫車。過了晚上九點之後，要招到計程車就更加困難，除非是在市中心的一些鬧市附近，在這些時段要順利坐上計程車，最好的方法還是用KAKAO T叫車，故此計劃夜遊行程時，就必須要特別注意回程時的安排。

濟州島計程車收費參考		普通計程車	黑色計程車	黑色珍寶計程車 Jumbo Taxi	國際計程車 Global Taxi
	基本收費	3,300₩/2km	4,500₩/2km	4,500₩/2km	220,000₩~450,000₩/8小時 根據不同車型收費
	使用方法	可用KAKAO T預約，或在街上直接攔車			網上預約 https://www.jeju.go.kr/globaltaxi （簡中、英、日、韓）

5大巴士分類

巴士是在濟州島旅遊最便宜的公共交通工具，因為島上沒有鐵道系統，所以自由行不自駕又不包車的話，巴士就會是最主要的交通工具。濟州島的巴士上會提供免費Wi-Fi服務，而且車上的報站系統更設有四國語言，包括中、英、日、韓語，對外國遊客來說更容易掌握自己的去向。島上各主要車站內均設有電子螢幕，用以顯示巴士的即時訊息，系統同樣設有中文。不過搭乘巴士花在交通上的時間會比較長，而且需要經常留意報站情況，不然坐過站的話，再回頭就要走很遠的路了。

雪姬小提示

濟州全線巴士只接受交通卡及支付寶付費

自2024年8月起，濟州島上所有巴士均不再接受現金支付車費，乘車必須使用T-money交通卡，或以支付寶/支付寶HK掃碼付費。搭乘時，可只用一張卡為多人付款，只要在感應卡片前跟司機說好人數，他就會手動調整車資，然後按正常程序付款即可，不過只有一個人可享有轉乘優惠。

幹線巴士 | 藍色

連接市區及較遠區域的主要長途巴士路線，總站大部分位於濟州市外巴士站(제주시외버스터미널)，中途經過的車站有很多是觀光景點，是旅客最常利用的巴士路線。

運行資訊	
車號開頭數字	2(濟州市<>西歸浦市)，3(濟州市幹線)，5(西歸浦市幹線)
路線數量	2(25條)，3(28條)，5(4條)
車資	1,200₩(根據距離不同會有額外收費，使用T-money卡支付車費可享50₩的折扣優惠，並可於40分鐘內免費轉乘兩次)
行李	不設行李架，只適合攜帶輕便行李者
網址	bus.jeju.go.kr

支線巴士 | 綠色

市區內的短途巴士路線，行駛在市區景點和住宿地區之間，運行班次比較密集，停靠站點多，車廂都設有清楚的報站系統。

運行資訊	
車號開頭數字	4(濟州支線)，6(西歸浦市支線)，7(邑面支線，循環行駛在邑面地區和中山間之間)
路線數量	4(22條)，6(13條)，7(45條)
車資	1,200₩(根據距離不同會有額外收費，使用T-money卡支付車費可享50₩的折扣優惠，並可於40分鐘內免費轉乘兩次)
網址	bus.jeju.go.kr

急行巴士 | 紅色

從機場和濟州市外巴士總站出發，橫跨較遠區域的長途巴士路線，路線雖多，不過中途停靠站少，從而節省較多時間，能在1小時內快速前往主要換乘中心、轉乘站及景點，並沿著原路返回機場。

運行資訊	
車號開頭數字	1
路線數量	12 條
車資	2,000₩~3,000₩
行李	車廂的下方設有置放行李的空間
網址	bus.jeju.go.kr
備註	車上免費提供Wi-Fi服務

雪姬小提示

‼ 攜帶行李箱上巴士

基本上，除了紅色急行巴士和機場巴士外，其他巴士都不能攜帶大型行李上車，除非是行駛市中心且路線中途有停靠機場的巴士，才有機會不被拒絕。一般情況下，普通巴士只接受24吋以下的行李箱，而且行李箱在人多的時候不能推進後排座位或擋在通道上，以免阻塞上下車。另外，司機亦會要求乘客站在行李箱旁撐扶著行李，不能把行李堆放在站立通道後不顧，人就坐到後排座位上。部分司機也會直接拒絕帶著行李箱的乘客上車，所以搭乘普通巴士，認真不建議帶行李箱，也請大家出國都要遵守當地規定，如果路程近的話乾脆就搭計程車，路途遠的話也可以選擇使用行李運送服務，以解決移動行李的煩惱。

紅色急行巴士攜帶行李要遵守的規定

體積較小的行李若可以放在膝蓋上或放在架子上，就要隨身帶到車廂內，但如果是有輪子的行李箱，為避免輪子滾動導致其他乘客受傷，故要利用車廂下方的行李置放空間。

使用行李置放空間順序如下

1. 跟司機說要置放行李。
2. 司機在巴士上打開車廂下方行李置放空間的門鎖。
3. 乘客要親自打開車廂下方的門，並自己把行李放上去後再上車，司機並不負責幫忙搬行李。
4. 下車前告訴司機說要拿行李，然後卸下本人的行李就可以了(因為乘客很多，司機可能會忘記，所以下車前要先提醒司機，也請注意不要與其他乘客的行李混淆)。
5. 搬下行李後，乘客要親自把車廂下方的門關上，再告訴司機門已關好之後，方可離開。

循環觀光巴士｜黃色

島上設有兩條循環觀光巴士，車號為810和820，行駛於東部中山間地區和西部中山間地區之間，僅會停靠在主要景點，但不會停留。隨車有專業導遊介紹每個停靠站附近的景點資訊，不過都是以韓語解說。巴士上設有韓語、英語顯示的報站系統。

	運行資訊
付款方式	只限使用T-money交通卡
車資	1,150 W/程、850W/程(青少年)、350W/程(兒童)，無轉乘優惠(大川換乘中心和東廣換乘中心，均有販售全日票，價格為 3,000 W，可無限次搭乘)
發車間距	每隔30分鐘一班車
運行時間	首班車8:30，末班車18:00
網址	cn.jejutouristshuttle.com (簡中、英、日、韓)

*每條循環觀光巴士皆會再分成兩條行駛方向相反的巴士路線，巴士路號尾數加上「1」者為順時針方向行駛，路號尾數加上「2」者為逆時針方向行駛。

810號 東部 中山間地區

發車站/終點站
大川換乘中心(대천환승전류장)

810-1號
往泉味岳、內石岳、外石岳、敏岳順時針方向行駛

810-2號
往濟州世界自然遺產中心、拒文岳逆時針方向行駛

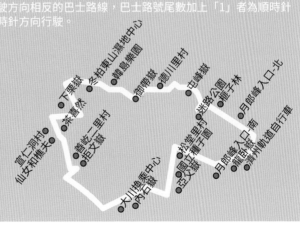

820號西部中山間地區

發車站/終點站
東廣換乘中心(동광환승정류장)

820-1號
往HELLO KITTY博物館順時針方向行駛

820-2號
往神話歷史公園逆時針方向行駛

城市觀光巴士 | JEJU CITY TOUR BUS

運行資訊	
付款方式	現金、信用卡、交通卡(於搭乘前,先在車站購買車票)
車資	一次票:成人、兒童、青少年5,000₩/位 一日票:成人12,000₩/位,兒童、青少年8,000₩/位
發車間距	每隔60分鐘一班車
運行時間	首班車8:00,末班車16:00,車程2小時 公休:每個月第三個星期一
網址	www.jejucitybus.com/cn (簡中、英、日、韓)

於濟州國際機場出發,行駛於濟州市區的雙層觀光巴士,主要劃分為兩條觀光路線,分別為海岸路線和市區路線,總共有24個站點,每個站點附近都是市區內著名的觀光景點和酒店,如:梨湖木馬燈塔、道頭峰、濟州民族五日市場、東門市場、龍頭岩等。車廂內設有中、英、日、韓的多國語言導覽系統,會提供每個站點附近的觀光介紹。

● 海岸路線
● 市區路線

雪姬小提示

只要能上車到達目的地就好

濟州巴士班次都偏向疏落，如果你是身處郊區，或者查詢地圖APP後發現沒有太多巴士可以選擇，在這種時候，就不要再考慮什麼急行巴士還是幹線巴士了，只要能到達目的地，就趕緊上車吧！因為下一班巴士有可能已是兩個小時後，或者是未知，這樣的等待絕對是廢時失事，還會令人緊張徬徨起來。而且有時用轉乘的方式前往，可能還會更快抵達目的地，所以不要一味追求那不確定何時會出現的直達車。

巴士站教學

位於濟州市區內的車站，或是遠離市區的一些主要站點，都會有較齊全的巴士資訊顯示以及便利設施，如設有電子資訊看牌或者候車亭，而在部分站點，冬天時座椅還會發熱！不過如果是在戶外一些較小型的車站，就可能只有一面小小的圓形站牌，所有相關的巴士資訊，就只能單靠網路上尋找。很多時候，一個巴士站會有多台巴士停靠，而且沒有指定停車位置，大家只要在司機到站時揮手示意，司機就會靠站讓乘客上車。故此，在濟州島巴士遊時，穩定的網路訊號是必須要有的，大家只要配合KAKAO MAP的即時巴士動態功能和JEJU BUS APP，就能夠一手掌握濟州，甚至是全韓國的巴士搭乘技巧。

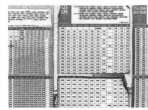

- 候車亭頂上標著前一站、該站(中間)、下一站的站名
- 候車亭內有該站行經的巴士路線資訊等
- 電子巴士資訊看牌設有中文
- 到站要下車的時候，只要按車廂中的「下車鈴(STOP)」，就可以下車

即時巴士動態功能

KAKAO MAP的獨家功能，能輕鬆掌握韓國多個主要城市的即時巴士動態。啟動功能後，就可以在地圖上看到每一台巴士的運行情報，其巴士資訊的更新又快又精準，大大降低了乘坐巴士的難度。巴士圖標是根據韓國當地的巴士顏色分類來設定，雖然只有英文和韓文版本，但若配合上NAVER MAP一起使用，就能成為在韓國旅遊時十分實用的功能，韓國巴士搭乘技巧一次GET！

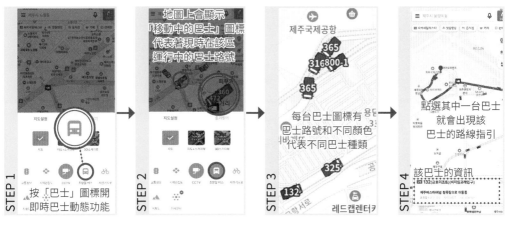

STEP 1 按「巴士」圖標開即時巴士動態功能

STEP 2 地圖上會顯示「移動中的巴士」圖標代表著現時在該區運行中的巴士路號

STEP 3 每台巴士圖標有巴士路號和不同顏色代表不同巴士種類

STEP 4 點選其中一台巴士就會出現該巴士的路線指引該巴士的資訊

STEP 5 — 該巴士運行的完整路線資訊／巴士正前往下個站的中途／預計到站時間

STEP 6 — 按『巴士站』圖標查詢停靠此站的巴士路號／巴士站名稱／在該站停靠的巴士路號

STEP 7 — 點進巴士路號後會顯示該巴士運行的完整路線資訊／顯示巴士正前往下一個站的途中／預計到站時間

巴士遊必備的「濟州巴士 | JEJU BUS」APP

這是查詢濟州島上巴士班次及即時資訊的APP，在濟州島搭乘巴士時必用，因為島上除了濟州市中心以外，巴士班次密度都不高，往往都要等上一至兩個小時或以上；特別是專走景點區的巴士，更是於特定時間才行駛，而且到站時間不穩定，所以掌握巴士班次的即時資訊是非常重要的事情。這個APP集合了濟州島上所有巴士的班次表，只要輸入所要查詢的巴士路號，就能看到該路線正在運行中的巴士數量，以及各輛巴士實際所到達的站點。APP中的班次資訊和巴士站內所張貼的班次表相同，有些還會更新得更快，如果每次都要到巴士站才拍下班次表作為參考，那還不如使用這款APP，查詢更加方便，而且還能看到最即時的巴士資訊。

交通卡 | T-money

在韓國最主要的交通卡就是全國通用的T-money卡，這款交通卡能在韓國任何一間便利商店購買並充值，持卡充值後除了能搭乘公共交通工具外，還可用來在便利商店購物，也就是類似台灣的悠遊卡和香港的八達通。近年到韓國旅遊興起使用WOWPASS多功能卡，此卡同樣擁有T-money功能，所以如果你已經擁有WOWPASS卡，就毋需再多買一張T-money卡。

・T-money卡的種類：成人卡、青少年卡、兒童卡(購買青少年卡與兒童卡時須出示護照以核實)
・價錢：2,500W起(不同款式，價錢有異，購買後需要自行充值才能使用)

・交通卡限定轉乘優惠

搭乘一般巴士以交通卡付款，只要在第一程下車時刷卡，當轉乘第二程巴士時，就會自動享有免費轉乘優惠，優惠是以一人一卡計算，40分鐘內可免費轉乘兩次。如果不想記著搭乘次數的話，就習慣每次下車時都刷卡，到了當日最後一次坐車的時候，下車就不用再刷了。

雪姬小提示

沒有巴士的話請不要猶豫，應立即叫車離開

離開市中心後，巴士的站點及班次都會變得疏落且不穩定，而且在一些郊區車站，基本上只有一個圓形站牌，小的車站或許連站牌都不翼而飛；如果未能成功找到車站或巴士過站很遠了才發現忘了下車，請不要擔心，亦不要猶豫，多花一點錢，立即以「KAKAO-T」APP叫車，就能安全接載你到達目的地。特別是接近天黑時分，可以搭乘的巴士班次變得更加疏落，郊區路上漆黑一片，甚至乎很多巴士的末班車都沒了，這個時候請不要猶豫，應馬上使用定位功能叫車離開。

計劃你的行程：自駕租車攻略

自駕租車攻略

想要更自由自在地在濟州漫遊，最佳的方式就是自駕，在島上租一台車，想出發的時候就出發，想到哪裡就到哪裡，完全隨心所欲地暢遊其中。只要在出發前準備好你的國際駕駛執照，然後事先在網上進行簡單的預約，就能搞定。

線上租車所需文件

1) 駕照
請確保攜帶有效的駕駛執照正本，以搭配承租人原居住國家所核發的國際駕照共同使用。有部份租車公司可能會要求持有駕照一年以上或是21歲以上才能租車，有些大型車款如15人座以上，更會規定駕駛者需年滿26歲才能租用，建議租車時先確認清楚。

2) 國際駕照(International Driving permit)
韓國承認簽署日內瓦公約國家所核發的國際駕照，並限制入境韓國一年內有效。國際駕照內頁有A、B、C、D、E五個蓋章欄位，分別代表駕照持有者被准許駕駛的車輛種類，一般遊客只需要蓋有A類章(機車)及B類章(小型客貨汽車)就足夠了。

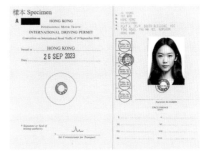

● 台灣版本(圖片來源：台灣交通部公路總局)　● 香港版本(圖片來源：香港政府資訊中心)

> **雪姬小提示**
>
> ## 可以租用牛島著名的可愛電動車
> 上牛島遊玩時，建議租用電動車代步，一台三輪的電動車可以承載兩個人，只要持有國際駕照就能租用。不過需要特別留意的是，要駕駛電動車必須要國際駕照上蓋有A類章(即機車)才行，若是國際駕照上只蓋有B類章(即普通小客車)是不能駕駛一般電動車的，B類章只能夠租借3人座以上的電動車，但這種車數量極少，且不是每家租車公司都有提供。詳情請參閱P.245。

3) 護照(Passport)
必須提供有效護照，並且護照上的英文名字和簽名必須與國際駕照上的一致。

4) 信用卡
部分租車公司採用線上刷卡付款，或限定信用卡結帳，而且必須使用承租人名下的信用卡，因此在現場取車時，記得一定要帶上線上預訂時所用的那張信用卡。另有部分租車公司，雖然在線上預約時已先填

寫信用卡資料以作為預約之用，不過承租人可以選擇不先付款，只確認租車，到現場辦理手續取車時再付款即可，因此在預約服務時請先仔細閱讀租車聲明，雖然大部分租車公司只提供英文介面，但使用者可善用翻譯功能協助閱讀及填寫。

租車保險介紹

在韓國租車需要另外加購保險，所以建議購買「全險」(包含基本的三項保險)，不論發生什麼事故，承租人和乘客都更有保障。加上濟州島新手租車的人數眾多，發生交通意外的情況也很頻繁，所以縱使自己駕駛技術不俗，也不能保證其他人的駕駛技術沒問題。另外必須詳細了解保險合約的內容，如果有不理解的地方，到現場一定要跟職員確認好，才正式簽約租車，不然發生意外卻無法獲得理賠，研究合同才發現魔鬼條款藏在細節裡，因此不要為了省錢而選擇便宜的保險，因為意外就是意料之外，無人能夠預期。以下簡單講解在韓國自駕相關的三種租車保險，了解後就能明白租車保險的重要性。

A.「強制責任保險」

濟州的租車公司一般都會提供「強制責任保險」(又稱「基本責任保險」)，用作第三方人身傷害和財物損失的賠償，但並不包括租車本身的損壞。強制責任保險是法律要求的，所有租車客戶都必須購買。

B.「免責補償險(CDW)」

在強險的賠償下，仍會有承租人須自行承擔的「自負金額」費用產生，此時加保CDW的旅客，就可以免付這筆自負金額。

C.「營業損失賠償(NOC)」

在韓國發生車禍，車輛維修期間店家的營業損失費用是按日計算的，約為固定租金的50%，因此如有加保NOC補償，這筆「營業損失費」承租人就不須負擔！

網上租車基本流程

建議最遲於出發前一星期就預約，另外，一般租車收費是越早預約價錢越優惠，而浮動的價錢可以相差非常大，大家可以趁早進行比價。當然也可以在一天前才預約，不過很有可能出現車款選擇不多的情況，而要當日才預約就更困難了，所以最好還是提前預約好再出發。

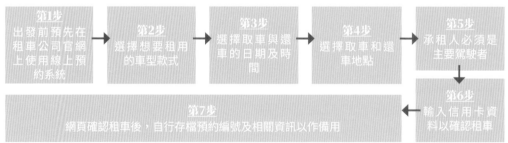

第1步
出發前預先在租車公司官網上使用線上預約系統

第2步
選擇想要租用的車型款式

第3步
選擇取車與還車的日期及時間

第4步
選擇取車和還車地點

第5步
承租人必須是主要駕駛者

第6步
輸入信用卡資料以確認租車

第7步
網頁確認租車後，自行存檔預約編號及相關資訊以作備用

雪姬小提示

開車時請使用NAVER MAP導航

雖然租來的車上一般都會附帶導航系統，但很多時候更新都不及時，以致地圖訊息不夠準確，這樣在濟州這個瞬息萬變的小島上，你要找一家小店或是一些新景點，就很難從車上的導航找到。故此我們在濟州開車時，一般都會依賴自己手機上的NAVER MAP導航功能，這個亦是最多韓國人使用的地圖應用程式，當地人都是靠它來開車的。其資料更新最快速，而且可設定簡體中文介面，導航語音亦有普通話提供，使用起來就更方便、更準確、更安心。

租車公司比較

在濟州租車公司中，最具規模者為樂天租車和SK租車，以下是各主要租車公司的整理比較：

	Lotte rent-a-car (樂天租車)	SK rent-a-car (SK租車)	Angle Car (天使租車)	TAMRA rent-a-car (耽羅租車)	Mango Scooters (芒果輕騎)
機場免費接駁巴士	✓	✓	✓	✓	✗
	(需自行到官網查詢接駁巴士時刻表)				
接駁巴士位置 (機場5號閘口附近)	1區4號 (每8分鐘一班)	1區2號 (每6分鐘一班)	5區14號 (每20~30分鐘)	3區8號 (每10~15分鐘)	✗
租金價格 (24小時計算)	25,000₩ ~300,000₩	35,000₩ ~300,000₩	15,000₩ ~100,000₩	35,000₩ ~150,000₩	30,000₩ ~200,000₩
導航語言	韓、英				
導航	有部分車型會使用Google Map，建議在取車時若發現使用的是Google Map的話，請更換車型，因為Google Map在韓國資訊更新不完善，而且因國防機密沒有全面開放國內資訊，故本地人都只會使用Naver Map、Kakao Map，或國內地圖程式				
營業時間	06:00 ~23:00	07：30 ~22：00	08：00 ~22：00	08：00 ~20：00	08：00 ~19：00
全險 (建議必須購買)	✓	✓	✗	✗	✗
	提供全險		(有條件限制全險) 必須自行了解清楚才預約	只提供一般保險，必須自行了解清楚才預約	
官方網頁	lotterentacar. net	homepage. skcarrental.com	jejuangeltour.com	jejutamra.com	jejuscooter. co.kr
網頁語言	韓、英	韓、英	韓、英、繁中	韓、英、日	韓、英
現場使用語言	韓、英				
備註	・韓國最大型租車集團，分店遍佈全國 ・最多旅客選用的租車公司 ・租用電動車免費提供充電卡，無限次使用 ・網上預約不用收費，只需提供信用卡資料留車，現場取車時再付款 ・租車可上牛島 ・網上預約後不會有電郵確認，需要自行截圖或列印備份 ・提供全險	・同是韓國最大型租車集團，分店遍佈全國 ・除了一般車型外，還有提供眾多高級進口車型 ・租用電動車免費提供充電卡，無限次使用 ・距離機場最近，可步行到達 ・提供網上預約	・一般租車公司 ・租用電動車的話，充電卡另外計費 ・網上預約時須先付款 ・主要為韓國人光顧 ・租車不能上牛島 ・部份租車較為便宜 ・唯一有提供繁體中文的租車網頁 ・提供有條件限制的全險，只保障承租人，第三方的人和車子損傷費用均不包含，承租人需自負	・一般租車公司 ・KLOOK、Tripadvisor推薦之租車公司 ・不提供全險 ・提供網上預約	・專營機車的租車公司 ・位於濟州市汽車轉運站附近，需要從機場坐巴士前往 ・租車不能上牛島 ・可提供免費訓練 ・提供網上預約

*以上所有價格只作參考用途，相關收費會因個別情況而變動。

兩大租車種類

油車
- 取車時車輛已加滿油
- 行車期間承租人需自行付費加油
- 還車的時候必須先加滿油才能歸還

電動車
- 使用充電卡為車輛充電，費用全免
- 需自行向租車公司索取充電卡，部份租車公司的充電卡需要額外付租金
- 一般充電卡上都會印有充電教學，不懂如何使用的話，可以在取車時詢問工作人員使用方式
- 島上各個大型景點都設有充電站，可以使用導航尋找電動車充電站的位置
- 部份停車場提供電動車停車優惠

「取車」基本流程

第1步
入境後，在濟州機場找到租車公司的櫃位

第2步
出示國際駕照以及預約編號，以作簡單登記

第3步
搭乘免費接駁巴士前往租車公司場地

第4步
辦理正式租車手續，提供國際駕駛執照、護照、信用卡（交付保證金用）、以及承租人原居住國家的駕照

第5步
檢查清楚租車訂單內容及細則

第6步
填寫授權扣款表格，以防之後有超速、違規停車等罰單時扣款使用

第7步
工作人員帶領取車

第8步
取車時先繞著車子檢查一圈，看看外觀是否有損毀，有的話請工作人員更換或記錄，承租人亦可自行拍下車輛外觀備用

第9步
工作人員會指導基本操作方式，如設定導航等，建議承租人自行詢問，包括油箱開關及手剎車等按鈕位置，以防上路後手忙腳亂

第10步
出發前拍照記錄儀表板上的里程數，避免還車時有費用爭議

第11步
完成基本教學後，便可以正式出發

● 機場一樓入境大堂GATE 2旁，就是租車公司櫃位，先在此作登記

● 登記後，經GATE 5前往租車公司接駁巴士候車站，沿路會有指示

● 候車站設有電子看牌，顯示各租車公司的候車位置及巴士資訊

● 各租車公司的候車站

雪姬小提示

租車人士請使用有帶語音通話分鐘數的SIM卡

行車期間如果發生意外，必須要撥打電話求助，如報警、聯絡保險公司、聯絡租車公司等，如果只有網路訊號而不能通話的話，有緊急事故時就會無法即時通知。因此建議在準備當地SIM卡時，選購帶有當地行動電話號碼語音通話分鐘數的SIM卡，不要選用只帶上網數據流量的數據卡。而且部分租車公司會在辦理租車手續的現場，要求租客提供可以接聽電話的手機號碼，以便緊急情況下可以聯絡到租客；而且租車人員還會當場撥號，以確認是否能打通，否則就不會把車租給你。所以如果你的當地電話卡只能夠上網而不能接聽電話的話，那麼便只能使用自己原來的電話卡，並開啟漫遊功能，好讓租車公司能夠順利以電話與你聯絡。

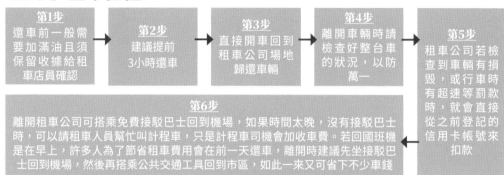

雪姬小提示

有關車上載有兒童的法例

· 韓國法律規定，未滿6歲的兒童在乘車時，有義務使用兒童安全座椅。
· 租車時如需租借兒童安全座椅，需要額外收費，承租人可自行向租車公司查詢，部份租車公司的網頁上也都有勾選的部份。
· 4歲以上或身材較高的孩童，建議自行攜帶增高墊。

「還車」基本流程

第1步
還車前一般需要加滿油且須保留收據給租車店員確認

第2步
建議提前3小時還車

第3步
直接開車回到租車公司場地歸還車輛

第4步
離開車輛時請檢查好整台車的狀況，以防萬一

第5步
租車公司若檢查到車輛有損毀，或行車時有超速等罰款時，就會直接從之前登記的信用卡帳號來扣款

第6步
離開租車公司可搭乘免費接駁巴士回到機場，如果時間太晚，沒有接駁巴士時，可以請租車人員幫忙叫計程車，只是計程車司機會加收車費。若回國班機是在早上，許多人為了節省租車費用會在前一天還車，離開時建議先坐接駁巴士回到機場，然後再搭乘公共交通工具回到市區，如此一來又可省下不少車錢

‼ 自駕者必看 ‼ 租車及行車時重要注意事項 ‼

· 如果需要由兩個人輪流駕駛，可請租車公司加入輪替駕駛人資料。一般情況下，租車公司都可以免費指定1人做為輪替駕駛人。

· 路邊停車的情況較為常見，很多地方都提供免費停車。另外，大型超市均設有消費滿額可享的停車優惠。
· 必須選擇有停車場的住宿地點，如果是租用電動車的話，則要先了解住宿的停車場有無提供充電站，不宜把租來的車停放在路邊，這樣風險太大，不用考慮。
· 停車場收費大多使用信用卡，只有少部份可使用現金，而且部份小型的停車場只接受國內信用卡，不接受國際性信用卡，因此擁有一張WOWPASS卡會較為方便。

· 遇到路面狹窄、空間不夠的情況時，不要強行停車，以免發生擦撞風險，導致不必要的賠償。
· 韓國為左側駕駛，香港駕駛者需要特別注意。
· 在韓國即使紅燈，車輛仍然可以往右轉，不過必須優先禮讓行人；相反的，如果是左轉的話，就必須遵從交通燈號指示。
· 如需要在雪地行駛，可以詢問租車人員車上是否有提供雪鏈，不過部份租車公司可能會額外收費，若是雪鏈損毀的話亦需要賠償。如果是新手開車或是沒有在雪地開車的豐富經驗，千萬不要在冬天開車，因為濟州島冬天會下雪，而且山路非常多，很容易發生交通意外。
· 晚上在郊區行駛時，因為道路非常黑暗，路燈稀落，因此必須要時常開著遠光燈，小心駕駛。
· 在郊區公路上，時常會有各種動物出沒或穿越馬路，所以開車時要份外留意，不要開得太快。

· 在市中心和學校附近，經常會有限速為30的路段，在限速區域駕駛需要特別留神，以免不小心超速。另外，下坡後立即出現限速30的路段，這種情況也頗常見。
· 駕駛時，若不慎撞到老人家或是兒童，刑罰都非常重，因此切勿在限速區超速，專心留意路況。

· 在行車期間，導航會不斷提示測速照相，如果把操作介面轉換成英文，那麼就更容易掌握路況。
· 韓國嚴禁酒駕，喝酒後不能開車。
· 如遇上交通意外需要報警，請撥打「112」及聯繫租車公司；如果有人受傷，則請撥打「119」叫救護車。即使是小擦撞，也一定要報警和通知租車公司，否則後續修車的費用，保險皆無法理賠。

韓國地圖APP特別功能應用秘技

許多人去國外旅遊都習慣性地使用Google Map來搜尋景點與規劃旅遊路線，但可惜的是Google Map在韓國的普及性遠比韓國當地的地圖APP來得低，例如店鋪資訊交通訊息或實際環境的情況，都可能還停留在遠古的年代，所以無論搜尋和定位，都會頻繁出現不準確的情況。故此要到韓國旅遊，我們都會建議大家安裝當地的地圖APP，包括NAVER MAP和KAKAO MAP，這兩大地圖APP都是韓國人在國內必備的應用程式。

特別功能 1 標記景點功能

使用標記景點功能可以將目的地都儲存在地圖內，當要尋找的時候就會更方便快捷。而標記亦是規劃行程最常用的功能之一，當打開地圖時，就能把所有標誌過的景點一次顯示出來，方便為分區安排路線。建議大家把心目中想到的景點於出發前先標記在地圖中，到達目的地後就能更方便地查詢。

KAKAO MAP(韓、英)

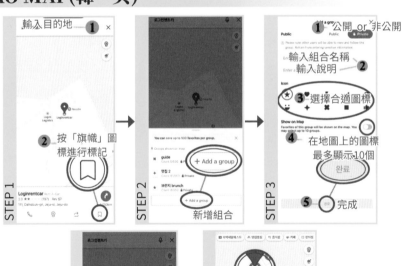

STEP 1　輸入目的地 **1**　**2** 按「旗幟」圖標進行標記

STEP 2　**+ Add a group** 新增組合

STEP 3　**1** 公開 or 非公開　**2** 輸入組合名稱 輸入說明　**3** 選擇合適圖標　**4** 在地圖上的圖標最多顯示10個　**5** 完成

• KakaoMap

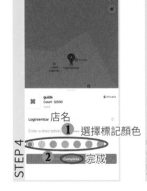

STEP 4　**1** 選擇標記顏色　**2** 完成

STEP 5　**1** 標記完成後地圖上出現剛設定的標記　**2** 標記完成後「旗幟」圖標會變色

NAVER MAP(韓、簡中、英)

• NaverMap

STEP 1　按「星星」圖標進行標記

STEP 2　收藏

選擇列表或創建新列表以分類 ①

② 收藏

特別功能 2　即時路況功能

正常情況下，路面監視鏡頭是駕駛人士在使用的，但因影像能夠清晰地顯示出當地情況，所以也非常適合遊客參考，藉此觀察當地的天氣狀況，例如是陽光普照還是下雪、下雨等等。另外，透過部份比較接近市區的鏡頭，我們還能從路人的衣著推測實際氣溫，例如如果路人穿著厚重羽絨大衣的話，就代表當地目前的天氣很冷，那麼收拾行李時就可作為參考。

KAKAO MAP

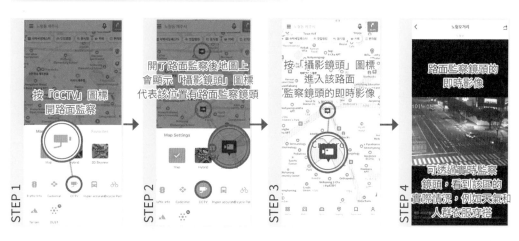

STEP 1　按「CCTV」圖標開路面監察

STEP 2　開了路面監察後地圖上會顯示「攝影鏡頭」圖標代表該位置有路面監察鏡頭

STEP 3　按「攝影鏡頭」圖標進入該路面監察鏡頭的即時影像

STEP 4　路面監察鏡頭的即時影像　可透過實時監察鏡頭，看到該區的實際情況，例如天氣和人群衣服穿搭

NAVER MAP

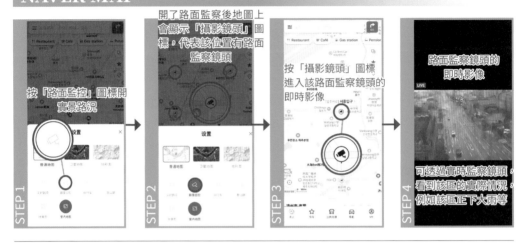

特別功能 3　區內實用資訊及推薦(NAVER MAP獨家)

NAVER MAP有個獨家功能，就是系統會自動識別地圖位置，並顯示出該區的實用資訊，如NAVER天氣(即時天氣報導)、該區的本日推薦、該區的人氣店鋪(包括美食店)，還有該區新開幕的商家推薦等，讓用家能一站式輕鬆掌握當地的基本熱門消息。

NAVER MAP

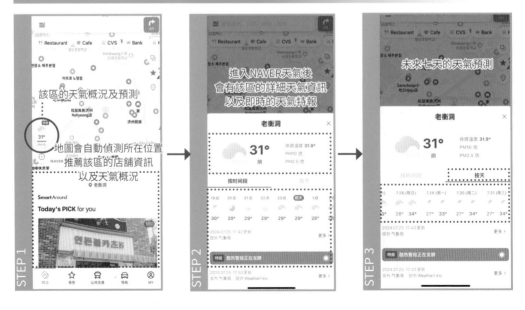

STEP 4 — 該區今日推薦

STEP 5 — 該區附近的店舖推薦包括餐廳

STEP 6 — 新開的 新開店舖推薦

濟州全島四大分區

濟州島的面積比想像中還要廣闊，以漢拏山為中心，大致可劃分為四大區域以及外島，在規劃行程時只要簡單根據分區來考量，就能順利安排旅程。不過有一點需要留意，那就是想要在一天之內環島是不太可能的，加上還要考慮到移動的時間，遊玩的效率會非常低下。一般說來，一天走一個區域的行程就已經很豐富了，甚至用一整天都走不完一個區域，所以先了解濟州島的分區，安排行程就會更得心應手。

東部地區

這裡是享受大自然的好地方，海岸公路沿途坐擁著名的海水浴場和旅遊景點，而只要稍微進入中山間地區，就能看到無數的火山丘景觀。另外，東部因為觀賞美麗日出而聞名，所以建議大家可以根據日出時間來制定東部地區的行程。

西部地區

與東部地區恰恰相反，這邊是日落最美麗的地區，適合在傍晚時分沿著海岸路兜風。黃昏時走在西部，只要沿著海岸路線散步，就能眺望到美麗而浪漫的大海。另外，這邊有很多兒童最愛的主題公園，以及適合家庭入住的度假村。

南部地區 | 西歸浦市中心

位於漢拏山南部的西歸浦，是濟州島天氣最溫和的地區。雖然西歸浦市中心也算是相當繁華，但濟州島的大自然環境亦能在這裡感受得到，多個著名瀑布就位在市中心附近，此區還有許多著名的植物公園，一年四季都能在這裡看到美麗花卉盛放。

北部地區 | 濟州市中心

濟州島最繁榮的地區就是濟州市中心，因為位於市中心地帶，所以有無數的醒酒湯和肉湯麵等美食店都集中在此區。在這裡能體驗濟州島的傳統市場、文化、歷史和藝術等，加上就在機場附近，交通和生活機能最為方便，所以無數性價比高又鄰近機場的酒店都聚集在此區域內。

行程規劃指南

行程安排須知

在安排濟州島行程的時候，需要按照東南西北四個方位來計劃，再以交通方式和住宿的地區作為考量，才能完善地規劃好行程安排。

旅遊模式	旅行日數(天)	建議行程天數	備註
初訪	4	東、南、西、北－各1天	只走主要大型景點
深度遊	6	東、西－各2天 南、北－各1天	東部和西部的景點較為密集，所以這兩個方位可安排兩天
外島遊	+1~2	牛島：+1~2天 加波島＋馬羅島：+1天 飛揚島：+1天 楸子島：+1~2天	按個別外島，需要安排的時間均不相同，平均每個外島都需要花上一整天

按住宿地區安排行程

基本上一天只能走一個方位，不能環島，亦不能把東部和西部安排在同一天，因為從東部開車到西部，光是行車的時間，單程就已經超過兩個小時，如果還需要來回的話，實在廢時失事。建議大家按照以下表格的方式來安排行程，這樣就不會浪費太多時間在交通上。

住宿地	建議行程方向	備註
東部	僅東部	此兩區比較大，而且景點比較多，應把行程安排在同一區
西部	僅西部	
南部	-僅南部 -南部＋東南部 -南部＋西南部	南部景點眾多，可以搭配少量東南或西南部的行程在一起，但是不能把東南部和西南部安排在同一天
北部(機場所在地區)	-僅北部 -北部＋東部 -北部＋南部 -北部＋西部	北部只有少量景點，安排行程時可把景點排在每天的第一站或是最後一站

雪姬小提示

冬遊濟州別坐巴士和自駕

冬天在濟州旅行要特別留意天氣，因為冬天會下雪，空曠的環境加上風大，所以天氣會十分寒冷。在冬天絕對不建議坐巴士遊濟州，因為巴士班次不穩定，而且等待的時間非常長；加上如果離開市區，巴士站都會比較簡陋，所以冬天絕對不建議坐巴士。另外亦不建議開車自駕，因為路面會有積雪結冰，沒有習慣在雪地冰面開車的人千萬不要嘗試。其實冬遊濟州的話，建議包車或是跟旅行團會比較適合。冬天的濟州風景特別美，主要都是賞雪、賞山茶花或體驗採橘子等，行程一般會集中在中山間或南部，海岸路線因為風大，反而會稍微避開，所以安排行程時需要特別留意。

行程規劃範本

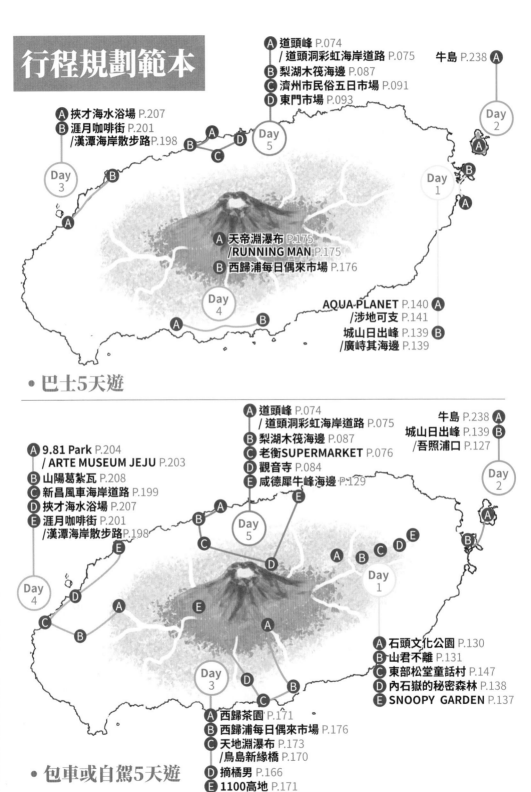

Ⓐ 道頭峰 P.074
／道頭洞彩虹海岸道路 P.075
Ⓑ 梨湖木筏海邊 P.087
Ⓒ 濟州市民俗五日市場 P.091
Ⓓ 東門市場 P.093

牛島 P.238 Ⓐ

Ⓐ 挾才海水浴場 P.207
Ⓑ 涯月咖啡街 P.201
／漢潭海岸散步路 P.198

Day 5

Day 2

Day 3

Day 1

Ⓐ 天帝淵瀑布 P.175
／RUNNING MAN P.175
Ⓑ 西歸浦每日偶來市場 P.176

Day 4

AQUA-PLANET P.140 Ⓐ
／涉地可支 P.141
城山日出峰 P.139 Ⓑ
／廣峙其海邊 P.139

● 巴士5天遊

Ⓐ 道頭峰 P.074
／道頭洞彩虹海岸道路 P.075
Ⓑ 梨湖木筏海邊 P.087
Ⓒ 老衡SUPERMARKET P.076
Ⓓ 觀音寺 P.084
Ⓔ 咸德犀牛峰海邊 P.129

牛島 P.238 Ⓐ
城山日出峰 P.139 Ⓑ
／吾照浦口 P.127

Ⓐ 9.81 Park P.204
／ARTE MUSEUM JEJU P.203
Ⓑ 山陽葛紫瓦 P.208
Ⓒ 新昌風車海岸道路 P.199
Ⓓ 挾才海水浴場 P.207
Ⓔ 涯月咖啡街 P.201
／漢潭海岸散步路 P.198

Day 5

Day 2

Day 4

Day 1

Day 3

Ⓐ 石頭文化公園 P.130
Ⓑ 山君不離 P.131
Ⓒ 東部松堂童話村 P.147
Ⓓ 內石嶽的秘密森林 P.138
Ⓔ SNOOPY GARDEN P.137

Ⓐ 西歸茶園 P.171
Ⓑ 西歸浦每日偶來市場 P.176
Ⓒ 天地淵瀑布 P.173
／鳥島新綠橋 P.170
Ⓓ 摘橘男 P.166
Ⓔ 1100高地 P.171

● 包車或自駕5天遊

Ⓐ HARIBO Happy World P.077
Ⓑ 觀音寺 P.084
Ⓒ 天王寺 P.085
Ⓓ 漢拏山 P.082
Ⓔ 1100高地 P.171
Ⓕ 道頭海水樂園 P.114

Ⓐ 光之地堡 P.141
Ⓑ 新豐新川海洋牧場 P.124
Ⓒ 油菜花廣場 P.123
Ⓓ 山君不離 P.131
Ⓔ Cafe the Container P.151

聖誕博物館 P.218 Ⓐ
山茶花之丘 P.195 Ⓑ
山房山 P.194 Ⓒ
/ 山房煙臺 P.212
/ 山房山LAND P.212
/ 素色彩本 P.228
/ 山房山碳酸溫泉 P.236
LUNA FALL P.211 Ⓓ

Ⓐ DONGBEAK FOREST P.164
Ⓑ 濟州山茶花樹木園 P.165
/ 為美山茶花群落地 P.165
Ⓒ 西歸浦每日偶來市場 P.176
Ⓓ 石附作博物館 P.164
Ⓔ 摘橘男 P.166

● 冬日4天遊

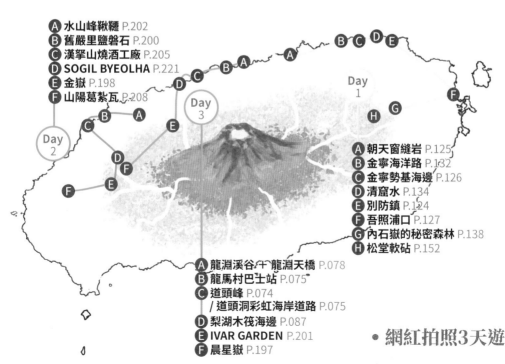

Ⓐ 水山峰鞦韆 P.202
Ⓑ 舊巖里鹽磐石 P.200
Ⓒ 漢拏山燒酒工廠 P.205
Ⓓ SOGIL BYEOLHA P.221
Ⓔ 金嶽 P.198
Ⓕ 山陽葛紮瓦 P.208

Ⓐ 朝天窗縫岩 P.125
Ⓑ 金寧海洋路 P.132
Ⓒ 金寧勢基海邊 P.126
Ⓓ 清窟水 P.134
Ⓔ 別防鎮 P.124
Ⓕ 吾照浦口 P.127
Ⓖ 內石嶽的秘密森林 P.138
Ⓗ 松堂軟砧 P.152

Ⓐ 龍淵溪谷 + 龍淵天橋 P.078
Ⓑ 龍馬村巴士站 P.075
Ⓒ 道頭峰 P.074
/ 道頭洞彩虹海岸道路 P.075
Ⓓ 梨湖木筏海邊 P.087
Ⓔ IVAR GARDEN P.201
Ⓕ 晨星嶽 P.197

● 網紅拍照3天遊

超商賣場必買必吃推介

超商賣場是韓國旅遊必逛的「伴手禮專賣店」，無論是吃、喝、生活用品都一應俱全。不過既然難得來到濟州島，當然要嘗試點不一樣的，別再只知道買香蕉牛奶、蜂蜜杏仁這些回家都買得到的東西，其實還有很多很多食品值得大家入手。這裡介紹的大部分都可以帶回台灣，而有部分產品更是濟州島獨家的地區限定商品。

獨家限定的「濟州牛奶」系列 ╎ 7-Eleven

島上最著名的牛奶品牌代表，口味比較清甜，除了牛奶外還推出了多種冰品、奶油麵包、奶油三明治等，在全國7-11獨家發售。

獨家「電影院」口味爆米花 ╎ GS25

GS25推出的爆米花一直深受當地人歡迎，有多種不同口味，當中的「電影院」口味是最接近在電影院能吃到的現做爆米花的味道，因此最為暢銷，目前已熱銷超過20萬包，而且不時還會和不同品牌聯名合作，例如和NETFILX聯名推出超大容量的「電影院」口味爆米花，是現在最多人搶購的商品。

獨家UMU冰淇林 ╎ GS25

貴為濟州島名物的UMU布丁，跟GS25聯名推出UMU布丁口味的冰淇林，雖然不是每間店都有貨，但看到的話一定要試。

壓扁可頌牛角餅乾 ╎ GS25

韓國爆紅的壓扁可頌在當地各個麵包店、便利商店都有推出自家款式，而當中最受歡迎的便利商店款就是來自GS25。其靈感源自白種元老師首創的壓扁可頌，以整個可頌麵包壓扁而成，配上奶油或冰淇淋，口感更加昇華。

濟州三多水 ╎ 各大超商

濟州島最著名的火山天然礦物水，採用100%火山岩盤水所製造，可媲美法國的Evian礦泉水，是韓國人最常飲用的礦泉水品牌。

濟州石頭爺爺造型維他500 ╎ 各大超商

廣東製藥出品的維他500是韓國國民提神飲料，亦有以濟州島守護神石頭爺爺的造型瓶裝，乃濟州島限定。可以買一盒回家，一人一瓶作為伴手禮，絕對是別具濟州風情的可愛小禮物。

GS25 ┊ 海女海鮮碗麵

濟州島上的GS25便利商店限定泡麵，以海女製作的海鮮拉麵為基礎，泡製出別具濟州島風味的海鮮味拉麵，而且每賣出一碗，品牌便會捐出一部份收益給濟州海女協會。

CU ┊ 白種元的泡菜鍋拉麵

由韓國餐飲界龍頭白種元老師推出的韓式泡菜鍋拉麵，香辣的口味，非常濃郁，拉麵調味包中不含肉塊，是少數可以打包回台灣的美味泡麵款式。CU便利店和E-MART超市有售。

CU ┊ 迷你養樂多咀嚼糖

小小一瓶可愛的養樂多造型，內裡是小顆粒養樂多口味的咀嚼糖，不會太甜，適合作為送小孩的伴手禮。

CU ┊ 生檸檬高球酒 & 生青檸伏特加高球酒

現在最新最大熱的斷貨王罐裝酒，特別之處在於一打開就會看到罐裡泡著一片新鮮檸檬片，味道比一般罐裝Highball(高球酒)更清新好喝，適合好酒人士品嚐。而這檸檬片Highball熱潮從韓國開始，傳到日本後更加爆紅。除了生檸檬Highball(ABV 8.3%)外，還有生青檸Vodka Highball(ABV 8.3%)，兩者的酒精含量都偏高，喝的時候要留意容易醉倒。

雪姬推薦

7-Eleven ┊ 生檸檬高球酒

@CU

韓國的7-Eleven也推出了同款的生檸檬Highball(ABV 4%)，不過酒精含量較低，不勝酒力的人可以輕嚐這款。這種酒雖然有檸檬片，但因為已經過加工，所以是可以放托運行李帶回台灣。

EMART ┊ 《偶然成為社長3》 大蟹拉麵

熱門韓綜《偶然成為社長3》中趙寅成使用同款泡麵製作出美味的招牌大蟹拉麵，而這款拉麵便是專門為了《偶然成為社長》而製作生產，分為辣味和小辣口味，有碗裝及袋裝兩種選擇，大家如果想在家中煮出與節目同款的拉麵，就一定要入手。

禁　止　酒　駕　，　飲　酒　過　量　害　人　害　己

傳統市場伴手禮

在濟州島有多個非常著名的傳統市場，裡頭除了設有一般魚市場、菜市場的部分外，還有大量伴手禮店和鮮果店、年糕店等，想要購買最地道、最齊全的濟州特產或伴手禮，一定要從傳統市場入手。所有食品類的伴手禮，都是採用島上特產製作，像是果乾、巧克力、米果、餅乾、果醬、酒等等，有無數款式的產品供人選購。

雪姬推薦

P.233

金嶽DOT DOT拉麵

由韓國知名食品品牌「不倒翁」出品，加入了濟州島產的豬肉和蒜泥包，適合喜歡濃郁蒜頭和香辣口味的人。不過調料包內有肉塊，只能留在濟州島品嚐，不能帶回台灣。 想要吃正式的金嶽DOT DOT拉麵，可以直接到他們的店內品嚐。

濟州限定版泡麵

以當地著名的黑豬肉熬成濃郁的湯底，加上韓國人最愛的辛辣味，是濟州旅遊必買的伴手泡麵。除了黑豬肉外，還有硬殼蝦拉麵、濟州舊嚴雞和黑牛肉拉麵等口味以供選擇。

牛島花生

花生是牛島最著名的特產，大大一顆，香脆美味，非常適合作為伴手禮送人。

雪姬小提示

‼ 台灣旅客「不可以」把鮮果帶回台 但香港旅客「可以」把鮮果帶回港

因應各個城市的入境條例不同，緊記台灣的旅客不能把新鮮水果蔬菜帶回台灣，只要是新鮮未經過處理的植物、水果等等，一律是禁止入境的，只有經過乾燥、加工後的產品，如水果乾和罐頭才可以。所以在濟州島看到新鮮水果時，只能夠現場品嚐，或是買少量在旅程中慢慢享用。相反的，來自香港的旅客則可以選購心儀的鮮果禮盒，直接打包帶回香港，完全沒有問題。

濟州限定馬格利

馬格利酒是韓國傳統農酒，是一種用大米發酵製
成的濁米酒(醪醴)。在不同地區都有其限定的口
味，而濟州島獨有的馬格利酒就是牛島花生口
味、濟州柑橘口味、栗子口味等。

迷你裝漢拏山燒酒禮盒

代表著濟州島的燒酒品牌「漢拏山燒酒」，推出不少迷
你瓶裝款式的燒酒禮盒，同樣是旅客最愛的伴手禮。

濟州特色精品紀念品

多以濟州著名的守護神石頭爺爺、柑橘、山茶
花、海女等作為造型的精品類紀念品。

濟州限定食品禮盒

以濟州著名特產柑橘、綠茶等製作而成的巧克力
或果乾產品。

濟州特產鮮果禮盒

如果你不能帶鮮果回家的話，至少可以買一些在
旅程中享用，來到濟州不能不品嚐他們的特產水
果，尤其是柑橘類，格外甜美和新鮮。

必吃濟州特產美食

濟州島四面環海，氣候溫暖，孕育出無數珍貴的大自然資源，而各種各樣的特色美食亦因此而應運而生。五花八門的美味佳肴，當中必定有能滿足你味蕾的心頭好，海女每天辛勤地從海裡抓來的新鮮海產、濟州傳統的黑豬肉料理、肉質柔軟脂肪少而又味道濃郁的馬肉料理，還有濟州島獨有的鄉土飲食等，都是到訪濟州絕對不能錯過的好滋味。

雪姬推薦 | 豬前腿排骨湯 | 접짝뼈국

這款排骨湯是特意挑選出較為稀少的特殊部位，即豬肩接近肋骨的關節部分來烹煮，據濟州特別自治道出版的《傳統鄉土食品-濟州人民的智慧與味道》書中描述，關節骨是整付豬骨裡最美味的部位，而這道料理據說以前只有在婚宴時，新郎、新娘的餐桌上才會出現。

P.111

海螺料理 | 보말 요리

韓國人來濟州島必吃的海螺料理，包括海螺刀削麵、海螺湯、海螺粥和海螺煎餅等。而當中的海螺刀削麵是人氣最高的餐點，在烹調時除了海螺外，還會加入大量海藻一起煮滾，味道清淡，含有豐富蛋白質，是一道非常健康的解酒菜肴。

P.232

豬肉湯麵 | 고기국수

用黑豬肉熬煮出不帶腥味的湯底，再放上白切肉便大功告成，味道濃郁又鮮美。而這道豬肉湯麵以前是用來招呼貴賓或婚宴等大型活動時，必不可少的重要菜式。

P.112

帶魚料理 | 갈치 요리

帶魚料理是來濟州島必吃的美食之一，除了最多人愛吃的烤帶魚和辣燉帶魚外，近年島上還流行火烤整隻帶魚和帶魚湯。那種新鮮、濃郁的魚肉美味，非常適合用來下飯。

P.234

鮑魚料理 | 전복 요리

濟州島的鮑魚菜式也非常聞名，甚至在濟州島不想要每餐都吃到鮑魚，也是頗有難度的。除了鮑魚粥、鮑魚刺身外，在濟州更出名的還有以鮑魚內臟、鮑魚肉和黃油拌製而成的鮑魚石鍋飯、非常高級的鮑魚紫菜包飯、以及在鐵板上滋滋作響的香烤鮑魚等。

P.233

蕨菜牛肉湯｜고사리 육개장

雖然韓國很多地區都有這道蕨菜牛肉湯，但濟州的煮法卻不同於傳統，一來並不是常見的紅色辣湯底，二來雖說是牛肉湯，卻是以豬肉取而代之，這是因為從前牛在濟州是珍貴的勞動力，而牛肉亦是珍貴的食材，所以人們都把主要的牛肉菜式以豬肉代替。另外，濟州的蕨菜品質非常優良，產量甚高，在古時經常作為貢品獻給皇帝。濟州的蕨菜牛肉湯是當地婚宴和大型筵席時的必備湯品，將豬肉高湯與蕨菜放在一起熬煮，再加入蕎麥粉使湯汁濃稠順滑，煮好後的濃郁湯汁香氣撲鼻，是一道十足開胃的珍饈。

P.110

烤黑豬肉｜흑돼지 구이　雪姬推薦

烤黑豬肉是將豬頸肉、五花肉等部位切得厚厚的烤來吃，因為厚度越厚才能更好地鎖住肉汁，不致在燒烤的過程中流失，是以濟州的黑豬肉以口感筋道和肉汁豐富著稱。另外，在韓國烤肉一般會配上醬油、蝦醬或鹽巴，但在島上則是使用濟州島獨特的鯷魚醬，能令肉類增添濃厚的海鮮風味。

P.156

白切肉｜돔배 고기

又名「砧板豬肉」，「돔배」是濟州方言，意思是「菜板/砧板」，「돔배 고기」就是在木板上切黑豬肉，然後配上鹽巴或鯷魚醬，最常見的吃法就是放到麵條上。這道料理只用簡單的調味，就能讓食客完整地吃出黑豬肉的豐富味道，是肉食主義者最愛的菜式之一。

P.185

海鮮拉麵｜해물라면

濟州島最著名的海鮮拉麵，使用上速食麵那種香辣又濃烈的湯底，再加上大蝦、章魚、螃蟹、扇貝、鮑魚等超豐富的海鮮烹煮而成，是遊客們到濟州必吃的菜式。

P.231

馬肉料理｜말고기 요리

馬肉同是濟州島的特產，一般人平常很難接觸到馬肉料理，但來到濟州不妨品嚐一下。馬肉熱量低、蘊含豐富蛋白質，以高營養食物見稱，味道上則近似牛肉，但肉味又比牛肉更濃烈一點。通常做成生拌馬肉、壽司、煮湯、清蒸，或是烤來吃。

P.159

濟州島必吃特色小吃

來到濟州一定至少會逛3個傳統市場，也就是東門市場、西歸浦每日偶來市場以及民俗5日市場，無可否認，市場內有無數特色小吃，而且大多都只有在濟州島才能吃到，故此安排一頓午餐或宵夜時間到市場掃街用餐，都不失為完美的選擇。除了傳統市場外，一些遊客聚集的景點，也同樣會有無數的特色小吃，吃貨們絕對不能錯過。

`P.177`

雪姬推薦

花生餃子｜땅콩만두

用上著名的牛島花生製作成香噴噴的花生餃子，通常有肉餃和辛奇餃子(小辣)兩種口味，新鮮熱辣的出鍋，馬上就會引來大批韓國遊客湧至，韓國人會把花生餃子寄回本島送給朋友，人氣滿分度可想而知。牛島花生餃子若再配上牛島花生馬格利，滿滿的花生香氣更是一絕。

柑橘果汁｜감귤 주스

石頭爺爺造型瓶子的柑橘果汁，會因收成季節而使用不同品種的橘子製作，但都絕對是以100%新鮮柑橘壓榨而成。在西歸浦每日偶來市場內就能找到。

硬殼蝦刺身｜딱새우

因為有著超硬的外殼，所以名為硬殼蝦，是濟州島常見的蝦類，肉質較為鮮甜，人們常直接剝殼做成刺身食用，也常蒸熟或做成蓋飯的菜式來吃。到東門市場內的海產店就能找到外賣打包的硬殼蝦刺身。

蕎麥煎餅｜빙떡

濟州島另一項著名產物就是蕎麥，因此島上也經常使用蕎麥來做料理。當中的蕎麥煎餅自古以來就是婚宴或祭祀時必吃的食物之一，這是用蕎麥粉加入醃製過的蘿蔔製成，為濟州傳統食物，賣相雖然沒有特別吸引人，味道又清淡，但熱騰騰的時候吃，竟又有種莫名的美味。

`P.092`

小米年糕｜오메기떡

小米年糕是韓國人必買的濟州島伴手禮第一名，這種濟州島獨有的傳統年糕有多種口味，當中最正宗的就是以艾草年糕包著紅豆蓉，外層再以原顆紅豆包覆，口感Q彈微甜，能品嚐到紅豆的原味。遊客們可以在現場先買少量試試看味道，喜歡的話，大部分店家都有提供獨立包裝及保溫封袋，以方便保存。

`P.094`

濟州特式炸雞｜제주 치킨　雪姬推薦

炸雞的出現對韓國人來說是一項偉大的發明，無論男女老少都愛不釋口。能夠牢牢抓住所有人食慾的炸雞，在濟州島當然也有富含本地特色的口味，包括混入了濟州橘子醬和果乾的濟州橘子口味炸雞、使用牛島特產製作而成的大蒜炸雞、以及搭配蕎麥料理的炸雞等。來到濟州不要只吃連鎖炸雞品牌，不妨也到西歸浦每日偶來市場逛逛，品嚐一下最地道特色，不一樣的美味絕對會讓你回味無窮。

P.179

牛島花生冰淇淋｜우도 땅콩 아이스크림

以牛島最著名的特產花生製作而成的牛島花生冰淇淋，雖然隨處可見，但確實非常有名，是來到牛島必定一試的甜點。在炎熱的夏日，拿着一杯濃純香的冰淇淋，走在一望無際的海邊品嚐，簡直是透心涼的享受。牛島上有條「花生冰淇淋一條街」，每家店鋪都會根據自己的獨家配方稍微調整，製作出不同特色的冰淇淋，大家可以隨自己的喜好買來品嚐。

P.243

牛島大蒜冰淇淋｜우도 마늘 아이스크림

牛島花生冰淇淋非常出名，幾乎每位來濟州島的遊客都吃過，但是牛島大蒜冰淇淋，吃過的人就沒那麼多了。其實除了花生，蒜頭也是牛島特產，而這款冰淇淋只有在島上一家漢堡店有賣，而且是專利商品。大家不用擔心味道會不會太過衝擊，只要吃一口就會知道，充滿勁道的大蒜片和冰淇淋簡直是完美絕配，滋味堪稱一絕。所以到了牛島不要只是吃花生冰淇淋，偶爾也嚐一下大蒜冰淇淋，保證不會讓你後悔。

P.244

柑橘冰糖葫蘆｜귤탕후루　雪姬推薦

亞洲各地都喜歡吃冰糖葫蘆，而作為鮮果出產重鎮的濟州島，當然也不能缺少冰糖葫蘆。在濟州島能吃到最特別的口味，就是以整顆柑橘串成的冰糖葫蘆，甜甜脆脆的糖衣外層，加上一口咬下鮮嫩果肉爆汁的快感，酸酸甜甜份外美味，大人小孩都喜歡。濟州市東門市場內有多家冰糖葫蘆美食攤，大家不妨一試。

3,000원

旅遊新焦點

疫情後的濟州島上建成了很多旅遊新景點，除了原本的自然美景和主題樂園外，大家不妨把以下新鮮熱點安排到行程中，體驗全新的濟州魅力。

SNOOPY GARDEN | 史努比庭園

2020年開幕的《花生漫畫》史努比主題樂園區

舊左邑　　P.137

MOOMIN LAND | 姆明樂園

2020年開幕的全球第三個姆明(嚕嚕米)主題樂園

安德面　　P.210

ARTE MUSEUM JEJU

2020年開幕，由世界著名的D'strict所打造，是目前全韓國規模最大的沉浸式多媒體藝術博物館

涯月邑　　P.203

漢拏山燒酒廠

參觀濟州最著名的燒酒品牌工廠

翰林邑　　P.205

HARIBO Happy World

2024年7月全新開幕HARIBO軟糖體驗式展覽館

舊城區　　P.077

橡子森林與克里克咖啡店

2024年開幕，由吉卜力工作室所開設的主題商店及咖啡店

舊左邑　　P.149

油菜花 ｜ 유채꽃 `2~5月`

若要選出最能代表春天的濟州島之花，那必然就是油菜花了，那一大片嬌小而茂密的黃色小花，在寒冬中顯得豁然開朗。最著名的賞花景點就在山房山(P.194)腳下。

青麥 ｜ 청보리 `4~5月`

清風吹過原野，會想到的是濟州島上的青麥田，那片青蔥翠綠的嫩草，令人確切感受到春天的到來。想看最美的青麥景緻，首選當然是加波島(P.250)，島上佈滿密密麻麻的青麥，而且還能遠眺山房山美景！這裡每年都會舉行青麥節，是島上迎接春天到臨的重要慶典。

HIGHLIGHT・1
花旅 ｜ 꽃 여행

濟州島作為一個以大自然聞名的小島，全年中每一個月份都會有各式各樣的花卉和植物盛放，而且遍布全島每一處角落，因此濟州島遊的最重點行程必定非花旅莫屬。前往濟州島旅遊時，大家時常會在行程中加入大量花旅景點，以填滿相機記憶體的容量，讓你們的旅程更加豐富多彩。如遇上濟州島最著名的花旅季節時，如櫻花期、繡球花期、粉黛亂子草期、山茶花期等，也有不少旅客愛把整趟行程安排成專門走花旅景點，當中再安插一些特色景點到同一區的行程中，以完滿這趟主攻美景的花之旅行。

櫻花 ｜ 벚꽃 `3~4月`

當鮮黃色的油菜花開始盛放時，最美麗的櫻花也來接棒，訴說著春天正式來臨，而當一般的櫻花開始落下時，就輪到八重櫻接續綻放。在加時里鹿山路上的滿地小黃花配上漫天的粉色櫻花，再襯映著因冬日而久違的藍天白雲，共同構成濟州島最美麗的春色畫面。島上每年最大型的櫻花慶典活動就在典農路(P.70)，晚上還會有夜櫻觀賞。

雪姬小提示

掌握第一手花開情報

韓國本地的民間氣象業者「Weather i」每年都會提供櫻花期、紅葉期及其他花期等的預測供大家參考。若要安排花旅不求人，就要一直記着以下網站。

Ⓤ www.weatheri.co.kr(韓/英/日/中)

小雛菊 │ 데이지

5~6月

純白色花瓣配上黃色的花蕊，小小的菊花成為2024年濟州最熱門的初夏花旅重點之一，不止浪漫，還帶點清純可愛的感受。小雛菊可以在濟州各個大型景點找到，當中又以濟州石文化公園(P.130)為最佳觀賞點。

綠茶 │ 녹차

5~6月

綠茶是濟州島的著名特產之一，在島上遍布任何一個角落，大大小小的綠茶園生產出品質優良的綠茶，更是大眾拍攝取景的熱點。而島上最著名的綠茶品牌，當屬OSULLOC(P.217)。

蕎麥花 │ 메밀꽃

5~6,9~10月

蕎麥花代表浪漫清純，是韓劇中經常出現的花卉。濟州島的蕎麥花季分別有兩個時節，想要一睹廣闊的蕎麥花田，那一望無際的白色花海盛宴，可以到漢拏山腰的吾羅麥花田(P.081)，那裡面積廣達250,000坪，是韓國人婚紗照及人生照的拍攝熱點。

繡球花 │ 수국

6~7月

當看到一束一束令人心花怒放的繡球花盛開，代表着濟州島的夏天到來了。在海岸路旁一簇一簇淺藍色、淺紫色、深藍色、深紫色的繡球花，美得令人着迷，而且大部份都是免費觀賞。繡球花景點遍佈濟州島各個角落，如果想參加繡球花慶典的話，也可以到山茶花之丘(P.195)或是上孝園(P.168)等地，會有完善的打卡佈置提供。另外，近年爆紅的沓達尼繡球花田(P.168)更是觀賞繡球花的必訪景點。

波斯菊 │ 코스모스

6~9月

同時兼具小清新而又繽紛可愛的花卉代表，必然就是波斯菊了，當七彩的小花出現時，就代表著秋天的到臨。在濟州島上有很多波斯菊景點，當中包括最著名的濟州缸坡頭里抗蒙遺址(P.196)和大海與波斯菊相融洽的咸德犀牛海邊(P.129)，這些地方都能讓你感到濟州島的初秋獨特景緻。

向日葵 │ 해바라기

6~9月

當向日葵生長到每朵都是面向太陽時，那就意味著已經到了夏天。想欣賞那憧憬著太陽的向日葵美景，可以到著名的金京淑向日葵農場(P.086)，其佔地面積有一萬坪，種有75萬朵向日葵花，適合大家散步和拍照，感受夏日熾熱的陽光。

紫芒｜억새

9~12月

滿山銀色的紫芒海，隨着秋風而搖曳的紫芒，遍布着整個濟州島，而紫芒更被指定為濟州島上的天然紀念物之一，其優雅而孤獨的氛圍，成為旅客最愛的拍攝對象。有紫芒山之稱的晨星岳(P.197)，就是最聞名的紫芒拍攝地。另外島上大部份的芒草景點都是免費開放，駕著車看到美麗的地方，就暫時停下車來隨手隨心的拍攝，這是濟州島旅遊的一大秘訣。

粉黛亂子草｜핑크뮬리

9~11月

踏進9月中旬，濟州島就會鋪天蓋地的染成粉紅色，那隱隱約約的粉色，足以讓人感受到秋天的感性以及浪漫的本質。在濟州清風中搖曳着的粉色木香、晴朗的天空搭配翠綠的森林，造就出秋意中最美麗動人的景緻，最著名的欣賞地點就是休愛里自然生態公園(P.168)。

紅葉｜단풍

10~12月

當漢拏山被染上一片橙紅色，那就要捉緊秋天的尾巴，登上漢拏山欣賞那獨有的紅葉溪谷美景。漢拏山是韓國國內最著名的登山路線，亦是賞楓人士最愛的地方，而1100高地(P.171)以及天娥溪谷(P.073)的紅葉美景，更是被濟州島人稱作最美麗的兩大地點。不過值得留意的是，濟州島是全韓國最晚才能感受到紅葉秋意的地區，要賞楓前必須密切留意網上最新的紅葉情報。

@Jejuyuiapa

柑橘｜귤

12~2月

橘子也是濟州島冬天的亮點之一，來到濟州島總會看到石牆內密密麻麻的橘子迎接我們，而且還能親自在橘子園內體驗採摘。在島上最著名、最能代表濟州島的柑橘，就是因為形狀像漢拏山而得名的「漢拏峰柑橘／한라봉 감귤」，這更是濟州島獨有的橘子品種。到訪柑橘博物館(P.166)除了可以體驗採橘子外，還能了解到柑橘的栽培歷史，並且享受柑橘足浴。

山茶花｜코스모스

12~2月

唯一能代表濟州島冬天的花卉就是山茶花了，而這也是最受旅客喜愛的花卉之一。在嚴寒白雪的冬日裡，深綠高大的山茶花樹開滿了鮮豔的桃紅色花朵，既鮮明又誘人，若是幸運地碰上下雪過後的藍天，此時置身在山茶花叢裡，那絕美的景緻唯濟州島獨有。而島上必訪的山茶花景點包括：為美山茶花群落地(P.165)、DONGBEAK FOREST(P.164)。

濟州全年花季參考*

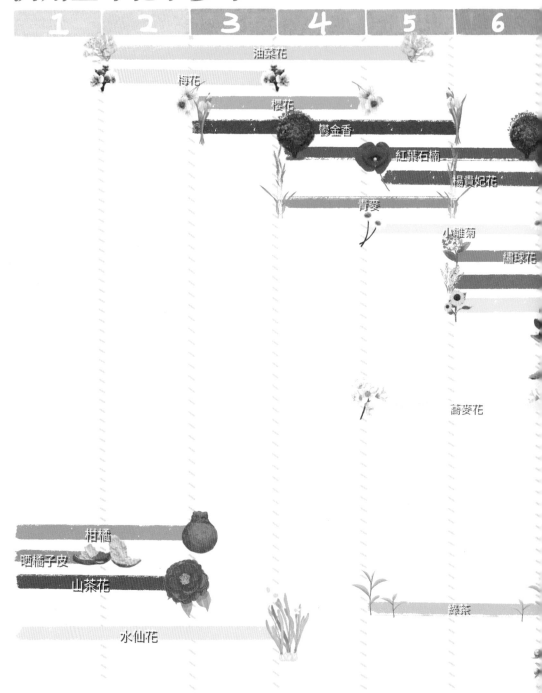

1	2	3	4	5	6

油菜花

梅花

櫻花

鬱金香

紅葉石楠

楊貴妃花

青麥

小雛菊

繡球花

蕎麥花

柑橘

晒橘子皮

山茶花

水仙花

綠茶

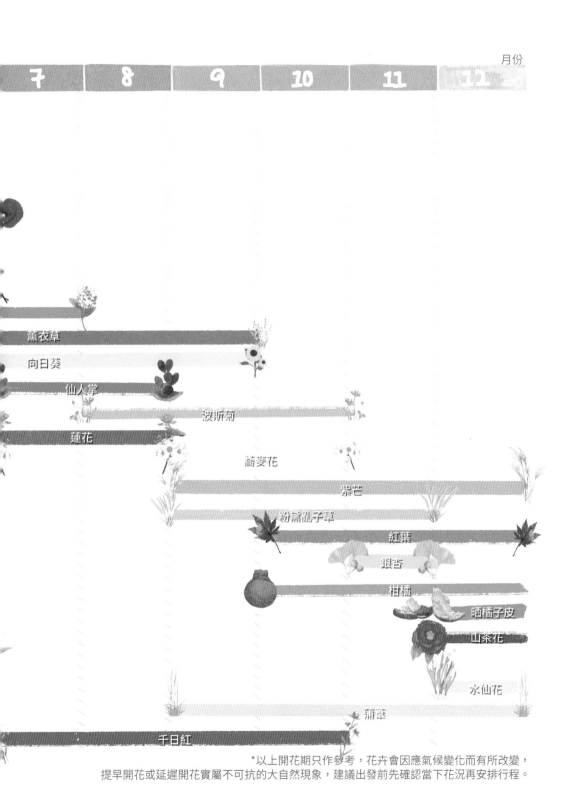

薰衣草

向日葵

仙人掌

波斯菊

蓮花

蕎麥花

紫芒

粉黛亂子草

紅葉

銀杏

柑橘

晒橘子皮

山茶花

水仙花

蒲葦

千日紅

*以上開花期只作參考，花卉會因應氣候變化而有所改變，
提早開花或延遲開花實屬不可抗的大自然現象，建議出發前先確認當下花況再安排行程。

HIGHLIGHT · 2

有趣戶外活動體驗｜꿀잼 야외활동 체험

熱愛零距離體驗海洋魅力？不妨到濟州島的大海感受海洋帶給你的震撼。濟州的海水特別清澈，可以讓你清楚地觀賞海底世界；又或者你所崇尚的是翠綠森林帶來的刺激？不妨穿梭在叢林之間，體驗那極速的快感。既然來到了濟州島，就從不同的戶外活動中感受這裡充滿活力的一面吧！

卡丁車｜카트

如果想在濟州嘗試與眾不同的體驗，尋求刺激緩解一下無聊的日常壓力，推薦大家必玩卡丁車。

JEJU JET｜제주제트

乘着噴射快艇欣賞濟州島特有的柱狀節理岩，盡情享受在浪花上高速奔馳。這是一年四季都能體驗的海上休閒運動。

潛水艇｜잠수함

要探索神秘的海底，看到不同水深的魚類和珊瑚，那就搭乘潛艇吧！

透明獨木舟｜카약

坐在透明的獨木舟上，清澈的海水讓人得以輕鬆欣賞艇下的魚兒悠游，和漂浮在海邊的海藻搖曳。這也是熱門韓國戀愛綜藝節目《換乘戀愛》的體驗活動之一。

露營｜캠핑

韓國流行大家聚在一起露營，在濟州有很多特別的露營區，可以看着濟州獨有的石頭、風、山和大海，渡過一個既和平又親近大自然的戶外時間。

滑翔傘 ｜ 패러글라이딩

飛翔在蔚藍色的天空中，腳下是翠綠的大海、宏偉的火山丘與一片田野，在濟州的制高點俯瞰那一望無際的大自然美景。

越野車 ｜ 체험장

在叢林崎嶇的山路上，以四輪的越野車奔馳，來一場粗獷而又富魅力的體驗。駕著車穿梭在叢林小路間，還可以看到美麗的紫芒和大草原中散步的牛群。這也是韓國熱門戀綜《換乘戀愛》的體驗活動之一。

立槳 ｜ 패들보드

即使不擅長游泳，也能體驗立式槳板，一邊划槳一邊乘風破浪，愜意地欣賞海邊美景。

衝浪 ｜ 서핑

作為以大海為榮的小島，濟州四面環海，一年四季都可以享受衝浪的樂趣。

浮潛 ｜ 스노클링

在水不深的海面運用呼吸管潛水，只需要簡單的裝備，即使泳技不佳也能享受，是頗受許多人喜愛的水上活動。

騎馬 ｜ 승마

韓國有一句俗語說：「生子的話就送到首爾，產馬的話就送到濟州」，濟州島就是馬的故鄉，既然來到濟州島，不妨體驗一下在遼闊的草原上騎馬，以大海作為背景，感受在大自然中奔馳的暢快。

表善面
P.127

《歡迎來到王之國》
SONO CALM 心形樹陰
劇中具元與嗣朗一同合照的「心形樹」

機場周邊
P.074

《歡迎回到三達里》
道頭峰
劇中三達和容弼坐在一起看著濟州機場，描繪自己夢想的地方

城山邑
P.127

《歡迎回到三達里》
《通往機場的道路》
吾照浦口
《通》劇中徐道雨的工作室，
《歡》劇為京泰的超商

HIGHLIGHT · 3
tv
跟著韓劇拍攝地去踩點

很多人嚮往濟州島，是因為有無數韓劇和韓綜都選在這座小島上取景拍攝，在小螢幕中經常看到令人驚嘆的美麗風景，和與眾不同的浪漫氛圍。這一切皆是因為濟州島有着無數令人難忘的大自然美景，加上悠閒的生活態度、性格隨性的島民，都在邀人體驗濟州島最獨特的個性。許多人希望退休後能到濟州島上隱居，因為這裡有着截然不同的生活氛圍，在這裡會自然而然地放慢腳步，感受那份舒適和寫意，由此之故，濟州島同時亦成了無數著名咖啡店進駐的海島。

涯月邑
《孝利家民宿》
SOGIL BYEOLHA
P.221
韓星李孝利在濟州的舊居

朝天邑
《非常律師禹英禑》
朝天窗縫岩
P.125
劇中鄭律師和前妻蜜月
旅行的海邊打卡熱點

中山間
P.084
《非常律師禹英禑》
《歡迎回到三達里》
觀音寺
《非》劇中住持邀請明錫等人去參觀黃地寺，並進行 158 次跪拜及地
藏祈願的寺廟，《歡》劇中容弼爸爸同意三達與容弼在一起的寺廟

中山間
P.085
《孝利家民宿》
天王寺
節目中孝利和尚順帶著IU散步的寺廟外林蔭道

《森林之子》MV
朝天邑
善屹椅子洞窟
OH MY GIRL的YooA SOLO曲
《森林之子》MV的拍攝地
P.151

《非常律師禹英禑》
西歸浦市
鳥島新緣橋
劇中男女配角晚間來邊散心
邊拍照邊曖昧的步行大橋
P.170

《歡迎回到三達里》
舊左邑
秘密森林
劇中三達幫路人拍婚
紗照的森林
P.138

《歡迎回到三達里》
大靜邑
日果2里敬老院
劇中小狗三達的家和三達
里的地標大樹
P.199

城山邑
P.125
《歡迎回到三達里》
三達與容弼的家
劇中男女主角的家

舊左邑
P.154
IU濟州三多水廣告拍攝地
今天也是和煦

涯月邑
P.227
《歡迎回到三達里》
明月國民學校
劇中的三達里藝廊，也是容
弼和三達的海女媽媽合照展
出的地方

朝天邑
P.160
《歡迎回到三達里》
Africa Guesthouse
劇中「老鷹五兄弟」
的秘密基地

南元邑
P.169
《歡迎回到三達里》
望場浦
劇中三達獨自喝酒去的堤防

057

機場周邊
龍馬村巴士站
P.075
看飛機震撼掠過的海邊巴士站

舊城區
龍淵溪谷
P.078
泛起耀眼漣漪的海水和溪水交匯處

HIGHLIGHT・4
SNS最強網紅打卡熱點

去旅行怎能不拍照留念，既然如此當然要拍得美麗一些，然後上傳到SNS，既可以羨煞旁人，又可以為自己留下美好的回憶。在濟州島上有著無數著名的打卡點，如果你想在SNS上收獲到最多的讚，或是吸引朋友留言大喊：「嘩！好美」、「這裡是哪裡？」的話，不妨把這些打卡點加進你的行程中，保證你的SNS貼文會收到滿滿的讚好及留言。

舊左邑
清窟水
P.134
相傳能治愈疾病的天然冷泉露天湯池

舊左邑
松堂秘密森林
P.152
如踏進童話世界般的森林入口

涯月邑
P.200

舊巖里石鹽田
SNS人氣日落打卡點

涯月邑
P.202

水山峰鞦韆
絕美漢拏山背景的人生照聖地

朝天邑
P.132

金寧海洋路
連接海洋的神秘通道

中山間
P.081

吾羅洞蕎麥花田
濟州島上最大的蕎麥花慶典

HIGHLIGHT・5
10家必訪咖啡店

想要體驗濟州島上慢活和療癒的魅力，最好不過就是找家咖啡店坐下來，靜靜地觀賞濟州美麗的風景，好好調整那煩亂急促的心靈。濟州島上有數之不盡的咖啡店，統計數字顯示，時至今日在島上的咖啡店已經超過了1千家，因為韓國人無論屬於哪個年齡層，最愛的就是來一杯美式咖啡，所以咖啡店在韓國尤其在濟州島，早已成為他們生活中離不開的必需品。而濟州島的咖啡店中，除了一般韓國本地連鎖品牌外，更有數之不盡的獨特小店，以各種各樣出其不意的設計及主題招徠客人的垂青。在濟州島你會找到比韓國其他地方更特別的咖啡店，他們很多時候都坐擁絕美而震撼的風景，所以行逛咖啡店亦是來濟州旅遊必去行程之一。

市區周邊

海花湯
夢幻仙境澡堂咖啡店
涯月邑
P.226

BYRONIC ESPRESSO
濟州島上唯一的黑色主題連鎖咖啡店
P.103

舊城區

Odd Sing
坐擁超美濟州天空之鏡景致
P.103

翰林邑

休止符咖啡店
唯美風帳幕海景咖啡店
P.227

翰林邑

FLOWAVE CAFE
晚上熔岩燈飾搭配煙火祈願
P.228

CAFE THE CONTAINER
超巨型橘子籃造型咖啡店

朝天邑

安德面

素色彩本
坐擁絕美油菜花田與龍頭海岸美景

P.228

P.151

舊左邑

藍瓶咖啡
必試美國人氣藍瓶咖啡濟州限定品

P.152

涯月邑

星巴克THE濟州松堂公園R店
全亞洲最大1000萬呎庭園主題星巴克

P.148

SAEBIL CAFE
紫芒及粉黛亂子草打卡聖地

P.224

061

南元邑
P.164

DONGBEAK
FOREST
超夯網紅山茶花森林

中山間
P.082

漢拏山
被韓國人譽為最美麗冬
雪山岳的韓國第一高峰

HIGHLIGHT ・6

冬遊推薦景點

南元邑
P.165

濟州山茶花樹木園
冬日最浪漫的山茶花樹林

西歸浦市
P.171

1100高地
冬遊必去的超美雪景生態地

安德面
山房山油菜花田
P.194
島上最著名的油菜花景點

城山邑
川牧場
P.124
冬日南部的橘色海洋

冬天的濟州島另有一番令人意想不到的魅力，美麗盛開的山茶花樹林、鮮豔可愛的油菜花遍野，加上白雪紛飛的冬日絕景，跟大城市完全相反。這裡能令人完全投入芬多精的森林浴，並感受那震撼的絕美景緻，讓你暫時遠離煩囂都市，置身於美麗的大自然懷抱中，被吸引著、被療癒著。

安德面
山房山碳酸溫泉
P.236
韓國國內最罕見的碳酸溫泉

安德面
聖誕博物館
P.218
體驗冬日聖誕氣氛必訪的主題博物館

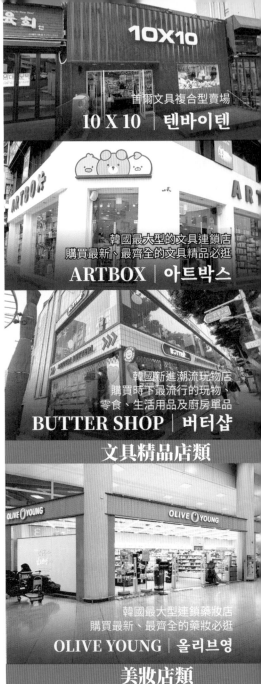

韓國歷史最悠久的
三大連鎖超市之一
EMART | 이마트

樂天集團旗下
韓國三大連鎖超市之一
LOTTE MART | 롯데마트

首爾文具複合型賣場
10 X 10 | 텐바이텐

韓國最大型的文具連鎖店
購買最新、最齊全的文具精品必逛
ARTBOX | 아트박스

其純粹簡潔的居家
設計風格,有韓版
無印良品之稱
JAJU | 자주

emart旗下
大型連鎖量販店
NO BRAND | 노브랜드

韓國新進潮流玩物店
購買時下最流行的玩物、
零食、生活用品及廚房單品
BUTTER SHOP | 버터샵

文具精品店類

價錢超實惠的
著名生活用品連鎖店
DAISO | 다이소

以「千元的幸福(천원의행
복)」而聞名的韓國三大連
鎖超市之一
HOMEPLUS
| 홈플러스

韓國最大型連鎖藥妝店
購買最新、最齊全的藥妝必逛
OLIVE YOUNG | 올리브영

美妝店類

超市生活百貨類

HIGHLIGHT · 7
韓國人氣連鎖店in濟州

必試濟州島限定版咖啡
入手限定版咖啡周邊產品
STARBUCKS │ 스타벅스

韓國著名雞蛋吐司專門店
EGG DROP │ 에그드랍

源自濟州島的大型連鎖咖啡店
**ABOUT
COFFEE & DESSERT
│ 에이바우트커피**

必入手濟州島限定烘焙食品
巴黎貝甜 │ 파리바게뜨

旅客最愛韓式炸雞店
橋村炸雞 │ 교촌치킨

韓國最高人氣貝果專門店
**LONDON BAGEL MUSEUM
│ 런던 베이글 뮤지엄**

韓國著名三明治專門店
Isaac Toast │ 이삭토스트

白種元經營的大型連鎖咖啡店
PAIK'S COFFEE │ 빽다방

美食咖啡店類

濟州島除了享受大自然美景和慢活生活外，當然亦不能錯過韓國國內著名的人氣連鎖店，不到過這些店怎能算是去過韓國呢？而當中旅客最愛逛的大型超市、文具連鎖店、大型連鎖藥妝店，甚至是人氣美食店，在濟州島上都能一一找到。濟州島的生活環境應有盡有，基本的生活所需當然不缺少，想體驗最韓風的氣息，打開地圖搜尋附近的人氣連鎖店，親自到訪感受一下吧！

SPAO ｜스파오
SPAO ｜韓國國民服飾品牌

8SECONDS ｜에잇세컨즈
8SECONDS ｜韓國年輕休閒服飾品牌

ABC-MART ｜ABC마트
ABC-MART ｜大型連鎖鞋店

FOLDER ｜폴더
FOLDER ｜大型連鎖運動鞋專賣店

TOPTEN ｜탑텐
TOPTEN ｜韓國年輕潮流服飾品牌

時裝鞋店類
韓國潮流服飾品牌類

National Geographic ｜내셔널지오그래픽
National Geographic ｜韓系戶外潮流品牌

COVERNAT ｜커버낫
COVERNAT ｜韓星追捧的街頭小眾潮流服飾品牌

WHO.A.U ｜후아유
WHO.A.U ｜韓國年輕人追捧的平價潮流服飾品牌

what it isnt ｜와릿이즌
what it isnt ｜韓國大學生熱捧潮流服飾品牌

NERDY ｜널디
NERDY ｜韓星熱捧街頭潮牌服飾品牌

1001 ｜오아이오아이
1001 ｜韓國非常受歡迎的潮流服飾品牌

Life Work ｜라이프워크
Life Work ｜韓國街頭潮牌服飾品牌

北部 | 濟州市 | 제주시
JEJU CITY

龍頭岩海水樂園(P.114)
龍馬村巴士站 (P.075)

Yeondon Ball Katsu(P.105)

濟州國際機場

道頭海水樂園(P.114)
GYUL GYUL STORE (P.097)
道頭洞彩虹海岸道路 (P.075)
道頭峰(P.074)

梨湖木筏海邊 (P.087)

床位收音機旅館道頭峰 (P.117)

Cafe ShinSang(P.103)

Byronic Espresso(P.103)

濟州市民俗五日市場 (P.091)
三無公園(P.072)

Cafe Knotted(P.102)

姊妹麵條(P.112)

Ssum Jeju (P.097)

Mongle(P.113)

MARTRO (P.096)

蓮洞商圈
P.088

月臺川(P.074)

日出西路海景麥當勞(P.113)

老衡洞商圈
P.089

SHILLA STAY PLUS IHOTEWOO (P.118)

正直豬腳菜包肉(P.105)

漢拏樹木園夜市場(P.077)
漢拏樹木園(P.077)

老衡SUPERMARKET(P.076)

天王寺 (P.085)
漢拏山國立公園 (P.082)
吾羅洞蕎麥田(P.081)
天娥溪谷(P.073)

神秘的道路 (P.085)

北

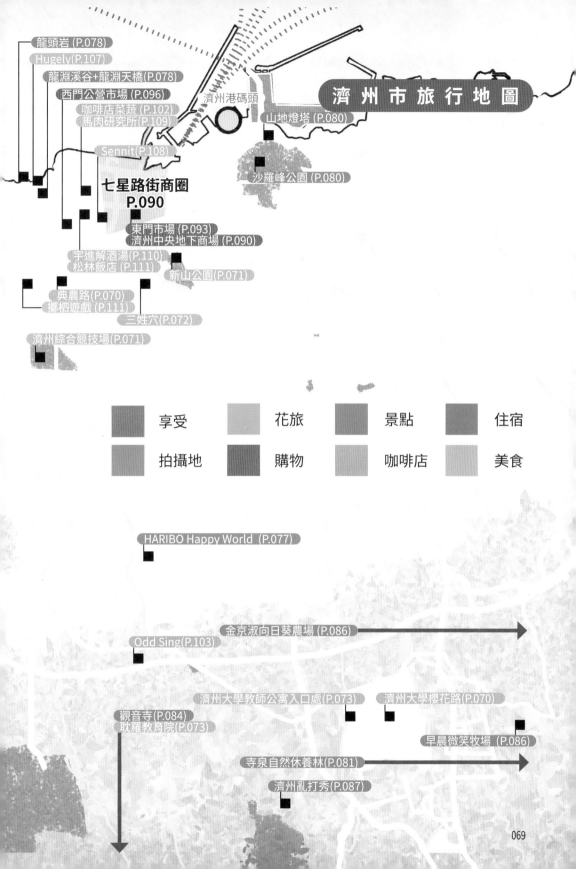

濟 州 市 旅 行 地 圖

龍頭岩 (P.078)
Hugely(P.107)
龍淵溪谷+龍淵天橋(P.078)
西門公營市場 (P.096)
咖啡店菜蔬 (P.102)
馬肉研究所 (P.109)
濟州港碼頭
山地燈塔 (P.080)
Sennit(P.108)
沙羅峰公園 (P.080)

七星路街商圈
P.090

東門市場 (P.093)
濟州中央地下商場 (P.090)

宇進解酒湯(P.110)
松林飯店 (P.111)
新山公園 (P.071)

典農路(P.070)
擲柶遊戲 (P.111)
三姓穴 (P.072)
濟州綜合競技場(P.071)

享受	花旅	景點	住宿
拍攝地	購物	咖啡店	美食

HARIBO Happy World (P.077)

金京淑向日葵農場 (P.086)

Odd Sing(P.103)

濟州大學教師公寓入口處(P.073)　濟州大學櫻花路(P.070)

觀音寺(P.084)
耽羅教育院(P.073)
早晨微笑牧場 (P.086)

寺泉自然休養林(P.081)

濟州亂打秀(P.087)

每個春天都展開的夢幻花隧道

01

典農路 | 전농로

每年都會舉行的大型櫻花慶典「濟州王櫻花慶典(제주 왕벚꽃 축제)」就在這裡，屆時長達1公里的王櫻花街道，馬路兩側都開滿了櫻花樹，形成美麗的櫻花隧道。到了晚上，樹上還會掛滿夜燈，供人觀賞美麗的夜櫻，堪稱濟州最具代表性的賞櫻勝地。

INFO

Ⓐ 제주시 용담1동 2814~ 이도1동 1690-4

舊城區

濟州島最美的櫻花公路

02

濟州大學櫻花路 | 제주대학교

舊城區

從濟州大學十字路口的方向沿著濟州大學走，一直延伸到大約1公里外的濟州大學入口處，被譽為全濟州島最美的櫻花道路就在此處。這裡的櫻樹開著粉紅色或白色的花朵，大小約在3公分左右，形成群落的地方好像被雪覆蓋一樣，當櫻花落下時，有時還會變成櫻花雨。

INFO

Ⓐ 제주시 제주대학교로102

觸手可及的櫻花天橋
新山公園 | 신산공원

1988年奧運會紀念公園「新山公園」，以春季櫻花所形成的
絕美景色而聞名。早晨迎著陽光，晚上欣賞晚霞，非常適合
悠哉散步，也是拍浪漫婚紗照的勝地。

來到新山公園記得要找「三新橋」，因為橋的高度剛好就在
櫻花樹叢頂部，所以可以近距離地拍攝到石橋和櫻花盛開的
美景！畫面美炸，對比在地面拍攝，效果絕對震撼百倍。

INFO ───────────────────────── 舊城區

Ⓐ 제주시 일도이동 830 Ⓣ 064-726-0885

BEST PLACE 03

花旅推薦勝地

舉行櫻花慶典的地方
濟州綜合競技場 | 제주종합경기장

舊城區

濟州綜合競技場一帶，一到櫻花季節就會舉行櫻花慶典，因為該處櫻花樹遍佈整個場地，包含遊樂場、運動場
在內，都被櫻花樹團團包圍著，使得這裡成為舉辦濟州大櫻花慶典的最佳場所。

INFO ─────────────────────────────────

Ⓐ 제주시 오라일동 3817-2 Ⓣ 064-728-3271 Ⓗ 06:00~22:00

BEST PLACE 04

BEST PLACE 05

雄偉的櫻花樹搭配韓屋的風景
三姓穴 | 삼성혈

事實上三姓穴並不是櫻花旅遊勝地，但是如果一大早就來，便可以靜靜地欣賞櫻花。三姓穴是創建耽羅(濟州島舊名)的三神高乙那、良乙那、夫乙那顯靈的地方，被列為第134號國家指定文化財產，以三姓韓屋建築旁的櫻花作為背景，能夠拍攝很多照片。從入口處沿著路往左走的話，可以看到櫻花樹枝沿寧靜的韓屋屋頂上延伸出來，站在那櫻花樹蔭下面拍照就是重點。

(INFO)
Ⓐ 제주시 삼성로 22　Ⓣ 064-722-3315　Ⓗ 09:00~18:00，最後售票時間17:30，春節和秋夕10:00營業

BEST PLACE 06

與火車和諧融洽的靈水櫻花
三無公園 | 삼무공원

盛開的櫻花樹下停泊著一列巨型火車，令人印象深刻，不常見的真實列車出現在這個時代中，一旁櫻花隨風搖曳，意外散發出美麗而獨特的東方氣息。濟州島一直以來都沒有鐵路，在1978年時，當時的總統朴正熙按照協議，為這處偏遠的海島贈送了一台304號蒸氣火車，後來火車便一直停放在三無公園內至今。這列火車從來沒有改裝和使用過，所以一直保留著蒸氣火車的原貌，當櫻花盛開時，車頭前的枝垂櫻隨風搖曳，成為了期間限定的獨有美景。

(INFO)
Ⓐ 제주시 신대로10길 48-9　Ⓣ 064-728-3601

新城區

雪姬小提示

濟州的三多三無三麗

濟州有「三多島」之稱，因為石頭多，風多，女人多；亦有「三無島」之稱，這是因為島上治安極佳，無小偷，無乞丐，亦無大門；另外還有「三麗島(又稱「三寶」)」之稱，指的是濟州美麗的自然、民俗和傳統工藝。

中山間

BEST PLACE
07

濟州島最美的紅葉溪谷
天娥溪谷 | 천아계곡

在漢拏山上的天娥溪谷以秋天染紅的楓葉而聞名，被稱為濟州島上最美的紅葉樹林。連接著溪谷的天娥林蔭路總長10.9公里，從石嶽開始到天娥水源地，中間還會經過獐嶽、天娥嶽等地，而天娥溪谷就位於天娥林蔭路入口不遠處。

!! 天娥溪谷入口處設有小型停車場，但來此欣賞紅葉的遊客極多，會有人流管制，停車非常困難，建議可以把車停在入口道路下斜坡之前的路邊，再步行5分鐘左右前往天娥溪谷。另外，下去溪谷拍照要攀過無數的石頭，無法輕易前進，最好穿著舒適的運動鞋前往，並注意安全。

INFO
Ⓐ 제주시 해안동 산217-3

BEST PLACE
08

校園中的隱秘紅葉洞窟
耽羅教育院 | 탐라교육원

這裡可與天娥溪谷相媲美，只要攀過溪谷中一堆又一堆的石頭，就會發現一個矮小的洞穴，走進去朝著遠處的大橋拍照，神秘的紅葉溪谷洞窟背景就會出現，這是島民隱藏版的私密紅葉打卡點。走進溪谷時要攀過無數的石頭，必須穿著舒適的運動鞋前往。

INFO
Ⓐ 제주시 오라이동 산록북로 421-1

中山間

BEST PLACE
09

黃色帶來的感性秋天
濟州大學教師公寓入口處 | 제주대학교 교수아파트 진입로

在濟州大學教師公寓入口處的一段車行道路上，每到秋天時分，鮮黃色的銀杏樹就會迎接這裡的學生和來訪的客人。10月和11月左右，分別可以欣賞到綠油油的樹葉和金黃的銀杏葉。

INFO
Ⓐ 제주시 제주대학로 64-29

舊城區

SPOT 01

以接吻區而聞名的照片Spot
道頭峰 | 도두봉

這是離濟州國際機場最近的火山丘，更是著名韓劇《歡迎回到三達里》的拍攝地之一，在前往機場前，找個空檔來踩點就對了。道頭峰海拔只有63.5公尺，任何人都可以輕鬆攀登，大概只要10分鐘就能登頂，最重要的是，在山頂上能把廣闊的濟州機場全景盡收眼底。

山頂不僅能看到遼闊的海景，還能觀賞飛機起降的畫面，因此有很多看點。像是在SNS上人氣爆棚的「Kiss Zone(接吻區)」，排隊等待拍照所需要的時間，甚至比爬上道頭峰的時間還要久。不過雖然等待時間很長，但是站在樹梢之間拍照，因逆光拍攝而形成獨特的對比畫面，非常適合上傳到SNS。這個地方也很適合時間有限的遊客欣賞日出，如果放棄在「Kiss Zone」拍照的話，往返只需要30分鐘。

INFO

Ⓐ 제주시 도두항길 4-17 Ⓣ 064-742-8861

韓劇拍攝地

tv

SPOT 02

可以玩水的河川，隱藏的名勝
月臺川 | 월대천

市區周邊

漢拏山的湖水和濟州島的海水匯合，形成了這個隱藏的祕境，也被稱為「外道川」，亦是著名韓劇《我們的藍調時光》的拍攝地。這條河川水質清澈，下游水淺，是濟州唯一可以下去戲水的河川。入夜後，月光照映著河水，更增添了幾分韻味與美感，因此朝鮮時代曾有不少詩人徘徊於此尋找創作詩詞的靈感。而在溪流之旁，還有棵樹齡500多年的朴樹和250多年的松樹等古木守護著。2009年7月，這裡被公布為31處隱藏著的名勝景觀之一。

INFO

Ⓐ 제주시 내도동 898 Ⓣ 064-728-4891

SNS超級打卡勝地
道頭洞彩虹海岸道路 | 도두동무지개해안도로

濟州五顏六色的海岸道路很多，而當中的道頭洞彩虹海岸道路在SNS的推波助瀾下，與道頭峰上的接吻區一起，成為道頭港附近人氣最熱的打卡勝地。到達現場之後，你可能會疑惑就只是這樣嗎？這不就是濟州常見的海岸道路嗎？其實在這些五顏六色的彩虹防護牆上拍攝出來的照片，絕對是值得讓人期待的，因此很多人喜歡來這裡坐在七彩石欄上拍照留念，這可是證明自己來過濟州所必備的唷！不過彩虹護牆旁就是繁忙的海岸馬路，車流量大的時候要提防危險，請時刻注意安全。

(INFO)
Ⓐ 제주시 도두일동 1734
Ⓣ 064-742-8861

拍出飛機風格的照片
龍馬村巴士站 | 용마마을버스정류장

這是位於機場附近龍頭岩海岸道路上的巴士站，不過比起等待巴士的人，更多人來這裡是為了等待飛機。站在車站中間看著飛機在頭上近距離飛過，若能捕捉那瞬間拍下畫面，就能成為你的人生照。巴士站的對面有停車場，還有海景星巴克咖啡店，不過海岸道路上車流量繁忙，拍照時請份外注意安全。

(INFO)
Ⓐ 제주시 서해안로 624

 巨型環形展廳數碼光影藝術互動體驗

老衡SUPERMARKET | 노형수퍼마켙

新城區

老衡超市開幕於2021年，這裡不是真正的超級市場，而是展示獨特世界觀的多媒體藝術展覽廳，藉由「失落之門」，將我們所處的這個世界連結到另一個世界。展覽內容的故事背景設定在1981年的某一天，老衡超市作為那扇不穩定的門，突然打開了，並把濟州島上所有的色彩吸走，隨著門的力量愈來愈強，以致老衡超市也失去了自己的色彩，但在超市的內部，卻能看到因吸收了色彩，而出現了另一個原本不存在的神秘空間。

整趟展覽分為5個主題，第一個主題是「老衡超市(노형수퍼마켙)」，在這裡只有黑白灰色，暗黑狹窄的環境下，僅僅能透過深淺的亮度來區分眼前的事物，周圍的道具會喚起你的回憶，彷彿時光倒流回到1981年。第二個主題是「五光十色(베롱베롱)」，這就是吸收光線的地方，經過燈光聚集的地方則是「積雲(뭉테구름)」，當你走過那裡時，燈光隨之朦朧起來，著名的夢幻剪影效果就是在這裡拍攝。

接著到達展館的重點「磅礡宏亮(와랑와랑)」，這裡是老衡超市的正中央，也是其世界觀的主要核心，以吸收回來的各種顏色填滿這處神秘的空間。這座360度的環形展廳規模十分宏大，共有6層樓高，內部由8個以瀑布、柱狀節理等主題的影片組成，主題之間時刻變化，充滿了多變的色彩，給人一種壓倒性且身歷其境的感覺；走到展覽館的正中央，無論是踏在地上的每一步，還是以手觸碰牆壁，神奇的七彩光影都會跟着你的動態一同移動。最後的主題為「捉迷藏(곱을락)」，當中則有帶夜燈效果的竹林和蘆葦林等各種拍照區域，還有星光下充滿神秘感的空間。

INFO
Ⓐ 제주시 노형로 89
Ⓣ 064-713-1888
Ⓗ 09:00~19:00，最後入場18:00
Ⓟ 成人15,000₩；青少年13,000₩；兒童10,000₩
Ⓤ nohyung-supermarket.com

市區中與樹林結合的夜市
漢拏樹木園/夜市場 | 한라수목원/야시장

這裡不但是以樹木為主題的漢拏樹木園，旁邊一帶更有個夜市，名為「樹木園夜市場」。除了雨天以外，夜市常年開放。夜市場內排列著的餐車和松樹之間都掛滿了夜燈照明，加上到處擺放著的攤位和桌椅，營造出充滿活力的濟州夜晚。餐車出售各種食品，如火雞、烤牛排塊、羊肉串、炸椰子蝦、烤肉、果汁等，在小賣部更可以買到生啤酒喝。除了餐車美食外，還有販售首飾、裝飾品、紀念品等的商店。

樹木園夜市在夏季時最為擁擠，不論是情侶、家人、居民、遊客，都懷著熱烈的心情享受著這裡。人們一邊吃著烤肉一邊喝著冰涼的啤酒，縱情在仲夏夜的啤酒派對中，並以閃爍的夜燈和松樹作為背景，用相機記錄當下的幸福時光。樹林中的夜市直到深夜都充滿著浪漫，可以肯定的是，漢拏樹木園夜市是全濟州市最熱鬧的地方。

(INFO)

漢拏樹木園
Ⓐ 제주시 수목원길 72
Ⓣ 064-710-7575
Ⓗ 06:00~17:00(冬令)；06:00~18:00(夏令)
Ⓤ www.jeju.go.kr/sumokwon

樹木園夜市場
Ⓐ 제주시 은수길 69
Ⓗ 6~9月，18:00~23:00；10~5月，18:00~22:00
Ⓤ www.sumokwonpark.com

2024年7月全新開幕HARIBO軟糖體驗式展覽館
HARIBO Happy World | 하리보 해피월드

這個展覽館內設置了無數巨型且立體的HARIBO軟糖裝置，到處都是七彩繽紛的HARIBO熊軟糖，非常可愛，讓人一秒掉進甜甜的童年回憶當中。館內會介紹軟糖的製作過程，從口味、形狀到歷史背景，讓大家認識這款可愛糖果不為人知的一面。另外亦設有趣味軟糖製作體驗，讓大家可以親手製作屬於自己的HARIBO軟糖。

(INFO)

Ⓐ 제주시 아연로 444-1
Ⓣ 070-8850-8850
Ⓗ 10:00~19:00
Ⓟ 成人18,000₩, 青少年15,000₩, 兒童13,000₩

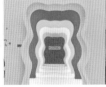

品嚐完海女剛捕撈的海鮮再喝杯燒酒吧

龍頭岩 | 용두암

舊城區

龍頭岩曾經是國內蜜月旅行、畢業旅行的必去之地，在還沒有數位相機的年代以前，來到濟州的旅客，至少都會在龍頭岩前拍一張照片，然後封存在相簿內，許多老一輩韓國人那褪了色的紀念照片，背景都是龍頭岩。
龍頭岩是火山爆發流出的熔岩與海水相遇冷卻後而形成的，岩石高10公尺多，酷似一條龍騰空躍起的姿態。
龍頭岩旅行的另一亮點，是品嚐海女們剛捕撈的海鮮和燒酒，從龍頭岩開始向西延伸的西海岸路，則是以美麗著稱的兜風路線。

(INFO)

Ⓐ 제주시 용두암길 15

海水與淡水交匯的地方

龍淵溪谷＋龍淵天橋 | 용연계곡+용연구름다리

舊城區

此處以翡翠色的大海與淡水的交匯處而聞名，名字由來源自古時被稱為「龍的遊樂場」。在這裡不僅能觀看美麗的夜景，而且還能看到搖搖晃晃的吊橋，別具一格。來到這裡一定要走到龍淵天橋上，從那裡能夠更清楚地欣賞龍淵溪谷的景觀，天氣好的時候還可以看到神祕的翡翠色溪水。因為距離機場很近，所以可以順便到龍頭岩一帶散步。

(INFO)

Ⓐ 제주시 용담이동 2581

被譽為濟州島的景福宮
濟州牧官衙 │ 제주목관아

濟州牧官衙是耽羅至朝鮮時代官吏們工作的地方官廳，一直是濟州政治、行政與文化的中心，可惜在日本殖民時代(1910-1945)被破壞殆盡，僅剩下觀德亭留存，直到2002年才又重新復原了多棟建築。
觀德亭是在世宗三十年(即1448年)建造的，當時是濟州牧使為了訓練士兵而建，可說是貫穿濟州歷史的現場，其所蘊含的文化意義有著深遠的影響。現在每年的5月至10月之間，晚上都會亮燈開放參觀，部份時段亦會免費開放讓公眾進入。

(INFO) 　　　　　　　　　　　　　舊城區

Ⓐ 제주시 관덕로 25
Ⓣ 064-710-6717
Ⓗ 09:00~18:00
Ⓟ 成人1,500₩；青少年800₩；兒童400₩
Ⓤ www.jeju.go.kr/mokkwana/index.htm

傳統韓屋建築的書屋
濟州舍廊房 │ 제주책방 사랑방

落成於1949年的高氏住宅，原本空蕩蕩的已計劃拆除，但因為房子本身能展現出早期市中心的韻味與日本帝國主義強佔時期的建築風格，因而使其價值得到了認可，故在2017年復原後，改建成當地居民的共享空間和書屋，並成為進行各種活動的場所。目前遊客可以免費進入住宅內部參觀。

舊城區

(INFO)

Ⓐ 제주시 관덕로17길 27-1
Ⓣ 064-727-0636
Ⓗ 12:00~20:00，公休：週四

觀賞韓劇100個月亮夜景的勝地
沙羅峰公園│사라봉공원

這是可以眺望漢挐山風景的市中心公園，散步道、瞭望臺、
運動器材等各種文化體育設施一應俱全，路上安裝有照明
燈，即使在夜晚散步也很明亮。
沙羅峰公園內的沙羅峰，海拔143公尺高，山頂上的運動器
械應有盡有。而通往沙羅峰山頂的路只有兩條，隨便一條都
能輕鬆到達山頂，在這兒能看到名列「瀛洲十二景」之一的
「沙峰落照」，景色之美足以與第一景的城山日出一較高
下，故此山頂上的望洋亭總是擠滿了人。上山的時候走樓
梯，還可以看日軍當年構築的洞穴陣地，下來時走另一條
路，可以看到島民公認市區中最美的濟州大海夜景，那就是
韓劇《我們的藍調時光》中提及的100個月亮的場景。

(INFO)
Ⓐ 제주시 사라봉길 75
Ⓣ 064-722-8053

舊城區

雪姬小提示

韓劇中的100個月亮

韓劇《我們的藍調時光》中曾提到，在濟州島有一個
傳說，只要對著100個月亮許願，這個願望就會實現，
而這100個月亮的場景，其實是晚上會有無數的漁船圍
著濟州島在捕魚，他們為了吸引魚群，會點亮集魚燈
來工作，遠看就像有無數的月亮在漆黑之中升起，故
此便化為100個月亮的傳說。

擁有100年歷史的無人燈塔
山地燈塔│산지등대

這座風景如畫的無人燈塔，離濟州市中心很近，可觀賞到海
岸絕壁和大海相互呼應的景色，使人聯想到如水彩畫般美
麗的海岸線。燈塔擁有100多年的歷史，傳說在某個地方告
白，愛情就會實現。其位置就在沙羅峰的附近，可以安排在
同一天遊覽。

(INFO)
Ⓐ 제주시 사라봉동길 108-1
Ⓣ 0507-1353-2674
Ⓗ 09:00~18:30

舊城區

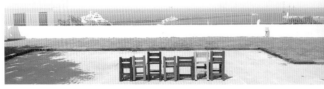

寺泉自然休養林 | 제주절물자연휴양림

這個地方四季都茂盛著鬱鬱蔥蔥的翠綠杉樹，並有多條健行路線引領你進入森林的世界。在杉樹林之間，有條韻致如水彩畫作品般的健行步道，全程需時約兩個小時，可以讓你一邊感受濟州的杉樹林美景，一邊悠閒地散步。登上寺水嶽的火山口後，還可以眺望漢拏山的身影。

這裡離市中心不遠，非常容易到訪，園區管理也很良好，逛到累了還能在中途找個木床躺下來休息。步道路線上都有鋪設木板，就算推著嬰兒車都很方便，可以一家大小來此散步。休養林內有泉水、池塘、草坪廣場、瀑布等風景，白雪飄落時，這裡會化身為冰雪王國，夏天則成為涼爽的休養林，不論哪個季節來都很合適。

INFO

Ⓐ 제주시 명림로 584
Ⓣ 064-728-1510
Ⓗ 07:00～17:00
Ⓟ 成人1,000₩；青少年600₩；兒童300₩
Ⓤ www.foresttrip.go.kr/indvz

中山間

中山間

吾羅洞蕎麥田 | 오라동메밀밭

說到愛爾啤酒花，你會想起什麼呢？一定有人會想起電視劇《鬼怪》中孔劉和金高恩浪漫的愛情場面，但是有些人卻會想起位於濟州市中山間的吾羅洞蕎麥田，蕎麥田本身雖然已經夠美了，但在這裡俯瞰四周的風景也非常迷人，其原本更是以夜景名勝而聞名。

登上蕎麥田後，放眼望去都是白色的蕎麥花天地，若將視線投向遠處，蔚藍的大海和濟州市都能盡收眼底。不僅如此，由於所在位置處於高山，甚至還能享受到漂浮在雲海上的迷人感覺。吾羅洞蕎麥花田同時也是令人眼睛為之一亮的人生照名所，在花田中間開闢有道路，供遊客在白色的花園裡拍攝人生照。而為了拍攝石頭爺爺和長椅等漂亮背景的照片，田內還準備了各種各樣的道具，隨便參觀者使用。這裡到了春天也很迷人，每年春季，這個地方就會變身成油菜花海和青麥海，黃色和綠色的搭配就是顏色的盛宴。

INFO

Ⓐ 제주시 오라이동 산76
Ⓣ 064-711-9700
Ⓗ 09:00～18:00
Ⓟ 一般4,000₩；小學生以下2,000₩

濟州島的母親，濟州島的生命之源

漢拏山國立公園 | 한라산국립공원

中山間

漢拏山名列韓國三大靈山之一，位於濟州島的正中心，孕育著濟州島的各種生命，故此島民們稱之為濟州島的母親，並一直相信漢拏山是座靈山，為濟州島形成了許多山嶽、平原、溪谷與村落。

攀登漢拏山的路線包含城板嶽(성판악)、觀音寺(관음사)、靈室(영실)、御里牧(어리목)、頓乃克(돈내코)、御乘生嶽(어승생악)和石窟庵(석굴암)路線等7條。其中，御里牧、靈室路線在漢拏山登山路中景色最為美麗，四季皆如夢幻般展現出各個季節的美，因此登山的人數最多。但遺憾的是，如果走這兩條路線，是無法登上頂峰的。如果沒有一定要看到漢拏山山頂上的白鹿潭的話，推薦上坡沿著靈室路線走，然後走御里牧路線下坡，這兩條路線會在威勢嶽蔽護所相遇。靈室路線全長為3.7公里，御里牧路線為4.7公里。

可以到達漢拏山山頂的登山路是觀音寺和城板嶽路線，這兩條路線往返都需要8~9個小時。城板嶽路線交通便利，入山口有連接濟州市和西歸浦的長途巴士，亦可選擇開車自駕到城板嶽停車場再開始登山即可。城板嶽路線從入山口到第一個避難所(속밭)的距離為4.1公里，接著走1.7公里到沙羅嶽(사라악샘)，再走1.5公里到杜鵑花避難所(진달래밭 대피소)，最後走2.3公里到白鹿潭(백록담)，總共9.6公里，是所有漢拏山登山路線中最長的一條。而觀音寺路線是從觀音寺野營場(관음사야영장)出發，到峰頂白鹿潭的距離為8.7公里。白鹿潭為一座橢圓形的火山口，南北長400公尺，東西寬600公尺，是韓國山頂中離天空最近的地方。無論選擇哪一條路線，都要做好吃苦耐勞的心理準備，因為爬著爬著就會累了。

─(INFO)─

Ⓐ 제주시 오라이동 산107-20
Ⓣ 064-713-9950
Ⓤ www.jeju.go.kr/hallasan/index.htm

雪姬小提示

登頂須提前一個月預約

為了保護漢拏山的自然環境，也為了登山客的安全，自2020年2月1日開始，漢拏山實施登頂預約制度。城板嶽、觀音寺這兩條路線必須提前在官網預約才可以攀登，攀登前一個月便可以提出預約，城板嶽路線每天允許1,000人次進入，而觀音寺路線每天則僅允許500人進入。至於靈室、御里牧、頓乃克等路線，則無須預約也可以登山。

Ⓤ visithalla.jeju.go.kr

@sarahktravel

@sarahktravel

● 在飛機上看到漢拏山白鹿潭的風景

數百尊佛像的會面之地
觀音寺 | 관음사

中山間

作為攀登漢拏山的起點,雖然在各條登山路線中,坡度相比起來顯得尤其陡峭,但因為擁有多樣性的自然風景,所以仍有很多人會選擇這條路線。觀音寺是掌管濟州30多座寺廟的佛教中心,也是受濟州4.3事件影響的寺廟,因此意義更加重大。

通往觀音寺入口的道路特別受到歡迎,從一柱門到四天王門,可以看到108尊不同的佛像。冬天的觀音寺更加美麗,積雪的佛像以杉樹作為背景,頗有一番意境。此外,這裡近年更成為韓劇的熱門拍攝地,例如《非常律師禹英禑》和《歡迎回到三達里》等,皆曾在此取景。

INFO
Ⓐ 제주시 산록북로 660
Ⓣ 064-724-6830

《孝利家民宿》中韓星李孝利推薦IU的寺廟
天王寺 | 천왕사

中山間

在《孝利家民宿》節目中，李孝利問IU想去哪裡？李孝利沉思了一會兒，然後這樣說道：「嗯……除了那裡，還有更好的地方」，而李孝利帶著IU去的地方就是天王寺，後來IU還在天王寺的大雄殿敬了三拜。

天王寺位於濟州市北部的漢拏山下，距離1100道路很近。進入寺院的道路非常迷人，兩旁逶邐排列著高聳的杉樹，是一條漂亮的小路。走上去的時間不長，隨手就能拍到一張帥氣、氛圍與眾不同的照片，而過了這條路就是天王寺了。

這座位於漢拏山半山腰上的安靜小寺廟，20分鐘左右就可以遊覽一圈，聽著寺內頌唸的佛經，心情自然也變得平靜而虔誠了。到了秋天，染上金黃的寺廟風景更加美麗，而冬天下雪時蓋上一層厚厚的雪白被子後，周遭一片寧靜氛圍，形成一幅絕美的風景畫作。

INFO

Ⓐ 제주시 1100로 2528-111
Ⓣ 064-748-8811

神秘的道路戲法
神秘的道路 | 신비의도로

中山間

該有多神奇才叫「鬼神的道路」呢？明明是下坡路，但汽車卻神奇地往上爬，就算是往路上灑水，或是將礦泉水瓶放在地上滾，結果也是一樣，一時之間實在讓人難以置信。

濟州的神祕道路在1100公路入口和5.16公路之間通往觀音寺的路上，之所以會發生這種現象，其實是因為周遭環境的些微差異所產生視覺上的錯覺，與台東的水往上流有異曲同工之妙。由於神祕的道路鋪設已久，需要維修，然而輿論卻認為鬼怪現象可能會因此而消失，所以不得已只能用破舊不堪的樣子來迎接遊客到訪。

INFO

Ⓐ 제주시 노형동 291-17
Ⓣ 064-728-2114

六月到十月開滿太陽花
金京淑向日葵農場 | 김경숙해바라기농장

農場位於從濟州市通往西歸浦的公路旁,在佔地面積廣達1萬多坪的大地上,種植了75萬朵向日葵。這裡的向日葵使用綠色農法栽培,由於是分期播種,因此每年從6月起直到10月間,都可以觀賞到向日葵壯觀的黃色波浪起伏。在這裡還可以買到葵花油、巧克力球、牛肉乾等特產,這些產品甚至還外銷至中國和越南呢!

(INFO)
Ⓐ 제주시 번영로 854-1
Ⓣ 064-721-1482
Ⓗ 09:00~19:00
Ⓟ 5,000₩

小規模體驗牧場
早晨微笑牧場 | 아침미소목장

作為小規模體驗型的牧場,是帶著孩子玩樂的遊客們頗為喜愛的場所,不僅可以在廣闊的草原和各種拍照區拍照留念,還能體驗餵小羊、小牛喝奶,以及親手製作冰淇淋和奶酪,不過製作體驗是必須要預約的。在牧場附設的餐廳內,可以吃到非常有名的土耳其奶酪(Kaymak),同時牧場也有推出自家品牌的乳製品,在濟州各大超市或紀念品店都能買得到,亦有出口到國外銷售。另外,牧場出產的奶油餅乾和肥皂也是遊客們的必買手信之一。

(INFO) 市區周邊
Ⓐ 제주시 첨단동길 160-20
Ⓣ 0507-1469-2545
Ⓗ 10:00~17:00,最後下單16:30,公休:週二
Ⓟ 5,000₩
Ⓘ morningsmile_dairy_farm

挑戰與巨型紅白馬燈塔合照

梨湖木筏海邊 | 이호테우해변

市區周邊

在距離濟州機場很近的海邊，從道頭港再往西走一點，就是人氣非常高的著名景點，特別是紅色、白色兩匹馬造型的燈塔，更是當地的地標性建築之一。走到防波堤上，以一對紅白馬燈塔作為背景，就能拍出充滿愛情味道的照片；只要調整好拍攝角度，和馬燈塔的合照也能拍出很有意思的畫面。

(INFO)

Ⓐ 제주시 이호일동 374-1
Ⓣ 064-728-3994

體驗韓國著名的亂打秀現場

濟州亂打秀 | 제주난타

亂打秀是韓國經典的表演秀，以韓國傳統音樂「四物遊戲」的節奏為素材，透過喜劇表演的形式將廚房中發生的趣事搬上舞台，在韓國各地大受歡迎。這齣將刀具和砧板昇華為樂器的華麗演出，以令人驚豔的傳統婚禮、觀眾與演員共同參與的「饅頭積木」、把韓國傳統舞蹈與節奏融為一體的「三面擊鼓舞」、和用架子鼓表演的精彩結尾曲所組成，從頭到尾都充滿了活力，超越國籍、性別與年齡，所有人都能樂在其中。表演場地更設有亂打酒店，大家可以選擇觀賞亂打秀的當天入住。

(INFO) 市區周邊

Ⓐ 제주시 선돌목동길 56-26
Ⓣ 064-723-8878
Ⓗ 10:00~18:30
Ⓟ VIP席60,000₩；S席50,000₩；A席40,000₩
Ⓤ www.nanta.co.kr

濟 州 市 中 心 購 物 商 圈

品牌小店購物商圈
蓮洞 | 연동

蓮洞商圈是濟州市中心兩大商圈之一，位於新濟州市(即新城區)，是眾多酒店的聚集處，而且比較接近機場，加上兩大免稅店均坐落於此，因此成為最多旅客逗留的區域，也是住宿、購物、美食店的集中地。當中最著名的購物街就是蠶丘路(原名為「保健路」)，距離機場車程大約10分鐘。

1 天狼星酒店 ……> P.117
2 Ventimo Hotel & Residence Jeju ……> P.118
3 這蟹偷飯賊 ……> P.107
4 ABOUT COFFEE & DESSERT
5 Hotel Leo ……> P.117
6 ABC-MART, O.S.T 等
7 Discovery，SPAO，MLB 等
8 KANGOL，FILA，Columbia, TOM'S N TOM, PAIK'S COFFEE, ABC-MART 等
9 PREPARE ……> P.101
10 新羅免稅店濟州店 ……> P.100
11 BOLTON HOTEL ……> P.117
12 Maison Glad Jeju ……> P.117
13 OLIVE YOUNG , My jeju gift ……> P.097
14 bb.q chicken & beer，橋村炸雞
15 hi residences ……> P.118
16 EDIYA COFFEE, TOPTEN 10, new balance, VANS, 貢茶 等
17 S.MARKET, TRIPLE STORE, NATIONAL GEOGRAPHIC 等
18 ARTBOX ……> P.099
19 巴黎貝甜, WHO.A.U, S.MARKET, FOLDER, OLIVE YOUNG, 10X10 等
20 BUTTER SHOP ……> P.098
21 BANANA GIFT SHOP ……> P.097
22 SHILLA STAY 酒店 ……> P.117

超市集中地
老衡洞 | 노형동

位於新濟州市(即新城區),就在蓮洞的隔壁,走路可以直接到達。這裡是新濟州市的超市集中地,韓國最大型的EMART及樂天超市,還有DAISO等都坐落於此,加上大型酒店進駐,附近同樣也有無數大大小小的酒店,所以是喜歡逛超市的旅客選擇下榻的地區。距離機場車程大約15分鐘。

1 sum tarr ⋯⋯> P.106

2 daiso

3 JAJU ⋯⋯> P.098

4 郵局

5 OLIVE YOUNG ⋯⋯> P.100

6 ABOUT COFFEE & DESSERT

7 PAIK'S COFFEE

8 LOTTE Mart

9 emart, 三松麵包 ⋯⋯> P.104

10 濟州君悅酒店,
   DREAM TOWER ⋯⋯> P.115

11 麥當勞(24小時)

12 STARBUCKS

13 味國食 ⋯⋯> P.106

14 MONEY BOX ⋯⋯> P.015

15 bb.q chicken & beer

16 1001 Mart(24小時超市)

17 issac toast

18 熟成到(本店),
   濟州廚房豬肉拉麵 ⋯⋯> P.104

19 熟成到(F&B) ⋯⋯> P.156

20 OLIVE YOUNG ⋯⋯> P.100

21 CENTRAL POINT N ⋯⋯> P.117

22 Baskin Robbins

23 OLIVE YOUNG ⋯⋯> P.100

24 樂天城市酒店, 樂天免稅店 ⋯⋯> P.117

逛街路徑　　住宿區　　住宿

購物　　咖啡店　　美食

濟州島上唯一的地下街
濟州中央地下商場
제주중앙지하상가

地下商場橫跨整條中央路，由東門市場開始連接到牧官衙，地下街內設有不同品牌的美妝店，以及時裝小店，商品偏向日常風格。

INFO
Ⓐ 제주시 중앙로 60
Ⓣ 064-752-8776

舊城區

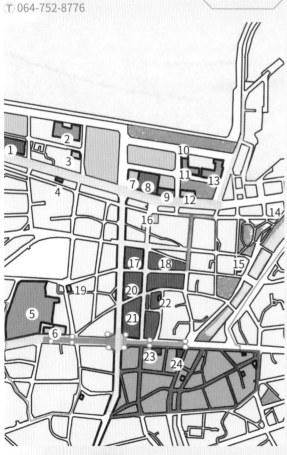

濟州島的明洞購物街
七星路街｜칠성로길

此處是歷史悠久的濟州傳統商業圈，堪稱濟州的明洞，也是濟州市中心兩大商圈之一，鄰近還有黑豬肉一條街、山地川、東門市場、中央地下商街等。這裡聚集了韓國主要的時裝品牌，運動品牌店亦多不勝數，附近酒店大都沿海而建，坐擁無敵海景。距離機場車程大約20分鐘。

1 emart
2 OCEAN SUITES JEJU HOTEL ……> P.118
3 三進魚糕in 濟州 ……> P.109
4 OLIVE YOUNG ……> P.100，橋村炸雞
5 濟州牧官衙 ……> P.079
6 郵局
7 舊濟州布馬車 ……> P.109
8 MARTRO(24小時超市) ……> P.096
9 Modern House ……> P.099
10 bb.q chicken & beer
11 Hotel Regent Marine Jeju ……> P.118
12 麥當勞，舊濟州布馬車
13 WHISTLE LARK HOTEL ……> P.118
14 床位收音機旅館東門店 ……> P.118
15 濟州舍廊房 ……> P.079
16 ABOUT COFFEE & DESSERT, 貢茶 等
17 ABC Mart, 8 seconds,
   NATIONAL GEOGRAPHICS, K2 等
18 HAGO:HAUS, PREPARE ……> P.101
19 Strong Berry Cafe & Giftshop ……> P.101
20 7 STAR BUFFET, WONDER PLACE,
   CONVERNAT, TOPTEN 10, GUESS
21 FILA, SPAO, STARBUCKS, SHOE MARKER,
   ARTBOX ……> P.099, FOLDER, S-Market,
   BIND ……> P.101
22 NIKE, new balance, ABC Mart, 翰林刀削麵
   ……> P.232，新向日葵小吃 ……> P.108
23 OLIVE YOUNG ……> P.100
24 daiso

地下街　　東門市場　　偶來小路　　生魚片一條街　　黑豬肉一條街

《孝利家民宿》經常來拍攝的五日市場

新城區

濟州市民俗五日市場｜제주시민속오일장

濟州市民俗五日市場是濟州代表性的傳統五日市場，從濟州機場開車過來非常近，韓星李孝利在《孝利家民宿》中經常來這裡拍攝，所以變得更加有名。市場從1905年起對外開放，歷史至今已超過100年。當有集市的日子，可以以指定的價格購買到出產自濟州山野與海上的新鮮蔬菜、水果、山野菜、海鮮等。五日市集所銷售的商品，有部分也可以在網站上訂購。

INFO

Ⓐ 제주시 오일장서길 26
Ⓣ 064-743-5985
Ⓗ 平日08:00~18:00，週六 09:00~18:00，每月2，7，12，17，22，27日營業

濟州市民俗五日市場
六 大 市 場 必 吃 美 食 推 介

棉被及服裝街

□ 餐廳
□ 棉被及服裝類
□ 家畜類
□ 蔬果類
□ 濟州奶奶地攤
□ 計程車站
□ 停車場
□ 雪姬推薦店

正門

濟州市民俗五日市場平面圖

1

五日市場辣炒年糕 | 오일장떡볶이

在市場內大受歡迎的韓式小吃店，像是辣炒年糕、炸物、炸肉串、魚糕湯、血腸等，都可以在這裡吃到，味道十分到位。若是肚子餓，又不想到餐廳排隊的話，可以來吃這家。

2

地窖 | 땅꼬

傳統韓式甜甜圈，即炸即吃，非常香口味美，是韓國人大愛的美食。

3

許家的蕎麥煎餅 | 허가네빙떡

這間韓國客人大排長龍的小店，販賣傳統濟州特產美食「蕎麥煎餅(빙떡)」，以蕎麥製成外皮，再包上已調味好的蘿蔔餡料，現點現做，看似簡單清淡，但是意外地好吃，建議直接6件入手。

4

光州泡菜 | 광주김지

泡菜小菜專賣店，有大量菜色供人選擇，價錢亦相當合理，而且食材新鮮美味，尤其是他們家的即食醬油蟹非常好吃，可以買來現吃看看。不過記得此店不收信用卡。

5

那是春香 | 춘향이네

在五日市場內最受歡迎的餐廳，亦是整個市場內最多人排隊的店，餐點有湯飯以及麵類等，但客人最愛的則是海鮮大蔥煎餅(해물파전)、雜錦血腸(모둠순대)、辣炒血腸(순대볶음)和炒海鰻(곰장어볶음)。

(INFO)

Ⓗ 非集市日09:00~16:00，集市日 07:00~20:00，公休：逢週日

6

基範商會 | 기범상회

同樣是泡菜小菜專賣店，但店面比較小，位於市場的中間，分成面對面的兩間店鋪，價錢比首爾廣場市場便宜。這裡的食材同樣新鮮美味，不過種類比較少，特別推薦魷魚醬、章魚醬等類型的海鮮醬類。此店可接受信用卡。

伴手禮夜市美食盡在此
東門傳統市場 | 동문재래시장

東門傳統市場歷史悠久，為濟州島的代表市場之一，連同東門傳統水產市場，共同構成了當地最重要的大型常設傳統市場。這裡混合了公設市場、夜市、傳統市場和水產市場，販售各種各樣的美食和商品，是遊客經常光顧的地方。由於規模龐大，市場一共設有12個出入口，因此在逛東門傳統市場時，建議直接查找門牌號碼會更加方便。同時此地作為偶來路17號路線的終點和18號路線的起點，可說是濟州之旅中不可錯過的必經路線。

東門水產市場是濟州規模最大的水產專門市場，開設於1970年。在這裡能買到代表濟州的帶魚、鮑魚和方頭魚等，皆是從濟州近海捕撈上來的當日新鮮漁獲。水產市場內還營運著專門「定製」的餐廳，其特點是可以在水產市場內親自挑選自己喜歡的海鮮食材，再交由餐廳進行烹飪。在這裡還可以看到水產品的加工處理過程，有些加工過程也十分有趣。

> **INFO**
> Ⓐ 제주시 관덕로14길 20
> Ⓣ 064-752-3001

舊城區

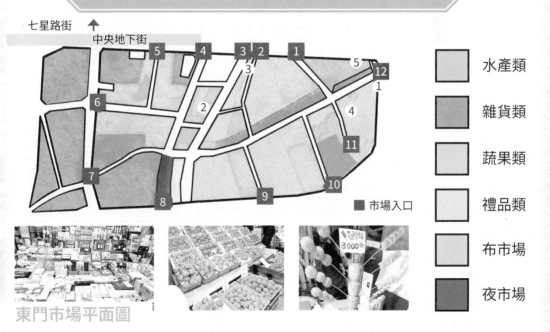

東 門 傳 統 市 場
四 大 市 場 必 吃 美 食 推 介

七星路街 ↑
中央地下街

圖例	
▢	水產類
▢	雜貨類
▢	蔬果類
▢	禮品類
▢	布市場
▢	夜市場

■ 市場入口

東門市場平面圖

1

ABEBE BAKERY | 아베베베이커리

爆紅到首爾的人氣甜甜圈

這間店從濟州發跡，受歡迎的程度使它能夠衝出濟州島，甚至在首爾地區開分店。只要是開門營業的時間，店內都是滿滿的人潮，想吃至少要排20分鐘的隊。此店位於濟州東門市場12號出口外面，店內專賣甜甜圈，推出的口味多達20餘種，有甜的亦有鹹的，任君挑選。其最大特點是麵包外皮很薄，但內餡卻不成比例地爆多，所以韓國人都稱他們為「邪惡系的甜甜圈」。

> **INFO**
> (A) 제주시 동문로6길 4 동문시장 12번 게이트 옆
> (T) 0507-1414-0750
> (H) 10:00~21:00

2

五福年糕店 | 오복떡집

本地人推薦的傳統小米年糕店

市場內的本地人都推薦的濟州傳統小米年糕店，可單買一個來試吃，味道非常正宗。

> **INFO**
> (A) 제주시 동문로2길 10
> (T) 064-753-4641

‼ ⑤ 🛒

時尚棉被 | 패션이불

東門市場布市場棉被店

靠近東門市場12號出口附近，是布藝市場建築內的棉被店。布藝市場內有幾家棉被店，但是價錢比韓國其他地區昂貴，而且款式選擇比較少。

> **INFO**
> (A) 제주시 동문로 16
> (T) 010-5188-2644

3 🍽

SOLBRE｜솔브레

韓國最流行的鹽麵包冰淇淋

鹽麵包冰淇淋是東門市場裡非常受外國遊客歡迎的特色小吃，使用現在韓國最流行的鹽麵包作為筒子，上面加上軟綿綿的冰淇淋，甜鹹合一的味道令人一試難忘。

INFO
Ⓐ 제주시 동문로 10 1층
Ⓣ 010-9848-2262
Ⓗ 10:00~19:00

4 🍽

蜜峰｜꿀봉

韓式炸雞變成炸豬肉

此店老闆是在白種元的《胡同食堂》節目中生存下來的參賽者，使用的食譜是當時在節目中與韓國廚神白種元一起研發，所以在味道上有絕對的信心保證。其炸豬肉分為6種口味，包括原味、甜辣橘子味、蜂蜜起士味、辣味、大蒜醬油味和大阪燒味等，烹調的方式和韓式炸雞頗為類似，也就是將炸好的豬肉條加上特定的調味粉或醬料。

所有炸豬肉都是現點現做，馬上吃味道才是最棒的。他們的本店其實是在西部的金嶽附近，舊濟州市東門市場內的這家則是分店。

INFO
北部東門市場店
Ⓐ 제주시 동문로4길 7-1
Ⓣ 0507-1311-0011
Ⓗ 12:00~21:00，最後下單：20:55

西部金嶽本店
Ⓐ 제주시 한림읍 금악로1길 3
Ⓣ 0507-1441-2210
Ⓗ 11:00~18:00

🛒 西門公營市場｜서문공설시장
本地人鍾愛的傳統市場

想體驗本地人最地道的生活日常，不妨到距離東門市場10分鐘步行路程外的西門公營市場。西門市場已有50多年的歷史，跟東門市場一樣是常設市場，商業圈涵蓋食品銷售業等各種經營行業，周邊發達的美食店和家具市場也是其特色之一。現在市場內約有80餘家店鋪，以畜產、精肉等肉類而聞名，甚至還流傳著「買肉還屬西門市場」這句話。市場內設有3家精肉超市，以低廉的價格購買到想要的部位後，可以拿到室內的烤肉店，請店家直接為你烹調食用。

(INFO)
Ⓐ 제주시 용담일동 135-52
Ⓣ 064-758-8387

舊城區

🛒 MARTRO｜마트로
濟州24小時超市

位於新濟州市和舊濟州市分別都設有同一家連鎖的24小時超市，如果晚上想逛街買伴手禮的話，可以到這兩家超市逛逛，貨品種類繁多，包括生活用品、食品、紀念品皆一應俱全，價錢則跟普通超市差不多。

• 新濟州市老衡洞店

(INFO)

新濟州市老衡洞店
Ⓐ 제주시 월랑로10길 14
Ⓣ 064-745-7411

舊濟州市塔洞店
Ⓐ 제주시 중앙로 13
Ⓣ 064-756-6900

新濟州市蓮洞店
Ⓐ 제주시 일주서로 7822
Ⓣ 0507-1371-7151

南部西歸浦店
Ⓐ 서귀포시 일주동로 8552
Ⓣ 064-733-6901

• 新濟州市蓮洞店

• 南部西歸浦店

• 舊濟州市塔洞店

濟州市精品及伴手禮入手店推介

想要入手別具濟州島風格的伴手禮或精品，在島上隨處都可見到販售可愛紀念品的店鋪，當中最受歡迎的產品包括不同款式的橘子帽、冰箱磁鐵、香水、明信片、酒類、手飾等，以及各式各樣的濟州島零食，如餅乾、巧克力、糖果等等，選擇數之不盡，總有一間能找到你想要的商品。

道頭洞區販售濟州限定版Miffy

GYUL GYUL STORE | 귤귤스토어

INFO
Ⓐ 제주시 서해안로 238
Ⓣ 064-712-0199
Ⓗ 09:00~19:00

蓮洞區販售濟州限定版Miffy

my jeju GIFT | 마이제주기프트

INFO
Ⓐ 제주시 삼무로 35 1층
Ⓣ 064-744-1005
Ⓗ 11:00~23:00

蓮洞區最齊全濟州伴手禮和特產店

Ssum Jeju | 썸제주

INFO
Ⓐ 제주시 일주서로 7815
　 산림조합 1층
Ⓣ 0507-1395-2390
Ⓗ 09:00~19:00

香蕉造型連鎖紀念品店

BANANA GIFT SHOP | 선물가게바나나

INFO
Ⓐ 제주시 노연로 94 1층
Ⓣ 0507-1397-4464
Ⓗ 13:00~23:30

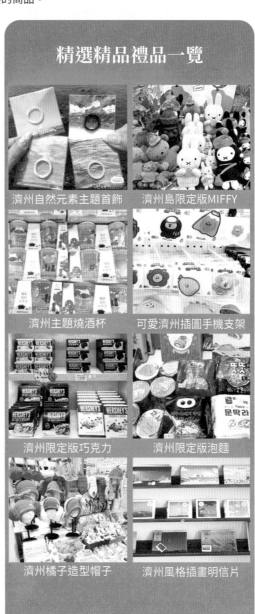

精選精品禮品一覽

濟州自然元素主題首飾　　濟州島限定版MIFFY

濟州主題燒酒杯　　可愛濟州插圖手機支架

濟州限定版巧克力　　濟州限定版泡麵

濟州橘子造型帽子　　濟州風格插畫明信片

 韓國連鎖無印風家品店

JAJU | 자주

連鎖韓國生活品牌，走無印風的家品路線，簡潔的設計配合親民的價格，受到不少韓國人和遊客歡迎。當中該品牌的廚具非常著名，以棗木削製而成，並使用韓國傳統工藝漆料塗膜，所以帶有黑紅色的光澤。在濟州島老衡洞設有專門店，而在各大Emart等超市內均設有專櫃。

INFO　　　　　　　　　　　　　　　　新城區
Ⓐ 제주시 1100로 3323 1층
Ⓣ 064-744-8390
Ⓗ 10:00~22:00
Ⓤ www.jaju.co.kr

 韓國人氣文創雜貨店

10x10 | 텐바이텐

本店位於首爾惠化洞的著名文創雜貨店，在濟州蓮洞區的蠶丘路也設有分店，販售許多獨具設計感的文具、雜貨、居家佈置等商品，還有諸多韓國小眾品牌的包包亦能在此找到，種類款式超級多。雖然店鋪不大，但仍是外國遊客最喜歡逛的文創雜貨店。

INFO　　　　　　　　　　　　　　　　新城區
Ⓐ 제주시 연동7길 26 1층
Ⓣ 0507-1357-1693
Ⓗ 11:30~21:30

 韓國最新潮流可愛文創雜貨店

BUTTER SHOP | 버터샵

Butter貴為人氣連鎖文創雜貨店，是到韓國一定要逛的店鋪。其濟州的分店終於在2024年開幕，位於蓮洞區蠶丘路的末段，店面樓高兩層，佈滿了超級繽紛的可愛小物，包括各種生活用品、文具、玩具、雜貨小物等，還會隨著不同時節推出季節限定商品。所有的產品都是圍繞Butter家族的可愛角色而製作，當中最夯的主角就是牛奶貓。基本上，Butter每一間分店都可以在購物時留下可愛的認證照，而濟州分店當然也不會少，喜歡可愛小物的人千萬不能錯過。

INFO　　　　　　　　　　　　　　　　新城區
Ⓐ제주시 노연로 99 1층
Ⓗ 10:30~23:00，公休：週日

韓國最大型的文創連鎖店

ARTBOX｜아트박스

在韓國每一個地區都會看到ARTBOX的蹤影，在這裡可以找到很多韓國時下流行的小物，不但價格實惠，而且還可以現場辦理退稅。店鋪面積通常都比一般商店大，不論是韓國本地年輕人還是外國遊客，都十分喜歡逛這裡。每家ARTBOX都像個百寶箱一樣，從學習用的紙筆文具、精美禮品，到家家戶戶都需要的家居用品等，應有盡有。

其貨品都是走在潮流尖端，是時下年輕人入貨的地方，不論是化妝品、飾品、電腦桌、帽子、杯子、文具袋、卡帶、檯燈、零錢包等，都是設計新穎，十分優質。進到店內，請不要只顧著買伴手禮，至少也要為自己添置一些小物啊！

INFO

新濟州市蓮洞店
A 제주시 신대로14길 51
T 0507-1351-5902
H 11:30~23:00

南部西歸浦店
A 서귀포시 중정로61번길 4
T 0507-1419-0792
H 10:30~22:00

舊濟州市七星店
A 제주시 관덕로11길 1
T 0507-1422-0792
H 10:30~22:00

韓國著名連鎖家飾用品店

Modern House｜모던하우스

在濟州市塔洞區內設有樓高兩層的大型分店，就位於24小時超市MARTRO的旁邊，主要販售廚房餐具、浴室及寢室類等居家生活用品，此外還有潮流家電，以及品牌熱賣的香薰系列產品，喜歡逛特色家品店的朋友不能錯過。

舊城區

INFO

A 제주시 중앙로 13 1~2F
T 070-4544-9988
H 10:00~21:00

韓國最新最熱門藥妝品匯集
OLIVE YOUNG | 올리브영

女生到韓國旅遊一定會逛的著名韓國連鎖藥妝品店，代理韓國最新最潮最熱門的藥妝品牌，想要掌握韓國藥妝資訊，統統都能在店內找到。這裡也是遊客們最愛逛的伴手禮勝地，除了藥妝外，還會有零食、餅乾等等，而濟州店內更有出售ROUND AROUND品牌的濟州限定版商品。店內提供現場退稅服務，消費滿指定金額，出示護照就能當場在總額中扣除相關稅金。

INFO

新濟州市蓮洞店
(A) 제주시 신광로 21
(T) 064-746-7551
(H) 10:30~23:00

新濟州市老衡店
(A) 제주시 1100로 3308
(T) 064-749-5290
(H) 10:00~22:00

舊濟州市東門市場店
(A) 제주시 관덕로 62-1
(T) 064-757-7300
(H) 10:00~21:30

• 必入手美味低卡貝果餅乾，小紅書瘋搶的伴手禮推介。

韓國著名品牌店盡在於此
新羅免稅店濟州店 | 신라면세점 제주점

位於新濟州市蓮洞商圈內，在Maison Glad酒店斜對面，從寶健路走路過來大約5分鐘。內有韓國最著名的高檔品牌，包括墨鏡品牌GENTLE MONSTER、韓國高端護膚品牌雪花秀、Amore Pacific等。在這裡絕對都是正品正貨，不用擔心誤購山寨品，而且由於是免稅店，價格會相較便宜，唯一的缺點是新品上架會比較慢。另外，免稅店最近引入史努比專賣店，提供多款濟州限定產品。這裡外國遊客眾多，著名品牌有可能會大排長龍，如果要在這裡逛街購物，最好預留一點時間。

新城區

INFO

(A) 제주시 노연로 69
(T) 1688-1110
(H) 10:00~19:00

雪姬小提示

要買潮流品牌最新款式就要在首爾或釜山

濟州島離本島有點距離，所以一般情況下，買到的款式都未必是最新款，如果真的需要找最新推出的款式，就只能到韓國本島如釜山或是首爾會比較適合。因為據當地島民的習慣，特別是年輕人購物的模式，都是在網上購買，如果需要看實體款式的話，他們會直接買機票飛到首爾或釜山去看，然後順便入手。

🛒 Matin Kim 和 Depound 就在此
HAGO：HAUS｜하고하우스

2024年最新開幕的連鎖韓國潮流品牌集合店，樓高兩層，集合了時下最熱門的韓國品牌，包括深受大眾喜愛的Matin Kim、文青OL最愛的品牌Depound等，雖然沒有最新的款式，但熱門款式十分齊全。這裡不提供試穿，也沒有任何折扣，但設有退稅服務，品牌粉絲可以來朝聖。

INFO
Ⓐ 제주시 중앙로 27-5
Ⓣ 0507-1472-5105
Ⓗ 10:00~21:00

舊城區

🛒 MARITHÉ FRANÇOIS GIRBAUD在此買
PREPARE｜프리페어

同樣是人氣韓國潮流品牌的集合店，集結了眾多現時最熱門的韓國設計師品牌，包括近年來超火燙的MARITHÉ FRANÇOIS GIRBAUD等。店面雖然不大，但因為有代理當紅品牌，所以人潮絡繹不絕。

INFO

新濟州市蓮洞店
Ⓐ 제주시 신광로 62 1층
Ⓣ 064-749-4959
Ⓗ 12:00~22:00

舊濟州市七星店
Ⓐ 제주시 중앙로7길 19
Ⓣ 064-724-4959
Ⓗ 11:00~21:00

🛒 韓國潮流品牌集中店
BIND｜바인드

這間店位於濟州七星路購物街上，集合了韓國多個潮流品牌於一店，一站式就能購買到所有時尚單品，想要買到韓國最潮品牌，可以到這裡找一找。店內銷售的品牌包括：CONVERNAT、EMIS、WHAT iT iSNT、thisisneverthat、MSMR等，同時還設有退稅服務，不過需要事後到機場自行退稅。

INFO
Ⓐ 제주시 관덕로11길 7
Ⓣ 0507-1338-7293
Ⓗ 10:30~21:00

舊城區

🛒 可愛少女風精品店
Strong Berry Cafe & Giftshop｜스트롱베리 소품샵 카페

店內販售的是充滿少女可愛風的精品，都是由店主精心挑選過，當中由店家獨賣的立體草莓造型杯子，更是店裡的鎮店之寶。店中設有咖啡店，可以現場購買咖啡後，再加購草莓杯子飲用，而拿著草莓杯子在海邊拍照，感覺份外可愛。

INFO
Ⓐ 제주시 관덕로7길 14 1층
Ⓣ 0507-1333-8342
Ⓗ 10:30~17:00，公休：週六、日

舊城區

可愛風格的連鎖甜甜圈咖啡店
Cafe Knotted｜카페노티드

走粉紅可愛風格的甜甜圈店，在韓國本土已有多間分店，就連K-pop天團BTS(防彈少年團)都與它推出聯名商品。這裡主打的就是甜甜圈、蛋糕、可頌、司康、布朗尼等甜點，賣相都很好看，相當吸引人，而濟州分店更有濟州限定版的青橘口味甜甜圈。店內還有販售Knotted的吉祥物Sugar Bear的周邊商品，包括公仔、筆、高爾夫球、杯子等。

INFO

A 제주시 연오로 5 1층
T 010-4925-9377
H 09:00~20:00
U knottedstore.com

新城區

《換乘戀愛2》中的浪漫咖啡店
咖啡店菜蔬｜카페송키

這裡是《換乘戀愛2》和《我們的藍調時光》的拍攝地。店內採古典歐陸的裝潢風格，無論店裡店外都充滿著浪漫氛圍，當中大片落地窗前風景絕佳，尤其是大家必須要採點的位置。室內的每一個角落都經過用心設計，在這裡絕對能實現無死角的打卡場景，難怪經常會有客人包場舉辦慶祝活動。

INFO

A 제주시 무근성안길 16 1층
T 0507-1309-1362
H 11:00~23:55，公休：週二、三
I songkee_nani

舊城區

超巨型透明泳池咖啡店
Odd Sing | 오드씽

咖啡店的戶外設有超大型的露天游泳池，並且在泳池中央設置了可步入式的透明座位，讓客人不用下水都如同在泳池中暢泳般，成為了此店最富特色的打卡熱點。咖啡店的室內空間採用了韓國非常流行的超挑高屋頂工業風設計，適合與朋友談心小酌一杯！

舊城區

(INFO)
A 제주시 고다시길 25
T 070-7872-1074
H 11:00~21:00，最後下單：20:30
I oddsing_jeju

必嚐Kaymak蜂蜜司康
Cafe ShinSang | 카페신상

這棟樓高3層的複合式建築，外觀就像一座巨型宮殿一樣。3樓左右兩邊以夾層連接，走到夾層正中央以巨型圓拱窗作為背景，就是此店的打卡位置。咖啡店的正前方就是美麗的梨湖海水浴場，可以一邊喫著咖啡點心，一邊觀賞衝浪玩家的矯健身手。店內的代表菜單就是Kaymak蜂蜜司康，在司康上面放上美味的土耳其Kaymak，然後再在其上方放一片蜂蜜塊，一口吃著甜蜜美味，再喝一口美式咖啡，令整體滋味更加昇華。

(INFO)
A 제주시 테우해안로 144
T 064-805-9398
H 10:00~20:00，最後下單：19:30，公休：週三

市區周邊

海邊型格全黑咖啡店
Byronic Espresso | 바이러닉 에스프레소

由咖啡店全黑色的建築物外觀開始，已經處處透露著型格氣息。Byronic在首爾亦有分店，原味布丁是店內的招牌甜點，金黃色的布丁上面是咖啡色的焦糖，擺放在高腳的白盤子上，再配上店鋪的全黑裝潢，光是用看的都覺得滋味絕倫。另一方面，那近乎無敵的梨湖海邊美景，更是令人一點都不想離開。建議可以在黃昏時刻到訪，因為豔麗的日落黃昏，讓景色更加美不勝收。

市區周邊

(INFO)
A 제주시 테우해안로 96
T 0507-1377-5975
H 09:00~21:00，最後下單：20:00
I byronic_jeju

撐著走的超巨大豬前腿排骨湯麵
濟州廚房豬肉拉麵｜제주부엌 고기국수

韓國著名主持人姜鎬童主持的美食節目《在肉裡見吧(고기서 만나)》中曾推薦過這家餐廳。一片一片的豬肉配湯麵在濟州島到處都能吃到，不過豬前腿排骨湯麵就只有這家店才有，這款湯麵是由濟州傳統菜式「豬前腿排骨湯」改良而成，在排骨湯中加入麵條，讓麵條吸飽香濃的豬前腿骨肉汁，加以濃郁的胡椒香，味道比一般豬肉湯麵更突出和美味。這裡每碗都有兩大塊豬前腿排骨，食量不大的人建議多點一份小菜，兩個人合吃一碗比較剛好。

(INFO)
Ⓐ 제주시 원노형로 37 2층
Ⓣ 0507-1365-5645
Ⓗ 10:00~21:00，最後下單：20:30

新城區

推薦菜單
· 접짝뼈국수｜豬前腿排骨湯麵
· 고기국수｜豬肉湯麵

在濟州吃到的大邱名物
三松麵包｜삼송빵집

新城區

「三松麵包」起源於大邱，是韓國最有名的連鎖麵包店，祖傳三代至今已經超過60年，在全國各地包含濟州島在內都有分店。這裡以香甜柔軟的「麻藥玉米麵包(통옥수수빵)」而聞名，連韓國人都會不辭辛勞地排隊購買，麵包有多種口味選擇，每天新鮮出爐，熱騰騰的一口咬下，就會流出原粒的玉米餡，鹹鹹甜甜帶點奶油的清爽口感，買來當早餐也是不錯的選擇！

(INFO)
Ⓐ 제주시 1100로 3348
Ⓣ 064-743-3033
Ⓗ 10:00~22:00，公休：每月第4個週六

濟州島最著名的炸豬肉球外賣店
Yeondon Ball Katsu | 연돈볼카츠

這間炸豬肉球店因為參與韓國廚神白種元的《胡同食堂》而翻身，以其拉絲炸起司豬排而聞名，近年更擴充事業版圖至全韓國及日本。因為總店長期以來人潮爆滿，於是開始經營起外賣店，並特意製成更容易入口的炸豬肉球，讓客人不用排隊都能品嚐他們的美味。

其炸豬肉球是以鮮嫩的豬肉揉打之後，再下鍋炸成肉球，外層炸得酥脆，一口咬下卻充滿著香濃肉汁，外脆內嫩就是它最好的形容。除了原味之外，還有拉絲起司口味和雜菜口味，沾上蕃茄醬簡直讓人欲罷不能，許多人乾脆拿來直接當成午餐吃。

推薦菜單
- 연돈볼카츠 / Yeondon炸豬肉球
- 청양볼카츠 / 青陽炸豬肉球
- 치즈볼카츠 / 起司炸豬肉球

INFO
Ⓐ 제주시 서해안로 317 1층
Ⓣ 064-711-2917
Ⓗ 10:00~20:00，最後下單：19:30

推薦菜單
- 족발 | 豬腳
- 보쌈 | 菜包肉
- 매운양념불족 | 辛辣豬腳
- 순두부 | 豆腐鍋

美味豬腳瞬間登上小紅書熱搜店
正直豬腳菜包肉 | 바로족발보쌈

位於老衡洞一條巷子裡的人氣豬腳店，以濟州生豬蹄與草藥、花椒、大蔥、洋蔥、醬油、大豆等各種食材一起熬煮，令豬腳變得溫潤而有嚼勁。想吃辣的時候，可以點辣豬腳與一般豬腳各半份。這家店還有供應嫩豆腐鍋，鍋底以金針菇、櫛瓜、肉末等多種食材熬製，口味辛辣，與豬腳和鮑魚肉相得益彰。此外，還可以品嚐菜包肉等菜式，味道同樣令人回味無窮。

這家餐廳一直是本地人的心頭好，所以從以前開始就要候位許久，現在又因為成為小紅書的熱搜名店，平均等待時間往往超過兩小時以上，因此如果時間有限的話，還是建議大家叫外賣帶回酒店吃。

INFO
Ⓐ 제주시 진군1길 25
Ⓣ 064-744-5585
Ⓗ 16:00~24:00，公休：週一

韓星齊捧場鮮果撻
sum tarr | 섬타르

這間店外表看似平平無奇，但卻有不少名人都造訪過，而且是區內頗有名氣，專賣甜撻的名店。店內提供接近30款的鹹派、甜撻和蛋糕，而最受歡迎的當然就是鮮果卡士達鮮奶油撻，精美可口的造型，讓你捨不得吃下它！店家選用當地新鮮收成的水果，味道甜而不膩，配上香脆的牛油撻皮，愛吃甜點的朋友必定要試。如果不嗜甜食，就嚐嚐他們的鹹派，特別推薦胡蘿蔔蛋糕派，使用的是濟州島出產的胡蘿蔔，而胡蘿蔔蛋糕就是濟州島舊左邑的特產蛋糕！店內的冰櫃上擺放著很多店家與名人的合照，例如有《Running Man》的哈哈，和《我家的熊孩子》的李尚敏等，都曾是他們的座上客。

INFO
Ⓐ 제주시 다랑곳1길 9 1층
Ⓣ 064-744-4467
Ⓗ 09:30~22:30

驚喜美味美式牛排漢堡
味國食 | 미국식

這家店只有一款菜單，就是經過72小時熟成的120G菲力牛排漢堡。店家採用牛最嫩的腰內肉部位，配上天然發酵而成的特製酥脆手工麵包，絕對不是普通的漢堡包或法式麵包所可匹敵。單單只是吃麵包就已足夠香口美味，再加上肉質細嫩有彈性的牛排、邪惡的拉絲起士與新鮮洋蔥，以及店家特製的松露蛋黃醬及芥末醬等……那令人難忘的美式滋味，相信會令大家忘了自己身處在濟州島！

因為店裡只有一款菜式，所以能選擇的就是套餐或是單點牛排漢堡，如果點套餐的話會配上酥脆金黃薯寶，最後剩下的選擇就是飲料了。

新城區

INFO
Ⓐ 제주시 다랑곳6길 36
Ⓣ 0507-1334-5378
Ⓗ 11:30~15:00，17:00~21:00，
　 最後下單：14:30, 20:30

新鮮蟹膏果凍醬油蟹
這蟹偷飯賊｜이게밥도둑

位於濟州市蓮洞區，是一家專門吃烤肉和醬油蟹的餐廳，其醬油蟹份外新鮮，蟹肉鮮甜彷彿如果凍般，不會吃到海鮮的腥味，且蟹膏豐富，讓你不斷伴著白飯吃下，盡顯偷飯賊的威力，難道這就是老闆把店名改成「這蟹偷飯賊」的原因嗎？

店內品質優良的海鮮醬無限供應，包括嫩牡蠣醬、帶魚雜碎醬、魷魚醬、扇貝醬、章魚醬等。除了醬油蟹外，記得還要嚐嚐他們的醬蝦，也是非常出色。店內菜單除了有單獨吃醬油蟹的餐點外，還有醬油蟹配烤肉的綜合套餐，來到濟州想要吃醬油蟹的話，來這裡就對了。

INFO
(A) 제주시 삼무로
7길 23 태양빌라 1
(T) 0507-1301-6321
(H) 11:30~21:00，
最後下單：20:00

打卡橘子造型義式冰淇淋
Hugely｜휴즐리

這是一家超級網紅的義式冰淇淋店，因其濟州橘子及濟州黑石造型的冰淇淋而聞名。此外，店鋪的2樓更是非常著名的網紅打卡聖地，將動態的海浪投影在地板上，讓客人沉浸式地體驗濟州的大海，加上窗外絕美的海景，記得一定要在黃昏時分到訪，現場氣氛會更加浪漫，白天來的話因為窗外太亮，會令地板反光，反而讓投影變得模糊不清。

INFO
(A) 제주시 흥운길 83
(T) 0507-1375-9774
(H) 11:00~21:00，最後下單：08:30

新城區

舊城區

筆者最愛的嫩豆腐湯在此

新向日葵小吃│신해바라기북식

這家的豆腐湯(수두부)光是吃一口就會令你佩服到五體投地，一邊吃還會一邊驚嘆：豆腐湯居然可以好吃到這種程度？而且不論是韓國人、本地島民還是外國遊客，即使是不能吃辣的人都會來此一嚐。說是嫩豆腐湯，其實更像豆渣湯，辣度可以調整，店員會在下單時問你要吃多辣，也可以選擇不辣。
他們的辣豆腐湯味道跟平常在韓國其他地方吃到的完全不一樣，有點像是中國的麻婆豆腐，但是是偏向辛辣的那種，非常下飯，手邊的一碗白飯瞬間就會被清空，你會一邊揮著汗，一邊回味著想：「嗯！下次還要再來！」店內設有中文菜單，點餐完全沒難度。

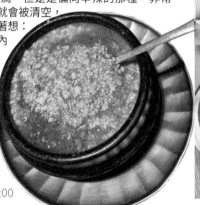

舊城區

INFO
Ⓐ 제주시 관덕로13길 13
Ⓣ 064-757-3277
Ⓗ 11:00~21:00，16:00~17:00

超大片現製海鮮化石餅乾

Sennit│센잇

這是在濟州十分流行的化石餅乾，為什麼要叫「化石」呢？因為這些餅乾是加入了濟州特產的硬殼蝦、章魚、墨魚等海鮮，現點現作出來的，餅上封印著這些海鮮的模樣，看起來就像被挖掘出來的化石一樣。在這間小小的店內，看著店員製作這些餅乾的過程時，還會發出吱吱巨響，是一個非常特別的體驗，而且製作出來的餅乾十分之大，口感非常香脆可口，絕對是一流的下酒點心。

舊城區

INFO
Ⓐ 제주시 관덕로8길 13
Ⓣ 0507-1378-1019
Ⓗ 10:00~18:00
Ⓘ jeju.sennit

韓國唯一生馬肉壽司店
馬肉研究所｜말고기연구소

濟州的肉類特產除了黑豬肉外，還有馬肉，而且全韓國有90%的馬匹都是來自濟州島，更有濟州島獨有的品種「濟州馬(제주도 말)」。而這家餐廳就是專門販賣馬肉料理的外賣店，全店只有4款菜式，當中以「生馬肉炸紫菜壽司(말육회 부각초밥)」及「烤馬肉配炸紫菜壽司(말불고기 부각초밥)」最受歡迎。馬肉的口感跟牛肉相似，但味道卻比牛肉香濃惹味，如果想淺嚐馬肉的味道，大家可以買一份來試試。

INFO　　　　　　　舊城區
Ⓐ 제주시 북성로 43 1층
Ⓣ 0507-1308-8251
Ⓗ 10:00~14:30，17:00~22:00

在濟州吃到釜山魚糕老店出品
三進魚糕in 濟州｜삼진어묵 인 제주

1950年代韓戰時期在釜山開業的三進，是釜山魚糕店的老字號，近年更進駐濟州開店。店內除了傳統釜山魚糕外，還有做成濟州黑石造型的濟州限定魚糕球，不同口味的選擇非常多，來到濟州也不妨嚐一下限定版本。店內雖然無法內用，但可以請店員幫忙把魚糕翻熱帶到外面吃。

INFO　　　　　　　
Ⓐ 제주시 탑동로2길 3 1층
Ⓣ 0507-1367-5468
Ⓗ 11:00~13:00，14:00~19:00

新型Fusion宵夜布馬車
舊濟州布馬車｜구제주포차

舊城區

以往在濟州島上很難找到韓國傳統的布馬車，不過近年在七星路街末端，24小時超市MARTRO的旁邊，就開了一家大型的布馬車，賣的菜式除了有魚糕湯等一般韓國小吃之外，居然還有西式的fusion菜！必點菜式包括蒜油大蝦義大利麵，不怕辣的話，來個辣炒年糕配炸物拼盤也是不錯的選擇。另外記得要一人點一份以鳳梨原皮裝盛的鳳梨冰，炎炎夏日吃著這個又甜又帶有大粒果肉的鳳梨冰，絕對是真正的人生享受，難怪環顧四周每一桌上都有人點。店內備有中文和英文版本的菜單，拿著菜單到櫃檯點餐就可以了。

INFO
Ⓐ 제주시 중앙로 13
Ⓣ 0507-1359-3351
Ⓗ 18:00~02:00，最後下單：01:30

讓你甘願等待2小時的人氣解酒湯
宇進解酒湯｜우진해장국 👍

這湯看似其貌不揚，但卻是濟州最有名的解酒湯店，其代表菜式就是蕨菜牛肉湯(고사리육개장)。雖說是牛肉，但實際上是豬肉來著，先把豬肉放入湯中煮成肉湯，再將豬肉和蕨菜撕碎後放入湯內。與其他醒酒湯不同，因為裡面放有蕨菜，所以味道比較濃稠，而且雖然是以豬肉湯作為湯頭，卻可以感受到濃郁的牛骨味，因而特別出名。此店因為在熱播的電視節目《生生情報(생생정보)》中被推薦而變得高朋滿座，雖然任何時間到訪都要排隊等待，但是絕對有等待的價值。

舊城區

INFO
Ⓐ 제주시 서사로 11
Ⓣ 064-757-3393
Ⓗ 06:00~22:00

대기표번호
0384

雪姬小提示

濟州的傳統牛肉菜式全部都是豬肉？？？

很多人都不知道，在濟州島上不少傳統的菜式，雖然名字都是與牛肉有關，但其實食材上一點也沒有牛肉的成份。之所以如此，是因為以往濟州島上的牛是用來耕田的，而不是用來食用，加上牛隻是生財的工具，所以他們一般都不會吃牛肉，更不會宰牛來吃，故此他們的牛肉菜式主要都是以豬肉烹調而成，例如濟州傳統的豬前排腿骨湯(韓文접짝뼈국，韓國其他地區是以牛骨熬成)、蕨菜辣牛肉湯等，其實用的都是豬肉啊！不過如果擔心的話，還是可以先詢問店家到底是牛肉還是豬肉，再考慮要不要點餐，而像是宇進解酒湯和擲柶遊戲等歷史悠久的老店，用的都是豬肉湯。

🍽 70年老字號傳統乾炸醬麵
松林飯店 | 송림반점

此店在這裡經營將近70年，是每一位濟州島民都知道的中餐廳，而在熱播節目《生活的達人(생활의 달인)》中登場後，又更加廣為人知。

松林只在中午時間營業，從入口處開始便處處顯現出老店本色。小小的店面內擠滿了人，但是老闆仍然親切，並且一直以來都提供著物美價廉的菜式，像是炸醬麵6000₩、珍寶海鮮湯麵6000₩……都是超級便宜、份量又多。必吃菜單非傳統乾炸醬麵莫屬，放點辣椒和蘇子葉一起吃，真的瘋狂地美味！另外，炒飯和份量超多的糖醋肉，也是必吃之選。

推薦菜單
- 감짜장 | 乾炸醬麵
- 짬뽕 | 珍寶海鮮湯麵
- 볶음밥 | 炒飯
- 탕수육 | 糖醋肉

舊城區

INFO
Ⓐ 제주시 관덕로 2-1
Ⓣ 064-722-4229
Ⓗ 11:30~16:00，最後下單：15:30，公休：週日

🍽 韓國人必吃正宗傳統豬前腿排骨湯
擲柶遊戲 | 넉둥베기 👍

說起豬前腿排骨湯(접짝뼈국)，其實是濟州傳統菜式，但是吃過的人並不多，因為這道菜以前主要是婚宴中的菜色，而且在婚禮上就只有新郎新娘兩位新人可以食用，不會在其他賓客的餐桌上出現，所以很多人都不知道這個菜式的典故。

豬前腿排骨湯選用的骨頭位置，是豬前腿接近肋骨的關節部位，份量非常少，所以相當珍貴。而這裡每碗豬前腿排骨湯的份量都十分充足，會有一大塊帶骨的豬肉放在碗上，韓國人會配著白飯一起吃。

豬肉熬煮到只需用筷子輕輕一撥就能讓骨肉分離，蘸著芥末醬油，再加上青陽辣椒和胡椒粉點綴，視覺和味覺都震撼非常。湯裡更匯聚著燉煮良久的豬肉精華，請盡情大快朵頤不要害羞，放下筷子直接用手抓起來吃吧，因為旁邊的每個人都是像這樣享受這碗美味的豬前腿排骨湯的。

舊城區

INFO
Ⓐ 제주시 서문로 9-1 1층
Ⓣ 064-743-2585
Ⓗ 09:00~13:30，14:30~22:00，
　最後下單：21:00，公休：週二、三

整條街都是柔嫩又滑爽的黑豬肉
黑豬肉一條街 | 흑돼지거리

「黑豬肉」是濟州島的代表美食，而這條位於濟州港附近的街道，就是開滿了黑豬肉美食店的地方。晚飯時間來到這處擁有30年以上歷史的傳統街道，不妨隨便找一家烤肉店坐下，不用考慮太多，直接點份烤黑豬肉就對了。那鮮嫩的肉塊躺在烤爐上，散發出香噴噴的肉香，一口咬下去，口感亦是筋道適中，此時再來一鍋花蟹湯，更是別有一番風味。黑豬肉一條街的附近便是東門傳統市場和塔洞防波堤，這一帶總是擠滿了遊客，是一處充滿活力的地區。

> 舊城區

(INFO)
Ⓐ 제주시 관덕로15길，중앙로1길경계

濟州三大豬肉湯麵之首
姊妹麵條 | 자매국수 👍

姊妹麵條是濟州市首屈一指的豬肉麵館，舊店開在以春花聞名的新山公園對面的豬肉湯麵一條街內，後來經過一輪搬遷，最後進駐現在位於梨湖的這個場地內。豬肉湯麵的湯頭是以濟州出產的大鯷魚所熬成，清甜好喝不油膩，加上特製的白切肉，簡簡單單一碗麵就能吸引所有人的味蕾，可見得其真功夫，不止是外國遊客，連韓國本地人都瘋狂追捧。另外，這裡的拌麵裡也放了豬肉配菜，不過辣度很強，不能吃辣的人千萬不要點。因為是非常有名的人氣美食店，所以要吃姊妹麵條的話，需要提早到場取號碼牌等候。

> 市區周邊

(INFO)
Ⓐ 제주시 항골남길 46
Ⓣ 064-746-2222
Ⓗ 09:00~14:30，16:10~18:00；公休：週三

推薦菜單
- 고기국수｜豬肉湯麵
- 비빔국수｜辣拌麵
- 물만두｜水餃
- 돔베고기｜案板白切肉

網紅雲朵奶油夾心餅乾
Mongle | 몽그레

想要具有特色的濟州島伴手禮,可以來這家網紅雲朵奶油餅乾夾心餅店。餅乾外層口感鬆脆,內餡有巧克力、牛島花生、抹茶及舊左胡蘿蔔4款口味。Mongle在島上開有兩間分店,一間位於機場附近,一間就在月汀里的海邊,大家可以購買後拿著餅乾以天空作為背景拍照,拍出來的效果非常可愛。

(INFO)

新濟州市店
Ⓐ 제주시 도리로84
Ⓣ 064-744-8224
Ⓗ 09:00~18:00,週三09:00~15:00
Ⓘ mongle____

東部月汀里店
Ⓐ 제주시 구좌읍 해맞이해안로400
Ⓣ 010-6368-7676
Ⓗ 11:00~18:00

來個鬆餅漢堡當早餐吧
日出西路海景麥當勞 | 맥도날드 제주외도DT점

雖然整座島上有很多麥當勞,但只有這間位於濟州市中心周邊的是開在海邊,能一邊享受漢堡一邊欣賞海景。同時此店的天台也佈置得份外有氛圍,M字立體招牌和石頭爺爺們擺放在一起,加上無敵海景,任誰都會停下腳步陶醉在這片美麗的風景中。到了晚上氣氛更加浪漫,因為立體招牌會亮燈,加上室內佈置的燈光,令這間麥當勞成為現在最紅的打卡熱點。另外,這間麥當勞附有得來速(Drive through店),如果是自駕遊的朋友,前往點餐取餐就更加方便。

(INFO)

Ⓐ 제주시 일주서로 7339
Ⓣ 064-901-9200
Ⓗ 24小時

道頭海水樂園│도두해수파크

位於道頭洞彩虹海岸道路上,是現時機場周邊唯一提供24小時服務的汗蒸幕。這裡距離機場開車僅有10分鐘路程,要過夜的客人可以在1樓服務櫃台向職員寄放行李,然後領取汗蒸衣服上去2樓的浴場洗澡,之後就可以前往3樓和公共休息空間,在那裡設有多間不同溫度的汗蒸房,還有額外收費的太空倉膠囊房,其他如用餐區、小賣部、自助販賣機、泡麵機、按摩椅等,皆是一應俱全。另外在3樓休息區內,有部分位置還能觀賞到美麗的道頭洞彩虹海岸道路。

(INFO)
Ⓐ 제주시 서해안로 236
Ⓣ 064-711-1000
Ⓗ 24小時
Ⓟ 成人13,000₩;36個月~小學生10,000₩;36個月以下 6,000₩;太空倉膠囊使用費10,000₩

> 機場周邊

龍頭岩海水樂園│용두암해수랜드

位於機場周邊,從機場開車約10分鐘的路程,因此在汗蒸幕裡會不間斷地聽到飛機起飛降落的聲音。龍頭岩汗蒸幕樓高3層,2樓是洗澡沐浴的地方,而3樓則是汗蒸房和公共休息空間。在這裡可以享受富含礦物質的純淨海水桑拿,而汗蒸幕的窗外就是充滿異國風情的椰子樹與遼闊的海洋景致。

> 機場周邊

(INFO)
Ⓐ 제주시 서해안로 630
Ⓣ 064-742-7000
Ⓗ 05:00~22:00
Ⓟ 成人11,000₩;兒童6,000₩

濟州最高的雙子建築
濟州君悅酒店
│그랜드 하얏트 제주

INFO

Ⓐ 제주시 노연로 12
Ⓣ 1533-1234
酒店等級：★★★★★
開業年份：2020

新城區

DREAM TOWER │ 제주 드림 타워

濟州君悅酒店所在的大樓
Dream Tower，供遊客使用的內部豐富設施

超狂濟州天城賭場，為外國人專用的賭場，不過只有成年人才能夠進入，因此要隨身攜帶護照查驗

最受客人歡迎的室內和室外游泳池，尤其在室外的無邊際泳池，更可以觀賞到飛機起降的震撼風景

12間餐廳包括中、西、日、韓料理，以及酒廊、咖啡廳、餅店、韓烤、自助餐等。持有入住酒店的早餐券，更可在當中的8間指定餐廳內用餐

設有7-11便利商店
方便住客購買必需品

裝潢超正的奢華汗蒸幕和SPA，即使不是住客也可以預約付費使用，內部設有多個不同溫度的汗蒸房，每間的裝修都份外細緻，還設有小賣部，連鞋櫃與置物櫃都非常奢華美觀

購物商場，不論是時裝、包包還是紀念品店，都一應俱全

大型遊戲機中心，適合大人小孩一起玩樂

大樓內不能吸煙，所以特設吸煙房供有需要的人使用

住客專享大型24小時健身房

看著飛機起降的彩虹路酒店
床位收音機旅館道頭峰
| 베드라디오 도두봉

INFO
Ⓐ 제주시 서해안로 204
Ⓣ 0507-1349-5054
酒店等級：★★★
開業年份：2022

新城區

設有溫水海景游泳池
天狼星酒店
| 호텔시리우스

INFO
Ⓐ 제주시 도령로 133
Ⓣ 064-743-1147
酒店等級：★★★★
開業年份：2018

新城區

全自助式ONE ROOM
CENTRAL POINT N
| 센터포인트N

INFO
Ⓐ 제주시 원노형3길 3 1층
Ⓣ 010-8127-9044
開業年份：2022

新城區

新羅免稅店對面全新酒店
BOLTON HOTEL
| 제주볼튼호텔
WOWPASS機台

INFO
Ⓐ 제주시 연동4길 2
Ⓣ 064-797-9999
酒店等級：★★★★
開業年份：2024

新城區

樂天免稅店的樓上
樂天城市酒店
| 롯데시티호텔 제주
WOWPASS機台

INFO
Ⓐ 제주시 도령로 83
Ⓣ 064-730-1000
酒店等級：★★★★
開業年份：2014

新城區

房間內設有LG衣服護理機
Hotel Leo
| 호텔 레오

INFO
Ⓐ 제주시 삼무로 14
Ⓣ 0507-1477-7035
酒店等級：★★★★
開業年份：2014

新城區

蠶丘路的末段，逛街超方便
Shilla Stay酒店
| 신라스테이 제주

INFO
Ⓐ 제주시 노연로 100
Ⓣ 064-717-9000
酒店等級：★★★★
開業年份：2015

新城區

蓮洞商圈內的5星酒店
Maison Glad Jeju
| 메종 글래드 제주

INFO
Ⓐ 제주시 노연로 80
Ⓣ 064-747-5000
酒店等級：★★★★★
開業年份：2015

新城區

117

設有免費洗衣房的酒店
Ventimo Hotel & Residence Jeju
│ 벤티모 호텔 앤 레지던스 제주

(INFO)
Ⓐ 제주시 연삼로 14
Ⓣ 0507-1439-2295
酒店等級：★★★★
開業年份：2021

新城區

巨型4人家庭套房
Ocean Suites Jeju Hotel
│ 오션스위츠 제주호텔

(INFO)
Ⓐ 제주시 탑동해안로 74
Ⓣ 064-720-6000
酒店等級：★★★★
開業年份：2010

舊城區

保健路ONE ROOM
hi residences
│ 하이레지던스

(INFO)
Ⓐ 제주시 은남1길 46
Ⓣ 064-743-1300
開業年份：2019

新城區

東門市場附近的宿舍旅館
床位收音機旅館東門店
│ 게스트하우스 동문점

(INFO)
Ⓐ 제주시 중앙로1길 41-1
Ⓣ 0507-1323-5054
開業年份：2016

舊城區

生魚片一條街就在旁邊
Whistle Lark Hotel
│ 호텔 휘슬락

(INFO)
Ⓐ 제주시 서부두2길 26
Ⓣ 064-795-7000
酒店等級：★★★★
開業年份：2017

舊城區

全新開幕梨湖海景酒店
SHILLA STAY PLUS IHOTEWOO
│ 신라스테이 플러스 이호테우

(INFO)
Ⓐ 제주시 연대마을길 76
Ⓣ 064-740-9000
酒店等級：★★★★
開業年份：2024

市區周邊

酒店樓下就是BBQ炸雞
Hotel Regent Marine Jeju
│ 호텔리젠트마린제주

(INFO)
Ⓐ 제주시 서부두2길 20
Ⓣ 02-777-5080
酒店等級：★★★★
開業年份：2016

舊城區

東部 | 동쪽

EAST SIDE

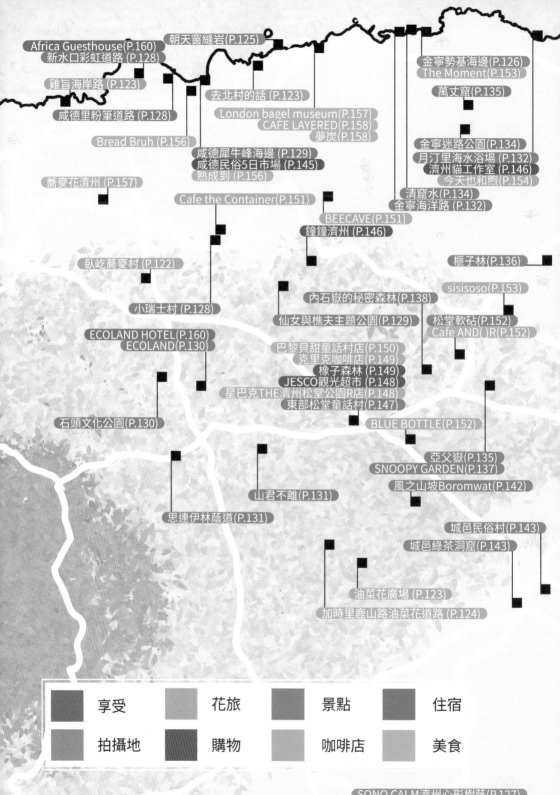

Africa Guesthouse(P.160)
新水口彩虹道路 (P.128)
朝天窗縫岩(P.125)
雞旨海岸路 (P.123)
去北村的話 (P.123)
金寧勢基海邊 (P.126)
The Moment(P.153)
萬丈窟(P.135)
咸德里粉筆道路 (P.128)
London bagel museum(P.157)
CAFE LAYERED (P.158)
夢炭(P.158)
Bread Bruh (P.156)
金寧迷路公園 (P.134)
月汀里海水浴場 (P.132)
咸德犀牛峰海邊 (P.129)
濟州貓工作室 (P.146)
咸德民俗5日市場 (P.145)
今天也和煦(P.154)
蕎麥花濟州 (P.157)
熟成到 (P.156)
清窟水 (P.134)
金寧海洋路 (P.132)
Cafe the Container(P.151)
BEECAVE(P.151)
鐘鐘濟州 (P.146)
榧子林 (P.136)
臥屹蕎麥村 (P.122)
sisisoso(P.153)
內石嶽的秘密森林(P.138)
小瑞士村 (P.128)
仙女與樵夫主題公園(P.129)
松堂軟砧 (P.152)
Cafe AND( )R(P.152)
ECOLAND HOTEL(P.160)
ECOLAND(P.130)
巴黎貝甜童話村店(P.150)
克里克咖啡店 (P.149)
橡子森林 (P.149)
JESCO觀光超市 (P.148)
星巴克THE濟州松堂公園R店(P.148)
東部松堂童話村(P.147)
石頭文化公園(P.130)
BLUE BOTTLE(P.152)
亞父嶽(P.135)
SNOOPY GARDEN(P.137)
風之山坡Boromwat(P.142)
山君不離(P.131)
城邑民俗村 (P.143)
城邑綠茶洞窟(P.143)
思連伊林蔭道(P.131)
油菜花廣場 (P.123)
加時里鹿山路油菜花道路 (P.124)

享受　　花旅　　景點　　住宿

拍攝地　　購物　　咖啡店　　美食

SONO CALM濟州心形樹蔭(P.127)

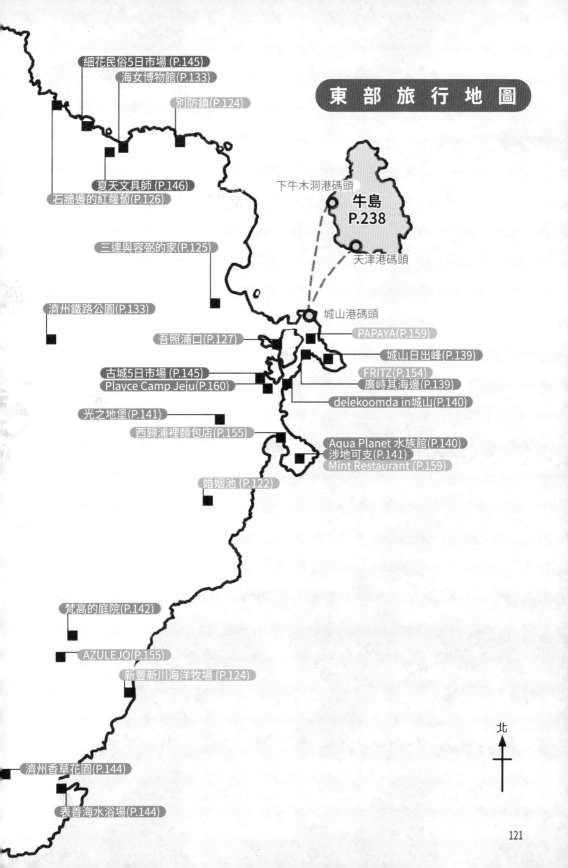

東 部 旅 行 地 圖

細花民俗5日市場 (P.145)

海女博物館 (P.133)

別防鎮 (P.124)

下牛木洞港碼頭

牛島
P.238

天津港碼頭

夏天文具師 (P.146)

石牆邊的紅蘿蔔 (P.126)

三達與容弼的家(P.125)

濟州鐵路公園(P.133)

城山港碼頭

吾照浦口 (P.127)

PAPAYA(P.159)

城山日出峰(P.139)

古城5日市場 (P.145)

FRITZ(P.154)

Playce Camp Jeju(P.160)

廣峙其海邊(P.139)

delekoomda in城山(P.140)

光之地堡 (P.141)

西歸浦裡麵包店(P.155)

Aqua Planet 水族館(P.140)

涉地可支(P.141)

Mint Restaurant (P.159)

婚姻池 (P.122)

梵高的庭院(P.142)

AZULEJO(P.155)

新豐新川海洋牧場 (P.124)

北

濟州香草花園(P.144)

表善海水浴場(P.144)

花旅推薦勝地

讓人回憶的蕎麥花村莊

臥屹蕎麥村 │ 와흘메밀마을

01 BEST PLACE

濟州島因為氣候溫和，所以一年可以種植兩次蕎麥花。蕎麥花如泡沫波浪般搖曳在田野裡，散佈在濟州島的每一個角落上，其中生長得最茂密的地區是在表善面和神話世界附近，另外就是這處位於東部的臥屹蕎麥村。

臥屹蕎麥村是可以停下車來悠閒拍照的地方，不過現在知道這裡的人還不算太多。若是在太陽西下時到達，以夕陽色的蕎麥花作為背景，可以拍攝出如夢幻般的照片。而純白色的連衣裙和蕎麥花可以說是絕配，作為拍婚紗照的背景也很合適。

(INFO)

Ⓐ 제주시 조천읍 남조로 2455

朝天邑

「三神」的婚禮現場

婚姻池 │ 혼인지

02 BEST PLACE

這裡是古老神話中的場景，相傳就是耽羅國建國始祖「三神」高乙那、良乙那、夫乙那，與碧浪國的三位公主舉辦婚禮的蓮池。這裡原本就已像新娘花束般令人嚮往，而當繡球花開滿之後，景色更是美麗，許多人都會以圍繞著婚姻池的石牆與繡球花作為背景拍照。

婚姻池繡球花的色調主要是由淺藍色到深藍色，同時也可以看到其他不同顏色的花卉。因為婚姻池是濟州島的特色婚禮場所，所以來這裡也可以體驗傳統婚禮，建議到訪前先瞭解本地的婚姻神話。

城山邑

(INFO)

Ⓐ 서귀포시 성산읍 혼인지로 39-22 Ⓣ 064-710-6798
08:00~17:00

隱藏版的情侶拍照名所
雞旨海岸路 │ 닭머르해안길

立於偶來小路18號的路徑上,是擁有濟州島風情的林木散步道,可以欣賞到壯麗的海岸美景,堪稱朝天邑的隱藏景點。這裡亦稱為「雞坑海岸道路」,因為地形很像雞刨了一個坑後坐在裡面,所以得名。

秋天的時候,小徑兩邊長滿了紫芒,呈現出更加夢幻的景色。沿著步道走,在嶙峋的奇岩怪石陪伴下散步,最後就能來到兀立在海角上的亭子。站在亭子中,可以把濟州的大海盡收眼底,也能欣賞到美麗的日落,這種感覺與在山上的亭子截然不同。這條小徑路線不長,很適合與孩子來此一起散步。

INFO

Ⓐ 제주시 조천읍 신촌리 2318-2

朝天邑

風車和紫芒的合奏
油菜花廣場 │ 유채꽃 프라자

在著名的櫻花油菜花公路鹿山路的中段,可以看到很多風力發電的風車,沿著鹿山路繼續走下去,就會來到以紫芒聞名的油菜花廣場。秋天到訪的話,巨型風車連同紫芒形成的金色波浪,在此就像畫一般地延伸展開;若是春天到訪,這裡又成了著名的欣賞櫻花與油菜花的勝地,所以很多人來此拍照。

INFO

Ⓐ 서귀포시 표선면 녹산로 464-65
Ⓣ 0507-1416-1669

表善面

在瀰漫四季花香的庭院裡享受一下
去北村的話 │ 복촌에가면

這家一年四季都充滿花香的庭院咖啡店,春天有藤蔓玫瑰,夏天有繡球花,秋天有粉黛亂子草,冬天則有山茶花。以花路作為背景,人們早已在此拍下了無數張人生照片

INFO

Ⓐ 제주시 조천읍 북촌5길 6 Ⓣ 064-752-1507

朝天邑

油菜花與石牆的美麗相遇
別防鎮 | 별반진

被指定為濟州特別自治道紀念物第24號的別防鎮，是朝鮮時代為了防禦在牛島附近出沒的倭寇而建的城郭。在濟州的眾多城郭中，這裡算是保存得比較完好的，不過也有不少部分已經倒塌，只剩東、西、南側城牆的一部分殘存下來；而下道里的居民們為了躲避海風，也紛紛把家宅聚集在城牆內側。

登上城郭後，從下道里浦口開始，可以把濟州的大海一覽無遺；而到了春天，城郭裡開滿了黃澄澄的油菜花海，若是在花開的季節到訪，便會遇到令人心花怒放的美麗風景。另外，這裡也是韓劇《歡迎回到三達里》中，男女主角接吻的地方。

INFO
Ⓐ 제주시 구좌읍 하도리 3354

舊左邑

同時享受油菜花和櫻花的最美公路
加時里鹿山路油菜花道路 |
가시리 녹산로 유채꽃도로

被選為韓國「美麗之路100條」之一的鹿山路，擁有極其明媚的風景，每年春天，從入口處開始的10公里範圍內，都會盛開油菜花和櫻花，因此是人氣滿分的開車兜風公路。

這片廣袤的油菜花田，每年都會舉辦規模盛大的油菜花慶典，加上還能同時欣賞到櫻花，4月份來賞櫻的遊客們也都一定會到訪這裡。公路周邊還有很多有趣的地方，譬如小馬博物館等。此外，這條路也與觀賞紫芒的勝地油菜花廣場相連，所以無論春天還是秋天到訪，都非常適合。

INFO
Ⓐ 서귀포시 표선면 가시리 산 87-15

表善面

橙色波濤洶湧的偶來小路
新豐新川海洋牧場 |
신풍 신천 바다목장

提到濟州會想到的就是橘子，一般人吃完橘子的果肉後，就把果皮扔掉，但在濟州島卻會把橘子皮聚集在一起曝曬，用以製作成陳皮，於是形成了這個壯觀的場面。

由於橘子的盛產季節是在冬天，因此曬橘皮是只在冬天才能看到的特色風景，屆時走在偶來小路3號路徑上便能見到。在廣達數萬坪的土地上鋪展開一望無際的橘黃色，整片牧場都散發著橘子香，背景則是遼闊的濟州大海，這可是只有在濟州島的冬天才看得到的限定名場面。

INFO
Ⓐ 서귀포시 성산읍 신천리 5

城山邑

● 容弼的家(不能進入)　　　　　　　　　● 三達的家(只可進入庭園)

《歡迎回到三達里》劇中男女主角的家
三達與容弼的家 ｜ 삼달이와 용필이의집

城山邑

劇中男女主角的母親都是海女,因此他倆居住的房子都是濟州最典型的海女家屋結構,譬如房前都有大庭院,可以將海中採集的海帶等置於庭中風乾。這兩棟房子都是劇中最主要的場景,很多劇情都是圍繞在這個背景下發生,所以粉絲們必定會前去踩點。

不過只要看地圖就會發現,這兩棟房子現實中其實並不在三達里的範圍內,濟州的確有三達里這個地方,但卻是在接近東南部的位置。而現實中,三達的家確實在容弼家斜對面,這跟劇中完全相符,而三達的家門前有張告示介紹,歡迎遊客進到庭院參觀,但也提醒因為是民居,所以必須保持安靜,不得滋擾到房子內的居民和周邊鄰居。至於容弼的家則是不開放的,只能在門外看看。

INFO
서귀포시 성산읍 시흥상동로68번길 10

《非常律師禹英褕》劇中鄭律師與前妻蜜月旅行時去的景點
朝天窗縫岩 ｜ 조천창꼼바위

窗縫岩位於濟州東部距離咸德海水浴場不遠的地方,許多來濟州島的人,都一定會來這個海邊的岩洞拍照,因為可以拍出非常特別的照片。這是個自然形成的玄武岩岩洞,穿透的洞口剛好呈現出框架效果,讓人得以以大海作為背景,拍攝出有如在窗洞中或畫作裡的畫面。

不過窗縫岩一帶的礁石非常危險,要前往的話,請務必穿著便於行走的鞋子,而且建議等待退潮才前往會比較安全。窗縫岩附近還有超人氣的貝果美食店London Bagel Museum濟州店,開車只要3分鐘就能到達。

INFO
제주시 조천읍 북촌리 403-9

朝天邑

洞口位於海邊小石山的後方,沿著石山的右邊小路走過去即可到達。

韓劇拍攝地

《歡迎回到三達里》劇中海女們經常聚集說八卦的大樹下

石牆邊的紅蘿蔔｜돌담너머당근

劇中海女們經常會聚在一棵大樹下聊天說八卦，推進了很多故事的進展，亦成為該劇劇迷踩點必到之處。這棵大樹其實位於坪垈海水浴場(평대해수욕장)附近一家名叫「石牆那邊胡蘿蔔」的咖啡店前方，大家只要在地圖上搜尋這家咖啡店就能找到，而這家咖啡店亦是《換乘戀愛2》中智秀對圭民告白的地方。

這附近一帶還有很多富於特色的咖啡小店，但必須留意的是，這些咖啡店關門時間都很早，或是會隨店主的心情而提早關門不營業，所以如果踩點後想找個地方喝杯咖啡的話，就請把握時間，早一點到達。

INFO

Ⓐ 제주시 구좌읍 대수길 22　Ⓣ 0507-1381-8264

舊左邑

《歡迎回到三達里》劇中常常出現的紅燈塔

金寧勢基海邊｜김녕세기알해변

劇中經常出現的紅色燈塔，亦是該劇主要宣傳照的背景之一。在這裡的海邊漫步，可以看到在海邊的風力發電機，還能坐在燈塔下的海堤上，伴隨著翡翠色的大海，吹著海風，看著人們在海灘上嬉水，這是何等悠閒。與其他海邊不同，這裡周邊的商業活動並不發達，人流量比較少，可以安靜地感受大海和風車的美景。附近又有多處海釣場，以及免費的停車空間，還能自在地遊逛與海邊相連的金寧村地質步道，是島民們夏天會來遊玩的地方，加上水不深，而且水質非常潔淨，相當適合玩水，不過缺點就是配套設施沒有咸德海水浴場等地齊全。

INFO

Ⓐ 제주시 구좌읍 김녕리 1200-5

舊左邑

《通往機場的路》和《歡迎回到三達里》劇中出現的城山景小石屋

吾照浦口 | 오조포구

《通》劇中男主角的工作室,在《歡》劇裡就是「老鷹五兄弟」中京泰家的便利店,亦是該劇主要拍攝場景之一。在這處充滿療癒感的景點,可以享受悠閒、平靜的風景,還可以走過石橋拍攝人生照,亦可以悠閒地眺望城山日出峰。

這裡位於濟州偶來小路2號路的路線上,很適合散步,附近有座低矮的山丘,只要走幾步路就能登頂,丘頂設有風景亭,可以拍攝到附近一帶的全景。另外,往小屋的方向走幾分鐘就會抵達公廁,公廁後方的石橋就是當地的網紅拍照場景,不妨走出石橋拍攝,把後面的植山峰和濟州島蔚藍的大海一起拍成風景畫也不錯。不過這裡的停車位不多,只能停在遠處的停車場,然後步行十分鐘才能到達。

INFO

서귀포시 성산읍 오조리

城山邑

《歡迎來到王之國》劇中男女主角拍「王者飯店」宣傳照的地方

SONO CALM濟州心形樹蔭 | 소노캄 제주 하트나무

這是位於濟州島東南部海邊的SONO CALM渡假酒店,其庭院中的一個隱藏拍攝點,雖然是在酒店庭院內,但是免費對外開放。風景優美的偶來小路4號路徑也有經過這裡,春天時還可以享受美妙的油菜花海。

穿過酒店走進戶外庭院的林間小路,就能看到心形樹拍照區,從樹林下方往上看,可以看到樹梢把天空圍繞成愛心的形狀,一旁更有貼心的指示牌指導遊客如何拍攝。

INFO

서귀포시 표선면 일주동로 6347-17 ⓣ 02-1588-4888

表善面

站在木箱上拍照。

攝影師要蹲在對面的這棵樹底下,往上拍。

咸德里粉筆道路 | 함덕리 파스텔도로

離咸德海水浴場不遠處的海岸路，這裡海堤護牆的顏色是粉淡漸層，有如粉筆形狀一樣，所以大家都稱這裡為「粉筆道路」。漸層變色的護牆與翠綠的大海融為一體，形成極富童心的美麗風景，同時這裡仍然是沒有太多人知道的秘密景點，想要拍攝特別版的彩虹道路，就要到這裡來。附近的景點還有彩虹欄杆與《歡迎來到三達里》的秘密基地，行程可以安排在一起。

(INFO)
Ⓐ 제주시 조천읍 함덕리 3283-3

新水口彩虹道路 | 새물깍무지개도로

進入新水口周邊村莊的道路，兩旁都設有彩虹石牆欄杆，是一處隱藏版的拍照勝地。五顏六色的正方形彩虹石頭欄杆，每一塊石頭上都有四個穿透的圓洞，從遠處看就像放了一排彩色的骰子一樣，十分可愛。人們來到這裡總喜歡坐在欄杆上拍照，而巨大的正方形欄杆即使按顏色逐一拍照，也很漂亮。

不過彩虹欄杆的高度比其他地方的護欄來得高，因此坐在上面拍照時要注意安全。新水口是流入濟州海的淡水，據說即使在乾旱時期，這裡的水道也從未乾涸，源源不絕。同時這裡就位於《歡迎來到三達里》的秘密基地旁邊，行程上可以安排在一起走。

(INFO)
Ⓐ 제주시 조천읍 신흥리 59-10

小瑞士村 | 스위스마을

雖然不是真正的「瑞士」感覺，但五顏六色的建築外觀的確充滿異國風情，無論站在哪個角度拍攝，都擁有個性的色彩。瑞士村共有4個街區、66戶人家，1樓開的是商店和咖啡店，樓上主要是住家。這裡沒有入場費，規模也不算大，適合在短時間內散步拍照。

(INFO)
Ⓐ 제주시 조천읍 와산리 1559-18

咸德犀牛峰海邊 │ 함덕서우봉해변

朝天邑

這裡位於偶來小路19號路徑上，可以自由自在地散步，和大海一起拍照。因為是淺海區，所以很適合嬉水，那翡翠色的大海，簡直美得太耀眼了！海邊有很多咖啡店和美食店，堪稱海水浴場中的不夜城，意猶未盡的話，就到周邊的酒吧盡情享受咸德的夜晚吧。

海水浴場東端延伸到咸德犀牛峰，從那裡可以拍下咸德海水浴場的海景，一直以來都是人氣爆棚。作為到訪的特別禮物，犀牛峰的春天開滿了油菜花，秋天則是大波斯菊獨領風騷，尤其從幾年前開始，隨著犀牛峰的黃色波斯菊大受歡迎，最終越來越多遊客只去犀牛峰。

INFO
- 제주시 조천읍 조함해안로 525
- 064-728-3989

仙女與樵夫主題公園 │ 선녀와나무꾼테마공원

朝天邑

這是個充滿「對，對，想當年……」聲音的回憶主題公園，也是讓父母乘坐時光機回到童年的地方，更是常青旅行團的必訪之地。在公園中央的美食廣場內，可以聽到很多老人在唱歌，而對於沒有經歷那段時期的年輕人來說，這裡就是個神奇的地方。

這裡雨天時可以免費體驗，也能參觀室內主題公園，或是租借昔日的校服入園拍下紀念照，還可以享受恐怖之家、民俗遊戲場地等的樂趣。

INFO
- 제주시 조천읍 선교로 267
- 0507-1390-9006
- 09:00~18:30，最後入場17:30
- 成人13,000₩，青少年11,000₩，兒童10,000₩

石頭世界就是這樣
石頭文化公園 | 제주돌문화공원

這是以濟州民間故事雪門大奶奶和五百將軍的石頭傳說為主題的生態公園，因為佔地面積廣達100萬坪，所以最好預留充裕的時間。園區中一定要拍照留念的，就是排成一列的五百將軍群像，遠看恍如摩艾石像一樣。另一張必拍的獨特認證照場景是在博物館的屋頂上，那裡建有大型的天空水池(하늘연못)，遊客可以脫下鞋子，排隊走進水池中央拍下巨型天空之鏡的照片，由於超受歡迎，排隊拍照常得花上20分鐘左右。

(INFO)
Ⓐ 제주시 조천읍 남조로 2023
Ⓣ 064-710-7731
Ⓗ 09:00~18:00，最後售票17:00
Ⓟ 成人5,000₩，青少年3,500₩，12歲以下免費

葛紮瓦森林火車的旅行
ECOLAND | 에코랜드

這是老少咸宜的主題公園，能乘坐小火車一探神祕的「葛紮瓦森林」生態系統。「葛紮瓦」是濟州島方言，意思是「岩石上的森林」。火車仿自19世紀的鮑爾溫蒸汽機頭，鐵道全長4.5公里，途中共有4個車站，遊客可以任意下車拍照、乘船、參觀森林和庭園，並進行多種體驗，接著再上車移動到下一個場所。公園內充滿了異國風情，不僅盛開著當季的花卉植物，還能在火山岩的泥路上散步拍照，充分享受濟州的大自然。由於主要是搭乘火車移動，因此行動不便的長輩和坐嬰兒車的幼童也能輕鬆享受。因為佔地規模有30萬坪，一天無法逛完全部，所以建議第一天先參觀2個車站，晚上入住園區內的酒店，第二天再把剩餘的兩站逛完。

(INFO)
Ⓐ 제주시 조천읍 번영로 1278-169
Ⓣ 064-802-8000
Ⓗ 週一至四08:30~19:00，
　 週五至日08:30~22:30
Ⓟ 成人16,000₩，青少年13,000₩，12歲以下11,000₩

沉醉於神秘的火山口
山君不離 │ 산굼부리

從深秋到早春，山君不離的蒲葦和紫芒都非常壯觀。才
剛到入口，蒲葦就像在歡迎來訪者一樣，搖曳著在跳
舞；而這一帶四方都是紫芒的原野，比起直接登上火山
口的路，選擇散步小徑更能好好欣賞紫芒的波浪。

沉醉在此般風景中，愉快地爬上坡後，迎面而來的是巨
大的火山口。火山口就像守著什麼秘密般地神秘，人們
見到這種超現實的景象，很難不發出讚嘆。

當年火山爆發時，熔岩和火山灰受到岩層影響，並沒有
噴出，於是形成了現在的洞口，這種「低平火山口」在
韓國僅此一處，就算放眼世界也不多見，因而被列為國
家指定文物天然紀念物第263號。

INFO
Ⓐ 제주시 조천읍 비자림로 768
Ⓣ 064-783-9900
Ⓗ 3至6，9至10月09:00~18:40，
　7至8，11至2月09:00~17:40
Ⓟ 成人7,000₩，青少年及兒童6,000₩

朝天邑

濟州隱密的祕境
思連伊林蔭道 │ 샤이니숲길

即使是下雨天或下雪天，這都是條適合散步的林間小
路，同時亦是人氣滿分的婚紗照拍攝場景。作為聯合國
教科文組織指定的濟州生物圈保護區，這裡也獲選為
「隱藏於濟州的31景之一」，整齊茂密的杉樹林，怎麼
看都充滿了浪漫情調；除了杉樹外，還種植有椰子樹和
扁柏等，樹木平均高達55公尺。

雖然道路總長約15公里，但就算不走完全程，也能充分
感受到林蔭路的魅力。而在夏天時，開滿了繡球花的步
道更加美麗，入口處還會有各式餐車，沿著樹林裡另一
條無障礙道路營業。

INFO
Ⓐ 제주시 조천읍 교래리 719-10

朝天邑

通往大海的道路

金寧海洋路 │ 김녕바닷길

舊左邑

在金寧豐之洞福利會館的對面，有條只在退潮時才會浮出海面的神祕道路，當看到海水退去後慢慢露出的路面，彷彿打開了進入大海的入口般。

金寧海路當初是為了方便海女們將海鮮運上陸地而建，每天只出現兩次，早晚各兩個小時左右，所以請按照潮汐時刻表從從容容地過來。

走在海洋路上尋找還沒來得及逃脫的海洋生物，也是來此的樂趣之一，而海洋路起點的渡頭就是《歡迎來到三達里》的拍攝地，也就是男主角容弼的爸爸對女主角三達說教的地方。

(INFO)
Ⓐ 제주시 구좌읍 김녕로1길 51-3
Ⓡ 可在地圖搜尋「豐之洞福利會館（봉지동복지회관）」，其正對的海面就是隱藏的金寧海洋路

雪姬小提示

濟州潮汐時刻自己查

BaDa TIME是韓國國內製作的海洋資訊網，網上能精準預測全韓國的潮汐訊息，只要點選想要查詢的地區即可。當要探訪一些需要配合潮汐的景點時，就可自行上網查詢，而濟州島要看潮汐的景點，包括金寧海洋路和廣峙其海岸等，基本上只要比預測時間提早1小時左右抵達就行了。

Ⓤ badatime.com/time_j.html

翡翠綠色的大海與美麗的日落

月汀里海水浴場 │ 월정리해수욕장

位於濟州島東北部，以優美風景而聞名的月汀里海邊，潔淨的白沙灘襯映翠綠的大海，風景美得令人陶醉。海水浴場附近闢有咖啡街，開設各種類型與風格的大小店鋪，相當適合在海岸道路兜風，逛後，隨便找家咖啡店休息放空。來到月汀里當然要尋找那七彩椅，坐在椅子上拍張背影照，是來到這裡必做的事。

舊左邑

(INFO)
Ⓐ 제주시 구좌읍 월정리 33-3

了解海女的一切故事

海女博物館｜해녀박물관

作為聯合國教科文組織人類非物質文化遺產，海女可說是濟州島的象徵之一。海女的歷史可追溯到紀元以前，而1629年的《濟州風土記》、《葵窗集》等，是最早記錄「潛女」的文獻。俗話說為母則強，而為海女的則要更強，一直以來，濟州海女在島民心目中都是強韌與勤勉的象徵，身為柔弱女子卻要擔起整個家庭的經濟重擔，對濟州島的發展作出無人能比的貢獻與犧牲。

濟州是全世界唯一以海女文化為中心建構成社區和城市的地方，她們利用自己的青春和汗水，換來家人的溫飽，無數海女在這片看似美好卻暗濤洶湧的海中失去性命，無數海女從少女時期就到海中工作，到了90歲依然離不開這片大海，而海女博物館就是要記錄濟州海女與濟州島的真實故事。

這裡展示著海女們捐贈的物品，不僅能看到海女休息的地方、她們身上的裝備、聽到她們下海後呼氣的聲音，還可以透過影片看到她們作為母親的生活，並瞭解各個季節能捕獲的海洋生物。而在兒童海女館中，還可以讓孩子模擬體驗海女的生活，如此有意義的展覽館，絕對值得參觀。

@Jejuyuiapa

舊左邑

INFO
제주시 구좌읍 해녀박물관길 26
064-782-9898
09:00~18:00，公休：週一
成人1,100₩，青少年500₩，兒童免費

騎著鐵道自行車享受美麗草原

濟州鐵路公園｜제주레일바이크

騎乘鐵道自行車可以飽覽龍眼山等東部地區的山嶽和草原美景，並享受休閒運動的感覺。因為大部分路段都是自動行駛，所以即使不踩踏板也能輕鬆走完一圈，整趟騎乘需要40分鐘左右，為了增添樂趣，中間還設計了幾個驚險刺激的路段。

騎著自行車慢慢感受濟州島的風景，偶爾也會為了悠哉漫步的羊群而停下等待；行駛期間可以用手機播放以濟州為背景的歌曲，或是尋找城山日出峰、牛島等東部地景。

舊左邑

INFO
제주시 구좌읍 용눈이오름로 641
064-783-0033
09:00~17:30
2人30,000₩，3人40,000₩，4人48,000₩

在綠色迷宮裡迷路的樂趣
金寧迷路公園 │ 김녕미로공원

舊左邑

這是韓國首座迷宮公園，由濟州大學客座教授、世界著名的迷宮設計師艾德琳費舍爾所打造。穿過綠油油的樹林迷宮時，還可以看到幾隻可愛的貓咪陪你一起闖蕩，而近年由於貓咪的數量越來越多，現已成為一座名副其實的貓迷宮。

於是在體驗迷宮的同時，還可以餵食迷宮中的貓咪，當你找不到出口，跟著帶路的貓咪走，說不定就會來到迷宮中的仙境。遊客也可進行集章挑戰，迷宮中設有多個蓋印點，集齊印章就可換取充滿貓咪圖案的明信片作為禮物。

厲害的人可以在5分鐘內就破關，但超過50分鐘還走不出去的也大有人在，若真的迷失方向，迷宮內也設有3座天橋和展望台，供遊人觀察路線並拍照留念。

(INFO)
Ⓐ 제주시 구좌읍 만장굴길 122
Ⓣ 0507-1402-9266
Ⓗ 09:00~17:50，最後入場：17:00
Ⓟ 成人7,700₩，青少年6,600₩，兒童5,500₩

水中的石牆與石路
清窟水 │ 청굴물

舊左邑

清窟水屬於金寧地質散步道的一部分，泉水水溫長年在15℃之間，由於漲潮時會被海水淹沒，退潮時才又重新出現，因此必須在漲退潮之間到訪，才能享受到新鮮的泉水。

人們喜歡站在兩個圓洞之間的石板路上，和後方的大海一起拍照，旁邊還有家「清窟水咖啡店(카페 청굴물)」，在店家的露台位置，就能看到清窟水最完整的角度。不過畢竟這裡是熱門的拍照勝地，一人一杯飲料的低消是必須的。

(INFO)
Ⓐ 제주 제주시 구좌읍 김녕로1길 75-1

深邃的熔岩洞窟
萬丈窟│만장굴

炎炎夏日，再沒有比萬丈窟更涼爽的旅遊景點了，因為這座巨大的熔岩洞窟全長達7.4公里，是世界上最長的熔岩洞窟之一。

萬丈窟屬於拒文嶽熔岩洞窟的一部分，與漢拏山、城山日出峰、拒文嶽等一同以濟州火山島和熔岩洞窟之名，被列為聯合國教科文組織的世界自然遺產。

萬丈窟在地形上有3個入口，目前只開放第2入口約1公里長的區域供遊客進入，洞窟中可以看到熔岩鐘乳、熔岩石筍、熔岩流石、熔岩流線、熔岩棚、熔岩漂石等各種熔岩洞窟地質，而在開放區域盡頭等待遊客的，就是那7.6公尺高的世界最大熔岩石柱。

INFO
A 제주시 구좌읍 만장굴길 182
T 064-710-7903
H 09:00~18:00

舊左邑

空拍勝地環形火山口
亞父嶽│아부오름

這座小型山丘本名「前嶽」，因為「前」的發音與濟州島方言中的「爸爸」相似，加上山的形狀就像父親坐著的樣子，因此又被稱為亞父嶽。

當年火山噴發時雖然高度不高，但範圍廣闊，因而形成了這個獨特的火山口。這裡的山勢非常低矮，任何人只要10分鐘都能輕鬆登頂，一睹那圓形火山口的模樣。

這裡不但是拍攝人生照的名所，作為電影和廣告的拍攝場景也很有名，其實比起在山頂眺望，用空拍機拍到火山口中央的環狀杉樹林看起來更帥氣，所以很多人都會帶空拍機來此拍照。

INFO
A 제주시 구좌읍 송당리 산164-1

舊左邑

濟州島最老的千歲榧子爺爺

榧子林 | 비자림

這座榧子林被指定為天然紀念物第374號,並受到
完善的保護。這片樹林中,光是樹齡在500~800年
之間的榧子樹就有接近2,800棵,非常茂密,能讓人
感受原始森林的魅力。

這是濟州島首座森林浴場,亦是規模最大的單一植
物林,走在林間能吸收滿滿的芬多精,有軟化血
管,緩解身心等自然療愈效果。林道中會出現分
路,如果時間有限,可以參觀A路線;若是想看散發
愛意的連理樹的話,就要循稍長一點的B路線走。

林中步道以火山石屑鋪設,十分平坦,即使推輪椅
也毫不吃力。來到榧子林記得要去尋找一棵遭受雷
擊卻仍堅強活的樹木,以及另一棵象徵「爺爺」
的千年榧子樹,這棵樹高14公尺,寬6公尺,樹齡
超過820年,是濟州島最老的榧子樹。

(INFO)　　　　　　　　　　　　　　舊左邑
Ⓐ 제주시 구좌읍 비자숲길 55
Ⓣ 064-710-7912
Ⓗ 09:00~18:00,最後入場:17:00
Ⓟ 成人3,000₩,青少年和兒童1,500₩

雪姬小提示

榧子林路1112公路 | 비자림로 1112도로
大韓民國最美麗的杉樹道路

從坪垈里到奉蓋洞的1112號公路兩側,像屏風一樣長滿了
高高的杉樹。行駛在長約27公里的雙向車道上,可以盡情
享受大自然美景。但因為是有名的兜風路線,所以車輛比較
多,很難停在路中間拍照。

(INFO)
Ⓐ 제주시 구좌읍 송당리 2341-1

遇見在濟州大自然中玩耍的史努比
SNOOPY GARDEN｜스누피가든

舊左邑

BTS防彈少年團的Jimin和BLACK PINK的 Jisoo等頂級韓星都曾來此造訪，使得這裡成為濟州人氣景點。庭園小屋以「Peanuts, Nature & Life」為主題，介紹史努比與理查布朗等《花生漫畫》朋友們的日常生活空間，參觀者便藉由與這群直率又個性獨具的角色們互動，取得共鳴及療癒。

整個史努比庭園由5個主題廳、史努比咖啡店和《花生漫畫》紀念品店所組成，除了在室內展示館能看到史努比朋友們，到寬敞的戶外庭院散步也能與他們相遇。而在露西的花園學校，則能體驗將漂亮的果實與樹葉貼在史努比畫作上的植物藝術。最重要的是，找到那個能跟史努比單獨約會的湖邊，跟史努比肩並肩地坐在木棧橋上拍照留念。

公園內保留了濟州中山間地區的氣候生態，由於空間很大，所以請預留充裕時間，若是不便行走的話，可以乘坐每30分鐘一班的史努比巴士代步。

⊕ INFO

Ⓐ 제주시 구좌읍 금백조로 930
Ⓣ 064-903-1111
Ⓗ 09:00~19:00
Ⓟ 成人19,000₩，青少年16,000₩，兒童13,000₩

內石嶽的秘密森林 ｜ 안돌오름의 비밀의숲

舊左邑

被稱為「祕密森林」的內石嶽，幾年前認識這裡的人不多，還是一處「真正的祕密場所」，但現在卻是著名的旅遊勝地。朝著Tiffany Blue色拖車的方向走，高大的扁柏就在那兒迎接到訪者。

這裡共有7條路線，不停下腳步的話30分鐘就能逛完，但那是不可能的，因為在這裡的每一步都是震撼的森林美景，每個瞬間、每個角度都能謀殺相機記憶體，若沒拍到一千張照片是神奇的事，就算花一個小時也拍不完全部。

這裡還有野放的小羊與濟州矮馬和遊客互動，成為情侶新人來拍照、親朋好友來留念的美好森林。這裡也是《歡迎來到三達里》的場景之一，劇中男主角容弼帶著女主角三達來此拍攝風景照打算參賽，最後因為幫一對新人拍婚紗太美，導致所有人都來拜託她拍照，讓她重拾拍人像照的樂趣。

INFO

Ⓐ 제주시 구좌읍 송당리 2173
Ⓣ 0507-1323-4609
Ⓗ 09:00~18:00
Ⓟ 4,000₩/位

代表濟州島最美日出的勝地
城山日出峰 │ 성산일출봉

被譽為濟州最佳日出勝地的城山日出峰，從名字中更能感受到，這裡不僅是濟州觀看日出最理想的地方，而且以其獨特面貌成為了濟州的地標，由於具有地質學上的價值，更被聯合國教科文組織列入世界自然遺產名錄。

城山原本是主島之外的一座小離島，但隨著道路開通，如今已完全與主島融為一體。城山日出峰只要20分鐘左右就能登上山頂，將濟州東側的美麗風景盡收眼底，而每到新年，這裡就會舉行城山日出慶典，是濟州島上人氣最高的看日出景點。若覺得摸黑爬山等待日出太辛苦，不妨到一旁的廣峙其海邊，能同時看到城山日出峰和日出風景，也是很好的觀看日出方式。

INFO 城山邑

Ⓐ 서귀포시 성산읍 성산리 1
Ⓣ 064-783-0959
Ⓗ 07:00~19:00，最後售票：18:50，公休：每月第一個星期一
Ⓟ 成人5,000₩，青少年2,500₩，兒童2,500₩

退潮後綠色世界就此展開
廣峙其海邊 │ 광치기해면

立於城山日出峰和涉地可支之間的廣峙其海邊，是偶來小路1號路徑的終點，也是2號路徑的起點，亦是春天油菜花盛開的地方。這裡退潮和漲潮時的樣貌完全是兩個模樣，讓人意想不到。漲潮時就是個可以看到城山日出峰的海灘，但退潮後，熔岩凝固形成的礁岩露出海面，那景象就像在眼前的畫布上塗滿青苔，創作出驚為天人的優秀作品。

這個海邊也是非常受歡迎的看日出名勝，每當初升的朝陽與城山日出峰融為一體時，風景簡直如畫一般；而晚潮時分還能看到各種海洋生物。如果體力和時間允許的話，在這裡甚至還可以體驗一下在海灘上騎馬的樂趣。

城山邑

INFO

Ⓐ 서귀포시 성산읍 고성리 224-33

回到你的城堡吧

delekoomda in城山 | 드르쿰다성신

這是一個結合拍照攝影與餐飲美食的場所,規定「一人一杯飲料」才能入場。這裡所有的佈置場景,都讓人宛如投身到一場公主遊戲中,除了有華麗的城堡和旋轉木馬外,還設有攝影棚拍照區,於是換好衣服出發,就像回到自己的城堡一樣,若是天氣晴朗時到訪,絕對可以拍出100萬張人生照。

主要的拍照場景就是德爾庫姆達城堡,這個場地很大,非常顯眼,還可以走上城堡體驗成為女王的感覺。而登上城堡的最高處,還能拍到天國的階梯照片,並把城山日出峰的美景盡收眼底。

INFO 城山邑

Ⓐ 서귀포시 성산읍 섭지코지로25번길 64
Ⓣ 064-901-2198
Ⓗ 09:00~21:00,最後下單:20:00,最後入場:19:00
Ⓘ delekoomda

雪姬小提示

「一人一飲料」

在韓國的咖啡店都有一項不成文的規定,所有客人入場均需要「一人一飲料(1인1음료)」,亦即我們平常說的「低消限制」。正常情況下,店家會強調「음료(飲料)」作為低消標準,因此甜點並不計算在內。如果不喝咖啡的話,可以考慮點茶或果汁類。

亞洲最大規模的水族館之一

Aqua Planet 濟州 | 아쿠아플라넷제주

濟州Aqua Planet是亞洲規模最大的水族館之一,亦擁有韓國最大的單一水族箱,可看到500多種,48,000多隻海洋生物。走在水族館中,與海洋朋友們近距離交流,一些海豚和海象會隔著玻璃跟人類互動,有時當小孩靠近玻璃時,牠們還會來個出其不意的「驚喜」,讓一旁的參觀者們哭笑不得,相當有趣。

館內還有很多精彩看點和娛樂項目,包括一刻也不能將視線轉移的海女潛水演出,將濟州的海洋重現在大型水族箱內,遊客也彷彿感受到潛入大海的感覺。離開水族館後,記得要在戶外庭院裡欣賞城山日出峰的美景,再拍張認證照留念。

INFO 城山邑

Ⓐ 서귀포시 성산읍 섭지코지로 95
Ⓣ 1833-7001
Ⓗ 09:00~18:00,最後售票17:00,
　 最後入場:17:30
Ⓟ 成人43,700W,青少年41,800W,兒童39,700W

風吹來的最高海岸美景
涉地可支｜섭지코지

涉地可支的意思為「狹窄的海岬」，這處位於島上東端的景點，其美感正是來自其狹窄的地形、陡峭崖壁及壯麗的火山岩層。從停車場依照路標前往崖壁上方的石板步道，這條步道平坦易走，任何年紀的遊人都能輕鬆享受美景。

步道左手邊的木柵欄後方，是遼闊的草地和野馬放牧場，盡頭附近可以看到朝鮮時代的烽火臺，除此之外還能遠眺宏偉的城山日出峰。而作為韓國最先進入春季的濟州島，雖然處處都可欣賞到油菜花，但其中涉地可支的海岸更是令人驚豔，那一大片鮮黃嬌嫩的油菜花田，絕對是4月旅行濟州時不可錯過的重點。

這裡也曾是多部電視劇的拍攝地，如《all in(올인)》劇中的教堂背景，因為早年被颱風破壞，現在取而代之的是可愛的糖果屋；而在Mint Cafe後面的「Grand Swing」，則是可以與城山日出峰一同入鏡拍照的鞦韆。

INFO ──────────────────────────── 城山邑

Ⓐ 서귀포시 성산읍 고성리
Ⓣ 064-782-2810

來自法國的多媒體藝術之光
光之地堡｜빛의벙커

這裡原本是作為地下通訊設施的軍事地堡，被民間收購後，改建成現在的「光之地堡」。這處多媒體光影美術館，以文化再生為概念，糅合藝術、科技與音樂，通過雷射投影到混凝土牆面和地面上，再利用光影和音樂的配合，營造出讓人震撼的效果。

這個沉浸式的多媒體藝術展覽，由來自法國的團隊所打造，近代藝術巨擘如克林姆、高更、梵谷、莫奈、雷諾瓦、夏卡爾等人的作品，都以動態的方式活生生地呈現。喜歡藝術的人絕對可以滿足喜好，享受與名畫相遇的時光。

建議事先瞭解藝術家的作品後再到訪，屆時就可以尋找你所欣賞的作品，找個柱子靠著，暫時什麼都不做，靜下心來感受那屬於自己的藝術療癒空間。

INFO ──────────────────────────── 城山邑

Ⓐ 서귀포시 성산읍 서성일로1168번길 89-17 A동
Ⓣ 1522-2653
Ⓗ 10:00~18:20，最後入場：17:30
Ⓟ 成人19,000₩，中學生14,000₩，小學生11,000₩

用數位科技重新詮釋的梵谷名作

梵高的庭院 │ 고흐의정원

這是用數位技術重新詮釋梵谷作品的展示館，和以往只能用眼睛觀看的展覽館不同，在這裡可以自由地觀賞、觸摸、參與其中。其亮點是走到建築物的屋頂俯瞰庭院，上去就能看到院子裡有張巨大的梵谷的頭像。

館內有將梵谷作品AR動態化的體驗，以及3D視覺藝術館等，此外還有間爬蟲類體驗館，每一個場景都是拍照的好地方，在這裡至少要逗留兩個小時以上才能逛好拍滿。

(INFO)

Ⓐ 서귀포시 성산읍 삼달신풍로 126-5
Ⓣ 064-783-6700
Ⓗ 09:30 - 18:30
Ⓟ 成人12,000₩，青少年10,000₩，兒童8,000₩
Ⓤ www.jejugoghart.com

最美的花海平原

風之山坡Boromwat │ 보롬왓

「보롬왓」在濟州方言中是「風之丘」的意思，正如其名，在這裡總是能看到欣欣向榮的花朵隨風搖曳的情景，鬱金香、油菜花、薰衣草、繡球花、蕎麥花等，每個季節的花圃都會更換不同種類的花朵。溫室裡也同樣，處處可見戀人們拍照留念。

一提到蕎麥花就會想起一部電視劇，就是《鬼怪》，劇中以蕎麥田為背景上演了精彩的場面。而風之山坡不愧是韓國最大的蕎麥產地之一，那種廣闊的麥田動感在這裡特別能夠感受到，而且春秋兩季都看得到。

(INFO)

Ⓐ 서귀포시 표선면 번영로 2350-104
Ⓣ 070-8015-5188
Ⓗ 09:00~18:00
Ⓟ 6,000₩/位
Ⓘ boromwat_

活生生的濟州傳統村莊

城邑民俗村｜성읍민속마을

直到現在都還有島民居住的濟州傳統村莊，就像順天的樂安邑城、安東河回村一樣，至今仍保留著500多年前的模樣。城邑民俗村曾經是東部地區的市中心，從正義縣城俯瞰，那一片茅草屋頂給人一種到了電視古裝劇中的感覺。
沿著城牆開滿了黃色的油菜花，作為賞花勝地也很受歡迎。村莊免費進入，可以隨意看看，還可申請文化觀光導覽員解說(工作時間：10:00~17:00)，若提前預約的話，更有機會體驗親手釀造濟州傳統高麗酒和Omegi 酒的技術，或是入住舊時的傳統房屋。

INFO　表善面

Ⓐ 서귀포시 표선면 성읍리 3294
Ⓣ 064-710-6797
Ⓗ 10:00 - 17:00
Ⓤ www.jeju.go.kr/seongeup/index.htm

巨型洞窟清晰可見的風景

城邑綠茶洞窟｜성읍녹차동굴

在咖啡店「今天喝一杯綠茶(오늘은녹차한잔)」的前方有一片綠茶田，往前走經過兩片綠茶田後，向左轉就能看到一座小樹林，走進林中的小坡道，左手邊就會看到一個巨型洞窟。而從洞窟中向外看，就能看到洞外的綠色樹木給人一種神祕的感覺。

INFO　表善面

Ⓐ 서귀포시 표선면 중산간동로 4772
Ⓣ 064-787-6888

沿著小樹林的坡道往下走
便會發現這個巨型洞窟

濟州香草花園 │ 제주허브동산

這處香草樂園是韓國著名戀綜《換乘戀愛》的拍攝地，以在2萬坪的庭院內生長著150多種香草而聞名，是個可以一邊聞著香草香，一邊欣賞夢幻夜景的治癒場所。

白天在這裡可以觀賞粉黛亂子草等香草花卉，特別是花園中央的小教堂在粉色波浪襯托下，更是散發出異國風情；晚上則在樹木上掛滿了璀璨的燈光，邀人一同享受晚間的燈光慶典，是個無論晝夜都有看頭的景點。此外，這裡也有展售各種香草化妝品和生活用品，還可使用香草產品進行足浴，消除旅行中的疲勞，非常受歡迎。

(INFO) ────────────────────────── 表善面

Ⓐ 서귀포시 표선면 돈오름로 170
Ⓣ 064-787-7362
Ⓗ 09:00~22:00
Ⓟ 20,000₩/位
Ⓘ jeju_herbdongsan2

表善海水浴場 │ 표선해수욕장

位於西歸浦市表善面的沙灘，長只有200公尺，寬度卻在800公尺左右，是個非常寬闊的海灘；而當潮水退去後，其水深不到30公分，且沙灘還會再擴大100公尺以上，呈現出圓形的白沙灘。因此不游泳的人可以在水中散步，孩子們玩耍嬉水也很安全。而且這裡的公共設施完善，亦設有大型停車場，旁邊還有不少餐廳，是一處十分便利的海水浴場。

(INFO) ────────────────────────── 表善面

Ⓐ 서귀포시 표선면 표선리
Ⓣ 064-760-4992

咸德民俗5日市場 | 함덕민속오일시장
小型的居民日常菜市場

這是規模很小的民族市場，鄰近咸德海邊，走偶來小路19號徑的途中可以順道前往。這裡每個月只營業6天，販賣新鮮蔬菜、水果、海鮮、生活雜貨等，是當地人日常買菜的地方。市場內設有餐廳食堂，可以吃到正宗的濟州島味道。

INFO

Ⓐ 제주시 조천읍 함덕16길 15-13
Ⓣ 064-783-8559
Ⓗ 08:00~14:00
Ⓡ 每月1、6、11、16、21、26日營業

朝天邑

細花民俗5日市場 | 세화민속오일시장
細花螃蟹的出產地

在濟州島上的五日市場中，這裡是最接近大海的一個，與海景美麗的細花海邊相連，可以在市集上購買零食後直接帶到海邊散步。市場雖然規模不算大，但貨品種類充足齊全，細花地區的居民最愛來此採購細花螃蟹。市場就在偶來小路20號徑的路上，在濟州東邊旅行時，如果行程許可，推薦一定要去看看。另外，這座市場在每個月也會有一次夜市開放

INFO

Ⓐ 제주시 구좌읍 세화리 1500-44
Ⓗ 09:00~17:00
Ⓡ 每月 5、10、15、20、25、30日營業

舊左邑

古城5日市場 | 고성오일시장
《我們的藍調時光》劇中的傳統市場

這是劇中重要的拍攝場景之一，是劇中所有人賴以為生的傳統市場，也是城山地區唯一的五日市場。市場就在偶來小路2號行徑的路上，主要販售新鮮蔬果和海鮮，而且價格非常便宜，多數前來市場的顧客都是居住在城山邑附近的當地居民。

INFO

Ⓐ 서귀포시 성산읍 고성오조로 93
Ⓣ 064-760-4282
Ⓗ 08:00~14:00
Ⓡ 每月4、9、14、19、24、29日營業

城山邑

🛒 鐘鐘濟州 │ 종종제주

這是間位於安靜的中山間村落內的小物店，座落在綠樹成蔭的山區，鐵色鋼板令整棟建築外觀閃閃發光。店內裝潢也是銀色系，給人一種統一感，可透過巨大的玻璃窗，一邊欣賞濟州島的樹林，一邊悠閒地購物。在既不大也不小的空間裡展示著各種充滿個性的商品，全都是店長的個人喜好，特別是以著名工藝家製作的手工品為主，還有很多在其他店裡看不到的東西。

這裡最暢銷的是動物造型的盤子和卡通人物的玻璃杯，還有許多可愛的插畫角色商品。如果想找不一樣的紀念品，這裡是值得尋寶的地方，光是欣賞這些獨具特色的擺設，就能享受愉快的時光。

(INFO)
Ⓐ 제주시 조천읍 선교로 66 1층
Ⓣ 0507-1441-1891
Ⓗ 10:30~18:00
Ⓘ jongjong_jeju

朝天邑

🛒 濟州貓工作室 │ 제주냥이스튜디오

喜歡貓咪的鏟屎官們，一定要來這間小店逛逛，因為這裡的精品全都是店家以自己的貓咪作為素材，自己繪畫創作，設計出來的精品小物，十分可愛。鮮黃色店鋪的正門，擺放著一個貓咪的車站牌，打完卡後記得要到後面的咖啡店「今天也是和煦」喝杯咖啡，順便玩一玩真正的貓咪啊！

(INFO)
Ⓐ 제주시 구좌읍 월정5길 56
Ⓣ 0507-1347-8819
Ⓗ 11:00~17:00，公休：週二、三
Ⓘ jejumeow

舊左邑

🛒 夏天文具師 │ 여름문구사

由店主親手繪製的可愛招牌迎接客人進來，夏季文具師是銷售可愛精品小物的商店，包括濟州手作家們親手製作的精品，在貨架上密密麻麻地陳列著。讀著主人真誠的手寫字和預先畫好的介紹內容，把玩每一個精品小物，時間一下子就過去了。這裡也是村裡孩子們消磨時間的地方，所以是充滿溫暖感情的濟州小區小店。

(INFO)
Ⓐ 제주시 구좌읍 구좌로 77
Ⓣ 0507-1400-9447
Ⓗ 11:00~18:00，公休：週三
Ⓘ summer_mungusa

舊左邑

東部火山群中的綜合式小商圈
東部松堂童話村 │ 동쪽송당 동화마을

位於濟州東部火山群的中心地帶，整個村莊被周圍的山脈美景包圍著，而且還可將漢拏山的身影盡收眼底。這是個以「濟州之樹」、「濟州之石」、「濟州文化及神話」與四季花卉為理念設計的主題公園，採用不收門票的開放方式營運，讓人們在這裡得以和不同季節盛開的花朵親密留影。童話村內還設有多間著名品牌精品店和咖啡店，以及紀念品超市。

INFO

제주시 구좌읍 비자림로 1191 　 Ⓣ 064-743-5000
09:00~20:00 　 dongwhavillage

東部松堂童話村
必訪著名品牌店推介

童話村公園

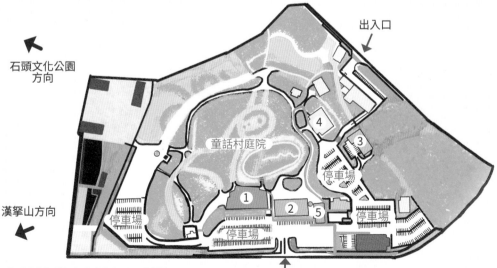

東部松堂童話村平面圖

出入口

石頭文化公園
方向

漢拏山方向

童話村庭院

停車場

停車場

停車場

停車場

停車場

出入口

THE濟州松堂公園R店限定的商品

1 ☕
星巴克THE濟州松堂公園R店
│스타벅스 더제주송당파크R점
目前全亞洲最大的星巴克

坐落於濟州東部松堂童話村內，就位在火山群的中心位置，可遠眺漢拏山和石頭文化公園的景色。星巴克THE濟州松堂公園R店是韓國最大的典藏咖啡(Reserve coffee)專賣店，也是咖啡與自然、文化和諧共存的空間。樓高兩層的咖啡店設有340個座位，並配合童話村的風格和設計理念，室內裝潢加入大量濟州的黑色元素，坐在落地玻璃前悠閒地品嚐特選咖啡，是一種極致享受。

客人更可到戶外大庭院散步，登上小山丘觀看漢拏山的美景，小山丘被瀑布流水形成的小溪圍繞，環境非常美麗。店內更有多款獨家限定咖啡杯、飲料、甜品等，但常常一開店就被搶光。

(INFO)
Ⓐ 제주시 구좌읍 비자림로 1189
Ⓗ 09:00~20:00
Ⓘ starbuckskorea

濟州島上的所有星巴克販
多款濟州島限定版本的商

2 ☕
JESCO觀光超市
│제스코관광마트
一站式濟州伴手禮超市

這個位於童話村入口處的觀光超市，店內販售濟州的特產、本地出產的伴手禮、酒類、食品、飲料、泡麵、精品小物、保健產品、家具等，還有濟州島著名的聖伊始石牧場的乳製品，貨品種類非常齊全，而且場內環境乾淨舒適，客人可以專心選購。

(INFO)
Ⓐ 제주시 구좌읍 비자림로 1191
Ⓣ 064-743-5000
Ⓗ 09:00~20:00

3 🛒
橡子森林｜도토리숲
來~在龍貓巴士濟州站上車吧！

位於濟州東部松堂童話村內的橡子森林濟州店，是吉卜力工作室在韓國的官方專賣店。橡子森林濟州店與濟州島的大自然融為一體，營造出獨有的特別空間和拍照區。賣場入口有面拿著雨傘的龍貓的彩繪玻璃窗，當陽光映照下來，玻璃反射出彩色光線，使整個賣場都變得分外溫暖起來。店內還有接近1:1大小的超可愛龍貓巴士，客人可以走進巴士，摸著毛茸茸的車身拍照留念。更特別的是，這台龍貓巴士所停靠的站牌上竟然寫著濟州，再往巴士頂部看，原來總站就是在濟州。
另外，店內還有《霍爾的移動城堡》中的卡爾法和火爐，以及蘇菲的帽子店等，每個拍照區都讓人再次感受到宮崎駿電影中的感動。除此之外，店內還有各種吉卜力可愛角色的周邊產品，以及最重要的橡子森林濟州店限量商品販售。

INFO
Ⓐ 제주시 구좌읍 대천서길 16
Ⓣ 064-782-1325
Ⓗ 10:00~19:00
Ⓘ dotorisup

4 ☕
克里克咖啡店｜코리코카페
度過像魔法一樣的美好時光

這是吉卜力官方在韓國開設的《魔女宅急便》主題咖啡店，位置就在橡子森林附近。外牆裝修不但還原了電影中魔女琪琪寄宿的經典黃色麵包店，店內亦設有多個拍照區，包括放有飛天掃帚的房間，以及索娜麵包店的廚房等，還有多款可愛角色造型的美食。另外，店內亦有限量主題精品發售，包括印有魔女琪琪圖案的陶瓷杯子、T恤、購物袋等，讓我們跟隨琪琪和吉吉，一起探索克里克城的奇幻旅程吧！

INFO
Ⓐ 제주시 구좌읍 비자림로 1199
Ⓣ 064-782-0143
Ⓗ 10:00~19:00，最後下單：18:30
Ⓘ cafe_koriko

5 ☕

巴黎貝甜童話村店
(Paris Baguette)
│파리바게뜨 동화마을

全新法式濟州風情旗艦店

作為知名國際品牌，巴黎貝甜在東部松堂童話村的旗艦店，能讓客人感受到法式浪漫與濟州獨特魅力的相互交融。

店內售有濟州島的限量產品，如胡蘿蔔造型包裝的胡蘿蔔汁、漢拏山造型的濟州抹茶蛋糕、青麥滿月麵包、濟州小馬的限量版杯子、小米年糕造型黑麵包、藍夜檸檬汽水等，都是本店獨家限定。店內還準備了素描紙，讓客人可以畫出當下的美景。

(INFO)
Ⓐ 제주시 구좌읍 비자림로 1193
Ⓣ 0507-1462-4023
Ⓗ 09:00~21:00

雪姬小提示

超紅巴黎貝甜機場限定伴手禮 👍

不知道買什麼回家做伴手禮？推薦這款著名品牌巴黎貝甜(Paris Baguette)的奶油夾心餅乾，這可是現在超人氣的濟州伴手禮首選！這種奶油夾心餅乾在韓國很多地方都有出現類似版本，而巴黎貝甜推出的這款奶油夾心餅乾，只限定在濟州國際機場才買得到，意思是全韓國只有濟州國際機場的三間分店內才有，而且是每人限購三盒！

這款奶油夾心餅乾推出兩種口味，包括：濟州牛島花生口味(藍色盒子)，和漢拏峰橘子醬口味(黃色盒子)，其外層餅乾鬆化，內餡甜度適中，絕對值得一試。請留意各店出爐時間不一，有時候每天只出爐一次，售完即止，有時則會出爐數次，要自行到現場查詢。

(INFO)

濟州機場搭乘店
Ⓐ 國內線2樓候機大堂
　(管制區內)
Ⓣ 0507-1324-0742
Ⓗ 06:00~21:00

濟州國際機場店
Ⓐ 國內線3樓離境大堂近Gate 1
　(管制區外)
Ⓣ 0507-1343-0741
Ⓗ 06:00~21:00

濟州機場租車行店
Ⓐ 國際線1樓近Gate5
　機場停車場
Ⓣ 0507-1369-5373
Ⓗ 06:00~21:00

朝天邑

BEECAVE │ 비케이브

坐在洞窟中的椅子上，望著頭頂洞口透進來的光線，拍出像精靈一樣的照片，這裡說的就是「善屹椅子洞窟」，因為YooA《Bon voyage》的MV在此拍攝而聲名大噪，當時的MV完美展現了洞窟的神祕氛圍。

善屹椅子洞窟是在一家叫「Beecave」的咖啡店土地上，在店內消費後，慣例的一人一杯飲料，就可以沿著指示牌走，到達被樹叢包圍的洞窟入口。從狹窄的洞口進去，左側就是放置椅子的拍照區。

車子可以停在Beecave的停車場或附近空地上，從停車場開始需要走大約100公尺左右。這裡除了洞窟外，咖啡店還擁有7千多坪的廣闊花園、森林中的小屋祕密基地、鞦韆等多種戶外拍照區。

INFO

- 제주시 조천읍 동백로 122
- 0507-1410-8022
- 10:00~18:00，最後下單：17:00
- beecave_jeju

Cafe the Container │ 카페더콘테나

巨型橘子色柑橘籃子造型的特色倉庫型咖啡店，在遠處就能映入眼簾的獨特外觀，總讓人不由自主地按下快門。店內以滑輪裝置將餐點從2樓送下1樓的方式也很特別，客人可以直接過去取餐，再拿到想坐的地方享用。

這是家由經營柑橘農場的青年農夫所共同打造的咖啡店，也有提供柑橘體驗項目，讓客人拿著和咖啡店外觀一樣的籃子親手採摘橘子。在這裡請戴上橘子帽，下雨時則撐上黃色和橙色的雨傘，以巨型柑橘籃子為背景，留下紀念照片吧。

INFO

- 제주시 조천읍 함와로 513
- 0507-1338-5130
- 10:30~18:00，公休：週三、四
- cafe_the_container

朝天邑

每個角落都是拍照區的咖啡店
Cafe AND( )R｜카페안도르

店內的麵包和甜點種類眾多，場地範圍也很廣，所以有很多拍照區，在咖啡店前面還有一個超人氣的人生照名所「松堂軟砧」。招牌菜是漢拏峰造型的慕絲蛋糕和花生拿鐵，如果下午才到訪的話，麵包就會被賣光了。

─INFO─
Ⓐ 제주시 구좌읍 비자림로 1647 1층
Ⓣ 0507-1468-5536
Ⓗ 10:00~20:00，最後下單：19:30
Ⓘ andor_jeju_official

〔舊左邑〕

藍瓶咖啡和濟州島的感性
BLUE BOTTLE｜블루보틀

知名美國咖啡品牌Blue Bottle (藍瓶咖啡)，在濟州店內特別推出濟州限定產品，包括濟州花生糖餅和馬鈴薯華夫鬆餅，以及和濟州島著名布丁店UMU聯名的咖啡味布丁。另外還有一系列藍瓶周邊產品販售，例如馬克杯等，而在濟州店還能買到首爾限定版，以及濟州島限定版的周邊產品。店面雖然不大，但貫徹了藍瓶木系簡潔風的裝潢，特大玻璃窗能夠看到庭院內綠悠悠的風景，一邊享受寂靜的森林和湖水，一邊品嚐咖啡。

〔舊左邑〕

─INFO─
Ⓐ 제주시 구좌읍 번영로 2133-30
Ⓣ 02-1533-6906
Ⓗ 08:30~19:00
Ⓘ bluebottlekorea

松堂軟砧｜송당무끈모루
草原上由樹木打造的畫框

這裡是拍婚紗照等專業攝影師經常光顧的地點，就位於Cafe AND( )R的正後方。由樹木自然形成的大型畫框非常帥氣，大樹框架之間可以看到綠色的田野、藍天、寺廟和遠處的山，是一個不錯的拍照背景。因為不斷會有想要拍照的人前來排隊，所以建議大家一早就過來。

《換乘戀愛2》中是民對娜妍告白的咖啡店

sisisoso｜시시소소

這間咖啡店是以奶奶的家改造而成，安靜的環境加上復古的裝潢，就算外面下著雨，都不會影響店內的氛圍。店外有一座小庭院，門外還有顆大樹，這更是經典的可愛鄉村小屋，天氣明媚時，店主會在樹下擺放桌椅，讓客人享受太陽的沐浴。整間店都充滿了濃厚的浪漫而又平靜的氛圍，想要喝杯能療癒心靈的咖啡，就一定要選這裡。

INFO
- 제주시 구좌읍 중산간동로 2247
- 0507-1379-2297
- 11:00~18:00
- sisisoso.jeju

必吃招牌栗子蛋糕

The Moment｜더모먼트

立於濟州舊左邑金寧的咖啡店，名字蘊含著那一瞬間的意思，以旅行時感受到的溫暖氛圍為藍本，將美麗的自然風景等幸福瞬間融入在建築各處。The Moment以香噴噴、清靜的「夜晚」為主題推出招牌菜單，可以品嚐到栗子拿鐵、栗子奶油拿鐵、格蘭尼達(Granita)等，每種都是使用栗子製作而成。

INFO
- 제주시 구좌읍 김녕로22길 3
- 0507-1364-8316
- 10:00~19:00，最後下單：18:30
- themoment_cafe

今天也和煦｜오늘도화창

這是間很美的田園風咖啡店，藏身於小巷子裡，充滿著歐陸田園復古風情，名字就像咖啡店本身一樣，給人一種溫暖和諧的感覺，來到這裡整個人的心情都好了起來。店主用心裝潢整家店面，讓客人一踏進店內就能無死角地拍照。親切的老闆會推薦餐點，不用擔心，店內設有中文菜單，老闆會禮貌地詢問客人國籍，再給予相對語言的菜單，服務非常貼心。

來到舊左邑的咖啡店，當然要吃舊左邑特產胡蘿蔔，其胡蘿蔔汁上的冰甚至還做成可愛的兔子造型，其他還有胡蘿蔔蛋糕、濟州特產漢拏峰橘子雪酪和漢拏峰橘子蘇打水。 愛貓咪的話，店裡店外都有很多貓咪，大家可以盡情和貓貓交流一下。

(INFO)
Ⓐ 제주시 구좌읍 월정5길 56
Ⓣ 010-5101-9518
Ⓗ 10:00~20:00
Ⓘ jeju_fine

舊左邑

FRITZ｜프릳츠

這個來自首爾的咖啡品牌，由六名熱愛咖啡的年輕人所創立，其基本理念是以公平貿易進口的咖啡豆來製作咖啡，在首爾有多家分店。

濟州店內售有高品質的手沖咖啡，得到的評價總是一面倒的讚賞。店鋪面積很大，沿用FRITZ的一貫風格，走的是型格復古風路線，座位旁還有一列海景窗戶，於是悠閒喝咖啡的同時，也能放空心靈欣賞壯麗的城山日出峰景致。店內還貼心地提供免費的冷萃咖啡(Cold brew)，味道認真不錯。其官網上亦有販售熱銷的濾掛式咖啡，在家喝上一杯Fritz咖啡，就彷彿置身在咖啡店裡一般。

城山邑

(INFO)
Ⓐ 서귀포시 성산읍 일출로 222
Ⓣ 0507-1468-2045
Ⓗ 08:00~20:00
Ⓘ fritzcoffeecompany

☕ **西歸浦裡麵包店 | 서귀피안 베이커리**

咖啡店位於涉地可支附近，以歐陸裝潢配上涉地可支的獨特海景，令人感受到平靜海面所帶來的魅力。這裡飲料和麵包種類繁多，因為麵包出爐的時間是固定的，所以建議大家可以根據出爐時間到訪，然後選個面海的座位，靜靜品味麵包與涉地可支海景的魅力。

這裡也是韓劇《歡迎回到三達里》中的拍攝地，劇中女主角三達為了構思自己在濟州島的第一個攝影展，而走到一家平靜簡潔的海景咖啡店，當時就是在此店內取景拍攝。

INFO
- 서귀포시 성산읍 신양로122번길 17 2F
- 0507-1338-8378
- 08:00~21:00，最後下單：20:15
- seogwipean_bakery

城山邑

 AZULEJO | 아줄레주

「AZULEJO」這個奇怪的名字，其實在葡萄牙語中是「瓷磚」的意思。正如它的名字一樣，咖啡店入口兩側都以瓷磚來裝飾，充滿異國情調。咖啡館門口佈置得像一個小花園，店內中央陳列著老闆夫婦在歐洲旅行時購買的茶具，散發著濃濃的里斯本風情。店家因為使用了法國牛油和麵粉烘焙出香噴噴的蛋塔而聞名，吃蛋塔時會另外提供肉桂粉，讓客人按照喜好撒在蛋塔上，可以吃出不同的味道。

INFO
- 서귀포시 성산읍 신풍하동로19번길 59
- 0507-1411-4052
- 11:00~19:00，公休：週二
- jeju_azulejo

要連根拔起的可愛胡蘿蔔可頌

🍽 Bread Bruh｜브레드브루

位於咸德海水浴場附近，小小的一間烘焙店，剛開幕不久就因為一款極可愛的可頌而成為網紅店，店內有各式各樣的麵包，當然也少不了經典的鹽麵包(소금빵)。

除了麵包外，他們還有販售咖啡、蛋糕等，款式應有盡有。當中最受歡迎的招牌就是「兔子喜歡的胡蘿蔔(토끼는 당근을 좋아해)」，那是將可頌製作成胡蘿蔔的顏色，再插上綠色的莖葉，還原成胡蘿蔔的模樣，而為了增加與客人的互動性，還特別把可頌「種」進盆栽中，讓客人變身農夫，自行從「泥土」裡將胡蘿蔔可頌拔出來，於是在購買麵包的同時，也可擁有特別的互動體驗。胡蘿蔔可頌有著淡淡的麵粉香，內餡則是擠滿濃郁的奶油，整體吃起來甜而不膩。

──(INFO)──
Ⓐ 제주시 조천읍 신북로 463 1층
Ⓣ 0507-1307-3728
Ⓗ 11:00~20:00，公休：週三
Ⓘ bread.bruh.jeju

朝天邑

濟州島上TOP 1的人氣烤肉店

🍽 熟成到｜숙성도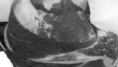

這家烤肉店能讓韓國偶像BTS的柾國及智昇、EXO等團員都讚不絕口，被韓國人稱為「人生烤肉店」，本地人和遊客為了要吃到，都得大排長龍等候好幾個小時。

店內設有透明冰箱，透過玻璃可以看到正在熟成的肉。店家使用的是濟州最著名且昂貴的特選肉豬品種，亦成了這家店的特色。豬肉經過長時間低溫發酵熟成後，再

以木炭加以燒烤，這讓肉的味道非常柔和，風味十足。其他食材大都也是濟州特產，像是提供的配菜就是使用濟州產的蕨菜醃製，讓客人享用濟州最獨特的味道。

在咸德分店，還能透過大面積窗戶欣賞咸德海水浴場令人印象深刻的美景。建議使用韓國餐廳訂位APP「catch table global」線上訂位，可以減少在現場等候的時間。

──(INFO)──
Ⓐ 제주시 조천읍 함덕로 40 2층 201호
Ⓣ 064-783-9951
Ⓗ 12:00~15:00，16:30~22:00，最後下單：21:30

朝天邑

🍽 當地人才懂的美味蕎麥餃子
蕎麥花濟州 | 메밀꽃제주

是當地人評為性價比極高的蕎麥料理店,以當地產的蕎麥作料理,最著名的是蕎麥餃子湯。其餃都是現點現作,食材新鮮之餘,份量也是十足,一碗湯雖然只有3隻餃子,但尺寸都非常大,還搭配年糕,吃的時候一口泡菜一口餃子,滋味絕妙。

到蕎麥料理店,當然要品嚐一下濟州正宗的蕎麥麵,熱湯麵上加進鮮美的蕎麥粉,味清新又健康。據說蕎麥可以減輕體內的熱量,既能消炎,又能促進排便,是一種非常健康的食材。濟州的程整天吃肉,安排一天來這裡用餐,為身體作個潔淨也不錯!

NFO
- 제주시 조천읍 중산간동로 478
- 064-782-7843
- 10:30~15:00,最後下單:14:40,
- 休:週日

🍽 一級人氣韓國貝果店
London Bagel Museum | 런던베이글뮤지엄

舊左邑

2021年首家倫敦貝果博物館於首爾開幕,短短時間內就成功吸引大批粉絲,很快就做到街知巷聞,成為韓國貝果店的領頭羊,在韓國各地都開有分店。直到現在,他們的每一家分店仍然無時無刻都大排長龍,人氣居高不下。濟州分店貫徹了倫敦貝果的一向風格,同樣是帶有濃厚英式風情的建築,店內到處擺放已故女王伊莉沙白二世年輕時的頭像和英國旗,讓人彷彿置身英倫的錯覺。

倫敦貝果必吃款式就是香蔥乳酪貝果(쪽파 프레첼 샌드위치)和原味貝果(플레인 베이글),店內也有販售可愛的周邊,像是鉛筆等,可當作紀念品或禮物帶回家。濟州分店平均候位時間為30~60分鐘,建議可以下載APP「catch table global」線上訂位,以減少現場等候時間。

NFO
- 제주시 구좌읍 동복로 85 제2동 1층
- 08:00~18:00
- london.bagel.museum

🍽 絕對要打包回家吃的司康
CAFE LAYERED｜카페레이어드 👍

舊左邑

這家源自首爾的烘焙咖啡店，又名「小狗咖啡店」，在韓國已有多間分店。其濟州分店就在倫敦貝果旁邊，以潔白的歐式鄉村風格為主調，一進店便發現餐桌上擺滿了各式各樣的司康，加上烘焙牛油香氣，令每一個司康看起來更加美味。雖然口味眾多，但最受歡迎的仍然是原味司康，很明顯司康就是這家店的重點。除了司康外，還有其他蛋糕款式，例如最蛋糕等。在等待拿食物之際，還可以在店的一隅購買小狗主題紀念品，可愛的畫，令所有精品更加別具風格。

房傳來香濃的味司康和傳統出名的小狗手繪風

INFO
Ⓐ 제주시 구좌읍 동복로 85 주1동 1층
Ⓗ 08:00~18:00
Ⓘ cafe_layered

🍽 首爾相當知名烤牛大排骨
夢炭｜몽탄 👍

舊左邑

來自首爾的人氣烤肉名店，此店必須提早排隊才能用餐。整間餐廳走暗黑型格風，店內氛圍讓人忍不住猜想到底有多好吃？肉類上桌時會先讓客人拍照，然後店員就會幫忙烤肉及切肉，招牌的「秸火五層肉(오겹살)」與「牛大排骨(우대갈비)」都需要先用炭火與「秸稈(짚)」煙燻過再上桌火烤，讓肉類帶有煙燻過的草本香氣，而這正是夢炭的特色。

推薦必吃的「牛大排骨」，超大一根，氣勢非凡，配上鯡魚卵一起吃，味道簡直一絕。吃完烤肉後一定不能錯過的就是炒飯，以烤牛大排骨時剩下來的牛筋等部位製成炒飯，雖然份量看起來不多，但是鋪在熱鐵板上，散發出飯香與焦香，再讓米飯充份吸收肉的油脂，配著一起吃，香氣更為濃郁，貼在鐵板的一面還會烤成脆脆的鍋巴，超級推薦。此店就在倫敦貝果背面，行程上可以安排在一起。

INFO
Ⓐ 제주시 구좌읍 동복로 83 1층
Ⓣ 0507-1371-5592
Ⓗ 11:30~21:00，最後下單：20:00
Ⓘ mongtan_jeju

份量十足的馬肉漢堡專門店
PAPAYA │ 파파야

這家位於城山日出峰下的漢堡專門店，他們製作的漢堡選用的是特選濟州馬肉和黑豬肉，所有菜式都是現點現做。店家最推薦的是馬肉漢堡套餐，以新鮮馬肉製作成漢堡夾在烘得香噴噴的麵包中，上頭再蓋上一片太陽蛋，份量十足的漢堡一口咬下，原本以為的油膩感全無，每口都流著豐富的肉汁，每口都感受到相當滿足。

漢堡套餐中除了漢堡包，還配有生拌馬肉和馬肉刺身，店主會很親切地教客人怎樣吃才正宗，而馬肉刺身的正確吃法，就是沾上芝麻油鹽再夾著茶菜一起吃，入口軟嫩、鮮甜的肉質，有點像是牛肉，但味道卻比牛肉更強烈與不油膩，這就是最正宗吃濟州島原味馬肉的方法。店家親切又熱情，喜歡與客人交流，獨自用餐也不用擔心。

推薦菜單
- 말육회 │ 生拌馬肉
- 말사시미 │ 馬肉刺身
- 말초밥 │ 馬肉壽司
- 말고기버거 │ 馬肉漢堡

INFO

🏠 서귀포시 성산읍 성산등용로 7
📞 064-784-3543
🕙 11:00~19:00，公休：週四
📷 papayaburger

城山邑

韓劇《藍色大海的傳說》中的浪漫西餐廳
Mint Restaurant │ 민트 레스토랑

城山邑

在涉地可支的鳳凰度假村內，有棟由日本建築設計師安藤忠雄所設計的Glass House，其2樓是家能讓客人在美麗的城山日出峰前品嚐高級義式料理的西餐廳，包括韓劇《藍色大海的傳說》、《仁顯皇后的男人》及韓綜《Running Man》等，都曾在此取景。要到這家餐廳，可以先在鳳凰度假村的櫃台報到，再到度假村正門搭乘每20分鐘一班的免費接駁車至Glass House；如果不坐車的話，就只能走15分鐘的路程才能到達。

這裡的餐點都是套餐形式，使用電子點餐機點餐，點餐機可選擇中文菜單介面。不過要注意，在這裡用餐需要花上比較長的時間，大家可以放慢腳步，悠閒享受這裡的慢活時刻。每逢週末假期人潮會比較多，建議使用APP「catch table global」線上訂位，以減少現場等候的時間。

INFO

🏠 서귀포시 성산읍 섭지코지로 93-66
📞 064-731-7773
🕙 11:00~21:00，最後下單：19:30

HOTEL LIST 酒店清單

房間內觀賞城山日出美景

Playce Camp Jeju
│ 플레이스 캠프 제주

INFO
Ⓐ 서귀포시 성산읍 동류암로 20
Ⓣ 064-766-3000
酒店等級：★★★
開業年份：2017

城山邑

360度無邊際泳池

ECOLAND HOTEL
│ 에코랜드 호텔

INFO
Ⓐ 제주시 조천읍 번영로 1278-169
Ⓣ 064-720-6000
酒店等級：★★★★★
開業年份：2022

朝天邑

朝天邑

《歡迎回到三達里》劇中「老鷹五兄弟」的秘密基地

Africa Guesthouse │ 아프리카 게스트하우스

這家位於海邊的特色民宿，在濟州島經營多年，以非洲傳統木屋為主題，主要以通鋪和床位形式出租。木屋擁有風景極美的海景露台，黃昏時分跟室友們一邊喝著冰涼的啤酒，一邊悠閑地享受海島獨有風情，身心都豁然舒暢。

民宿建築的室內外都別具非洲民俗風格，所以被選為韓劇《歡迎回到三達里》的主要拍攝場地，從海景陽台到室內的空間，都全被收進鏡頭中。想要體驗獨具特色的濟州民宿生活，可以在各大酒店訂房平台預約。

INFO
Ⓐ 제주시 조천읍 신흥로2길 33
Ⓣ 010-3789-4410
開業年份：2017

南部 | 남쪽

SOUTH SIDE

頭里豆腐 (P.187)

RUNNING MAN(P.175)　　　一點夾心 (P.185)　　　　麵條海洋 (P.186)

Hotel The Born (P.188)
Yeondon (P.186)　　　　天帝淵瀑布 (P.175)

濟州樂天酒店 (P.188)　　　　　　　　　　　　藥泉寺 (P.174)

Parnas Hotel Jeju (P.188)

大王水泉猊來生態公園 (P.167)

蘭得勒大海 (P.187)　　　　大浦海岸柱狀節理帶(P.174)

南部中文觀光區旅行地圖

南部西歸浦市中心旅行地圖

| | 享受 | | 花旅 | | 景點 | | 住宿 |
| | 拍攝地 | | 購物 | | 咖啡店 | | 美食 |

1100高地(P.171)

摘橘男 (P.166)

北

石附作博物館 (P.164)

沓達尼繡球花田 (P.168)

HARAKEKE (P.181)

漢拏山餅乾店 (P.184)　　bunker house (P.183)

⬤ 西歸浦江汀郵輪碼頭

東谷 (P.183)

162

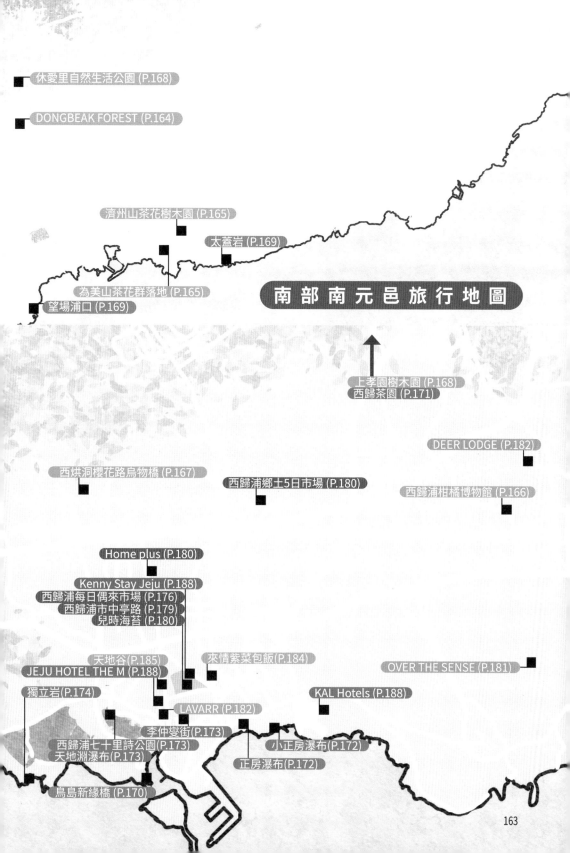

休愛里自然生活公園 (P.168)

DONGBEAK FOREST (P.164)

濟州山茶花樹木園 (P.165)

太蓋岩 (P.169)

為美山茶花群落地 (P.165)

望場浦口 (P.169)

南 部 南 元 邑 旅 行 地 圖

上孝園樹木園 (P.168)
西歸茶園 (P.171)

DEER LODGE (P.182)

西烘洞櫻花路烏物橋 (P.167)

西歸浦鄉土5日市場 (P.180)

西歸浦柑橘博物館 (P.166)

Home plus (P.180)

Kenny Stay Jeju (P.188)
西歸浦每日偶來市場 (P.176)
西歸浦市中亭路 (P.179)
兒時海苔 (P.180)

天地谷 (P.185)

來情紫菜包飯(P.184)

OVER THE SENSE (P.181)

JEJU HOTEL THE M (P.188)

獨立岩 (P.174)

KAL Hotels (P.188)

LAVARR (P.182)

李仲燮街(P.173)

小正房瀑布(P.172)

西歸浦七十里詩公園 (P.173)
天地淵瀑布 (P.173)

正房瀑布(P.172)

鳥島新緣橋 (P.170)

西歸浦市

花旅推薦勝地

漢拏山下的山茶花園

BEST PLACE 01

石附作博物館｜숨도

濟州島上有很多因火山噴發而沉積的石頭，這些石頭表面都佈滿大大小小的孔洞，有些綠色植物吸收岩孔內的水份扎根，於是便在密密麻麻的玄武岩石孔之間生長出來，經過長年累月，形成只有在濟州島才能看到的獨特風景。
在這裡可以看到這些石附盆景和多樣性的盆栽，這可是大自然創作出來的藝術品；園區內還規劃了充滿濟州島色彩的樹林和步道，處處都充滿樂趣。這裡除了以石附盆景的方式種植了風蘭、金盞花、金雞腳等花卉，還有大型的橘子園、山茶花園和溫室植物園等；每逢冬季來到這裡，只要走進山茶花園，就會看到一片山茶花林盛開在漢拏山腳下，以美麗的山茶花來襯托漢拏山的風景。

INFO

Ⓐ 서귀포시 일주동로 8941 Ⓣ 064-739-5588
Ⓗ 08:00~18:00 Ⓟ 成人6,000₩，青少年4,000₩，兒童3,000₩ Ⓘ jeju_soomdo

BEST PLACE 02

超夯網紅山茶花森林

DONGBEAK FOREST｜동백포레스트

南元邑

濟州島以山茶花聞名的地方是西歸浦南元邑，在那裡聚集了為美里山茶花群落地、山茶花樹木園、山茶花森林等有名的山茶花勝地。而這個山茶花森林只有冬季才營業，分為室外區和室內區，踏進園區後會發現一家咖啡店，走上咖啡店的天台，可以看到整片山茶花園全景，就像是片桃紅色的大海一樣，十分美麗。
咖啡店一樓是室內唯一的拍照區，坐在一片大玻璃窗前，窗後是沒有人走動的山茶花樹林，在這裡拍照就可達成韓國人最喜歡的框式構圖法。接著再進入山茶花園內，找個沒有人的地方繼續拍照，建議找一處花朵開得最密集的樹下，如果地上已有如同地毯般落下的山茶花，那麼畫面會更加完美。

INFO

Ⓐ 서귀포시 남원읍 생기악로 53-38 Ⓣ 0507-1331-2102 Ⓟ 成人8,000₩，青少年及兒童4,000₩ Ⓘ camelia forest

冬天的女王就是山茶花
03
濟州山茶花樹木園 │ 제주동백수목원

濟州島無論哪裡都可以看到山茶花，如果硬是要選出其中最美的地方，我會把南元邑為美里的濟州山茶花樹木園放在第一。在停車場停好車後，沿著石牆路進入園區，園內長滿了圓滾的山茶樹，就像巨型棉花糖般，非常吸引人們視線。100多棵過5公尺高的山茶樹種滿了整個農場，裝飾得如同歐洲的庭院，在這裡無論是在哪個位置，用什麼角度拍攝，都會成為「人照」。

南元邑

INFO

서귀포시 남원읍 위미리 929-2 ⓣ 064-764-4473 ⓟ 成人000₩，青少年6,000₩，兒童5,000₩ ⓘ jeju_camellia_boretum

冬天人生照的名所
04
為美山茶花群落地 │ 위미동백군락지

美山茶花群落地位於濟州山茶花樹木園西南方，步行只有10分距離。這裡有超過500棵山茶樹已經有差不多100年的樹齡了，每棵樹平均超過10公尺高。這裡更被列為濟州島紀念物第39，山茶樹和石牆共同營造出很好的氛圍，成為冬季人生照的必之地。

INFO

서귀포시 남원읍 위미중앙로300번길23-7

南元邑

了解濟州柑橘的一切
西歸浦柑橘博物館 │ 서귀포감귤박물관

西歸浦市

這裡不僅可以體驗，還可以瞭解濟州柑橘的文化、栽培方法、品種等有關柑橘的一切。1樓展示館利用影像和照片介紹柑橘的歷史、全世界的柑橘面貌，然後再教導遊客如何以嗅覺分辨柑橘種類；2樓則是參觀濟州島居民的傳統房屋、生活用品和農具、以及海女裝備等濟州文化。

在世界柑橘展示館，可以看到平時很難接觸到的143種柑橘品種，從世界最大的柑橘到像佛手一樣的觀賞用柑橘，無不令人對這有趣的柑橘世界大開眼界。這裡每年都會開放柑橘採摘體驗活動，從10月到12月間進行，只要幾千韓元的參加費，就可以在籃子裡裝滿1公斤多的柑橘。另外還有柑橘餅乾和熱餅製作、柑橘精油足浴體驗、橘園路散步體驗等，全部都可以在網站上預約。

ℹ️ INFO

Ⓐ 서귀포시 효돈순환로 441 ⓣ 064-767-3010 ⓞ 09:00~18:00 Ⓟ 成人(25~64歲)1,500₩，青少年(13~24歲)1,000₩，兒童(7~12歲)800₩，老人(65歲或以上)免費 Ⓤculture.seogwipo.go.kr/citrus/

美麗的漢拏峰橘子園體驗
摘橘男 │ 감따남

西歸浦市

位於西歸浦的網紅橘子園，園內設有無數設計精美的拍照區，每個空間都佈置得非常美麗，環境超級好拍照。這裡設有戶外橘子園區，亦有溫室橘子園，跟其他橘子園不同的地方在於，這裡種植的是漢拏峰橘子，乃濟州獨有品種，而非一般的普通柑橘。

支付入場費之後，工作人員會提供一個籃子給客人，可以採摘1公斤重量的橘子回家，如果超重會有額外收費。園內還設有咖啡店，累了可以進去休息，品嚐橘子甜點或飲料；這裡商店販賣的周邊產品，也很受到客人歡迎。要留意的是，採摘橘子活動只限冬季，不過在其他季節裡，咖啡店仍會照常營業。

ℹ️ INFO

Ⓐ 서귀포시 월산로 16 1층 ⓣ 0507-1347-2306 ⓞ 11:00~18:00 Ⓟ 20,000₩/位 Ⓘ gamttanam

島民私藏超美的櫻花河邊散步路

西烘洞櫻花路烏物橋｜서홍동벚꽃길 웃물교

於西歸浦市近郊的西烘洞有個叫烏物橋(웃물교)地方，是能同時看到油菜花和櫻花的散步路，人可以沿著河邊一直走，而河的兩岸都以木柵欄圍著，附近還有傳統石屋，而粉紅色的櫻花樹下伴隨盛開的油菜花，景色非常美麗。自2023年開始，裡便會舉行「西烘洞烏物橋櫻花慶典」，因為在網路上流傳的關係，每年人潮亦逐漸增加。另外，散步路的入口處有停車場，方便開車前往。

(INFO)
A 서귀포시 서홍동 2053번지

網上最火紅的濟州賞櫻勝地

大王水泉猊來生態公園｜예래생태공원

(INFO)
A 서귀포시 상예동 5002-26

棵一棵的櫻花樹沿著小溪兩岸生長，小溪邊也開了油菜花，還可以站在溪流中的石頭上，拍下被密櫻花樹包圍的壯觀。由於這裡是生態公園，所一路上都不會遇到繁雜的建物干擾，就只有大自和人，所以很適合邊賞櫻邊散步。這條路沿路都有斜坡，而且設有停車場，非常方便造訪。

BEST PLACE 09

這裡就是繡球花盛宴

沓達尼繡球花田 │ 답다니수국밭

濟州島新崛起的夏季繡球花勝地，一大叢藍色的繡球花盛開，美得教人眼花繚亂。在沓達尼橘子田和橘子倉庫旁邊闢有繡球花園，只要支付入場費，就可以得到一束繡球花和專人拍照服務。穿梭在茂密的繡球花小徑當中，可以隨心所欲地瘋狂拍照，園內的繡球花大都比人還高，可以拍到超美的花牆效果。這裡有野生的繡球花也有人工栽種的品種，天藍色、淨紫色、粉紅色，各種顏色的花朵混雜在一起，整個園區都美不勝收。

西歸浦市

(INFO)

Ⓐ 서귀포시 월평로50번길 17-30 Ⓣ 0507-1488-1009 Ⓘ jejutaxi

BEST PLACE 10

感受繡球花的美麗庭院

上孝園樹木園 │ 상효원수목원

這裡佔地約8萬坪，是規模很大的樹木園，想要參觀整個廣闊的園區，至少需要花上2個小時。除了春天會綻放八重櫻外，還能看到各種各樣的花卉植物，也經常舉行不同的花卉慶典。每年夏天，在上孝園樹木園都可以看到繡球花群落和其他濟州原生植物似錦般地盛開，白色、天藍色、紫色的繡球花一齊綻放，就像夏天的氣息一樣清新。

西歸浦市

(INFO)

Ⓐ 서귀포시 산록남로 2847-37 Ⓣ 064-733-2200 Ⓗ 09:00~19:00 Ⓟ 成人9,000₩，青少年及65歲以上7,000₩，兒童(36個月以上至小學生)6,000₩ Ⓘ jejusanghyowon

BEST PLACE 11

南元邑的粉紅海拍照區

休愛里自然生活公園 │ 휴애리자연생활공원

園內一年四季都開有多種花卉的休愛里，冬天有山茶花，夏天有繡球花，而從9月中旬到10月末，則是輪到粉黛亂子草慶典登場。這裡的粉黛亂子草花海佔地非常遼闊，周邊都是樹林，沒太多雜亂的東西在附近，大家盡可以聚焦在美麗的粉色海洋中拍照。

南元邑

(INFO)

Ⓐ 서귀포시 남원읍 신례동로 256 Ⓣ 064-732-2114 Ⓗ 09:00~18 Ⓟ 成人13,000₩，青少年11,000₩，兒童10,000₩ Ⓘ jeju_huere

《歡迎回到三達里》劇中獨自去喝飲的地方

望場浦口 | 망장포구

禮里的望場浦是一個充滿故事的村莊，也是濟州隱藏景點之一，因為位在偶來小路5號路徑上，所知道的人大多是偶來小路的旅行者。這是一個氣非常安靜、古樸的浦口，因為曾是熔岩流過的路，所以到現在都還殘留著奇形怪狀的岩石。

麗朝末葉時，濟州島曾是元朝的直轄地，當時蒙人以稅收為名義，透過這個浦口把收穫的物資和匹從濟州島運到中國。傳說是因為這裡的海邊村設置了很多張漁網，所以又名為「網張浦(강장

포)」；也有一說是以前倭寇入侵頻繁，人們在這裡監視倭寇動向，設有防禦設施，所以才稱為「望場浦(망장포)」。此外，這裡也是濟州島剩餘的古老浦口中，外觀保存得最完整的一個，古老浦口與現代浦口的外觀神秘地並存著，成為釣客們的秘密地點。

(INFO)
Ⓐ 서귀포시 남원읍 하례망장포로 65-13

《我們的藍調時光》劇中宣亞與東昔大叫的海邊

太蓋岩 | 태웃개

裡以潛水勝地聞名，但大風大浪時不能下水，所以最好先確認天氣後再到訪。在防波堤之間有一塊小空間會出泉水，水深很淺，很適合孩子們遊玩。另外這裡可以看到蔚藍的大海、森島和寺嶽的風景，在漲潮時分前訪，可以在水波盪漾的防波堤上拍下獨特的人生照。

NFO)
) 서귀포시 남원읍 태위로398번길 57

韓劇拍攝地

《非常律師禹英禑》 劇中男女配角晚間來散步的步行大橋

鳥島新緣橋 │ 새섬새연교

新緣橋是連接西歸浦和鳥島的步行橋，橋上燈光會一直持續到晚上10點，在這裡看西歸浦的夜景也是人氣爆棚，特別是燈火通明的新緣橋外觀，以濟州傳統船舶造型為靈感，辨識度十足。從橋的入口一直走到鳥島，是條全長約1.2公里的散步路，這裡可以看到鳥島、虎島和文島同時入鏡的日落，景色令人感動。

建議白天和晚上各去造訪一次，將會看到完全不一樣的風情。每晚7時半時，這裡都會上演閃耀夢幻燈光的音樂噴泉秀，屆時原本寧靜的海邊就會瞬間熱鬧起來，大媽大叔們都會隨著演歌跳起舞來，非常好玩。

西歸浦市

INFO
A 서귀포시 서홍동 707-4
T 064-760-3471

170

濟州最美的雪景名勝

1100高地｜1100 고지

想要在濟州看到雪景，最簡單、最快的方法就是上漢拏山，再沒有比這更好的地方了。1100高地位於坐乘車抵達的海拔1,100公尺處，即使不攀登漢拏山，也能充分感受到漢拏山冬天的魅力。

這裡的溼地保護區已納入國際級的拉姆薩爾公約名單中，溼地上架設有木棧道，可以輕鬆在溼地上散步，還能觀察生活在溼地區的動植物生態。特別是白雪飄零的冬天，這裡覆蓋上一層美麗的雪花，更是流露出神秘美。

在1100高地溼地保護區的對面設有休息站和便利店，可以吃點小吃補充體力，亦有洗手間等設施。由於是坐巴士就能抵達的景點，所以遊客相當多。

INFO 　　　　　　　　　　　　　　　西歸浦市

서귀포시 1100로 1555

老夫婦的隱世有機綠茶園

西歸茶園｜서귀다원

此處坐擁蒼翠綠茶田和漢拏山如畫風景的有機茶園，由老夫婦兩口子私人經營，他們在2005年時來此定居，並很努力地把橘子園改造成漂亮的綠茶園。這裡原本沒沒無名，但隨著一家濟州燒酒廠的推薦，才開始廣為人知。

在茶園上的房子，是兩老親自打理的茶寮，可以坐在窗邊看著綠油油的茶園品茗，每人只需5,000₩，就可以品嘗這裡收成的綠茶，而且還會提供蜜餞橘子讓客人配茶享用，別有一番風味。光是用眼睛看就能獲得療癒的景色，來此拍照的遊客絡繹不絕，但要在這裡悠閒地喝杯茶，放空一切，才是真正享受人生的方法。綠茶田固然美好，但沿著綠茶田延伸出去的杉樹路也是這裡的人氣場所。

提醒大家，這裡是一處非常寧靜的茶園，請保持安靜，勿嬉戲吵鬧。另外在每年5月左右，西歸茶園可能會因綠茶採收而被遮蔽，因此那個時節較不建議參觀。

INFO 　　　　　　　　　　　　　　　西歸浦市

서귀포시 516로 717
064-733-0632
09:00~17:00，公休：週二

與大海融為一體的瀑布
正房瀑布｜정방폭포

名列「瀛洲12景」的正房瀑布，也是濟州三大瀑布之一，這處落差高23公尺、寬10公尺的瀑布轟然而下，直接奔流入濟州大海，還沒走近，就已感受到那壓倒一切的氣勢，魅力非同凡響。

垂直的巖壁上生長了茂密的古松，巨大的瀑布給人一種彷彿置身於水墨畫中的感覺。欣賞瀑布的同時，享受海女們兜售的海蔘、海鞘、角海螺、鮑魚等新鮮海產和燒酒，以大海為餐桌，瀑布為背景，享用著這些美味佳餚，是最受外國遊客喜愛的體驗，簡直就像人間樂園般。

(INFO)　　　　　　　　　　　　　　　　西歸浦市
Ⓐ 서귀포시 칠십리로214번길 37
Ⓣ 064-733-1530
Ⓗ 09:00~17:20
Ⓟ 成人2,000₩，青少年1,000₩，兒童1,000₩

可以近距離接觸的海邊瀑布
小正房瀑布｜소정방폭포

正房瀑布的東邊還有一道規模較小的瀑布，可以從樓梯走下去，近距離觀看瀑布的流水。這個瀑布高約7公尺左右，雖然水量不及正房瀑布，但依舊非常澎湃。跟正房瀑布一樣，瀑流的終點便是廣闊的大海，而且周邊風景同樣迷人，就像是正房瀑布的縮影，故此被稱為「小正房」，是夏季最受歡迎的戲水場所。

(INFO)　　　　　　　　　　　　　　　　西歸浦市
Ⓐ 서귀포시 칠십리로214번길 17-17
Ⓣ 064-733-1530

天地淵瀑布｜천지연폭포

齊州共有三大瀑布，如果只能選擇一處參觀，我會惟薦天地淵瀑布，因為這裡是唯一開放到深夜的一個，而且基礎配套設施非常完善，就算是推著嬰兒車或輪椅也可以輕鬆遊覽。從入口開始，走上一段不算近的石板路後，那道22公尺高、12公尺寬的壯麗瀑布便轟然出現眼前，由於被視為是天地合一的蓮池，故此取名為「天地淵」。瀑布下游是濟州島鱸鰻的棲息地，被指定為天然紀念物第27號。

INFO
Ⓐ 서귀포시 천지동 667-7
Ⓣ 064-733-1528
Ⓗ 09:00~22:00
Ⓟ 成人2,000，，青少年1,000₩，兒童1,000₩

西歸浦市

西歸浦七十里詩公園｜서귀포칠십리시공원

這裡是可以眺望天地淵瀑布的廣闊綠地公園，也是崗石溪和海岸偶來小路的會和處，在這裡可以悠閒地散步和休息。若幸運遇到好天氣的情況下，還能在公園的湖中拍到「逆漢拏」的倒影美景。另外，這裡每逢二月都會變身為梅花公園，風景更加秀麗動人。

INFO
Ⓐ 서귀포시 현청로 41-19

西歸浦市

李仲燮街｜이중섭거리

韓國近現代藝術大師李仲燮先生(1916~1956)當年就是在西歸浦得到靈感，創作出《果園的家人和孩子們》、《西歸浦的幻想》等珍貴畫作，今日李仲燮街的範圍正是他平日散心或寫生的地方，而這條道路的中心便是畫家的故居和李仲燮美術館。李仲燮美術館展示他最出名的14幅畫、其他藝術家們寄來的信件，以及當時使用的美術工具。在李仲燮街上還有很多小巧的咖啡店、美食店、時裝店等，沿著街道一直走到底，就會來到西歸浦每日偶來市場。

INFO
Ⓐ 서귀포시 이중섭로 29

西歸浦市

長今走過的那個地方

獨立岩 ｜ 외돌개

這塊位於大海中央孤獨而又奇特的岩石，高20公尺，寬10公尺，是早年火山爆發後的熔岩所凝固而成。獨立岩近年最負盛名的就是成為經典電視劇《大長今》的拍攝場景，當時李英愛所飾演的長今就是在這裡面向大海，下定決心習醫。獨立岩又被稱為「將軍岩」，因為有個故事敘述當年為了討伐敵軍，而把獨立岩裝扮成將軍的模樣，結果敵人看到後大驚失色，潰不成軍。從獨立岩開始，沿著海岸建有良好的散步道，值得慢慢遊逛。

<u>(INFO)</u>　　　　　　　　　　　　　　　西歸浦市
Ⓐ 서귀포시 서홍동 791
Ⓣ 064-760-3192

顯露大自然鬼斧神工的六角柱

大浦海岸柱狀節理帶 ｜대포해안주상절리대

柱狀節理指的是火山噴發後，隨著熔岩表面的均勻收縮而垂直形成的石柱。在大浦洞看到的柱狀節理，座落於2公里長的海岸上，30~40公尺高的六角狀岩柱和柱狀節理帶，其精巧的程度就算是眼見為憑都覺得不可思議，令人不得不佩服大自然的鬼斧神工，因而被列為天然紀念物第443號。

<u>(INFO)</u>　　　　　　　　　　　　　　　中文觀光區
Ⓐ 서귀포시 이어도로 36-24
Ⓗ 09:00~17:30
Ⓟ 成人2,000₩，青少年或以下1,000₩

韓國第一大佛堂

藥泉寺 ｜ 약천사

位於大浦洞的藥泉寺，距離中文觀光園區不遠，風景非常優美，讓人不禁懷疑還有哪座寺廟能看到如此美麗的景觀呢？寺院名字的意思為「山泉流淌的寺廟」，實際上這裡以前真的有具有神效的泉水湧出。高30公尺的華麗法堂，相當於一般建築的10層樓高，周遭種滿了椰子樹、夏橘樹和油菜花，外觀非常美麗，而高高的椰子樹與佛堂和諧共處，更顯異國風情。

<u>(INFO)</u>　　　　　　　　　　　　　　　中文觀光區
Ⓐ 서귀포시 이어도로 293-28
Ⓣ 064-738-5000

 天上仙女們來過的地方
天帝淵瀑布 │ 천제연폭포

天帝淵瀑布總共分為3段，我們經常在照片中看到的地方是第
一段瀑布下方的蓮花池。這一帶的柱狀節理就像屏風般展開，
翠綠色的玲瓏湖水則像仙女湯一樣，而事實上真的有七仙女們
來此沐浴的傳說流傳。作為給各位的參考，第一段瀑布只有在
下雨天時才會有水流下來，可能是因為這個原因，感覺更加神
祕。在第二、三段瀑布之間的仙臨橋上的裝飾，雕刻的是侍奉
玉皇大帝的七仙女，每位仙女手上都拿著一種樂器，站在橋
上，感覺就像遨遊仙境一樣。如果體力欠佳，僅觀看第一、二
段瀑布即可，因為第三段瀑布那邊有很多台階，請特別注意。

INFO

Ⓐ 서귀포시 천제연로 132
Ⓣ 064-760-6331
Ⓗ 09:00~17:10
Ⓟ 成人2,500₩，青少年或以下1,350₩

中文觀光區

 來這裡出一身汗吧
Running man │ 런닝맨

「Running Man」體驗館是一個深受孩子們喜愛的室內景點，
只要在場內完成所有任務，獲得最多積分者便能獲勝，形式與
韓綜《Running Man》節目的舊有環節相似。大部分遊戲都需
要用身體奔跑，有些任務則要用頭腦去解決，如果能在1小時內
完成19個任務，便可獲得最高分(100個R幣)，離開時就能拿到
任務達成的小禮物。

INFO

Ⓐ 서귀포시 중문관광로 42
Ⓣ 064-805-0888
Ⓗ 09:00~19:00
Ⓟ 19,000₩/位

中文觀光區

🛒 西歸浦區伴手禮夜市美食盡在於此
西歸浦每日偶來市場｜서귀포매일올레시장

如果說濟州市有東門市場,那麼西歸浦就是偶來市場了。濟州西歸浦每日偶來是西歸浦區內最大的常設市場,深受遊客喜愛。這裡有很多好吃的食物,像是既便宜又新鮮的生魚片,而大蒜滿滿的大蒜炸雞也很受歡迎,可以坐在市場中間的椅子上慢慢享受美食。這裡亦有很多賣伴手禮的店鋪,不妨在這裡選購禮品帶回家。另一方面,這裡也設有偶來夜市(올레야시장),是西歸浦區晚上最熱鬧的地方,夜市內大約有20家左右的美食攤販,還附設用餐區,可以帶著宵夜在這個空間內享用。如果下榻的酒店就在這附近,白天逛完景點之後,晚上回來這裡無論是用餐還是吃宵夜,都不失為好選擇。

(INFO)
Ⓐ 서귀포시 서귀동 340
Ⓣ 0507-1353-1949
Ⓗ 07:00~21:00

西歸浦每日偶來市場
餓著逛市場八大必吃美食推介

偶來每日市場/夜市場

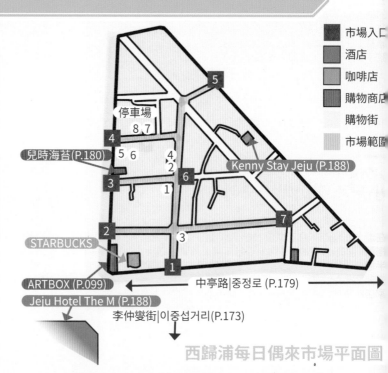

市場入口
酒店
咖啡店
購物商店
購物街
市場範圍

停車場
兒時海苔(P.180)
Kenny Stay Jeju (P.188)
STARBUCKS
ARTBOX (P.099)
Jeju Hotel The M (P.188)
中亭路|중정로 (P.179)
李仲燮街|이중섭거리(P.173)

西歸浦每日偶來市場平面圖

1

濟城製果｜제성제과
市場內長期排隊的人氣店

這是家專賣特色烤餃子的店，與其說是餃子，其實更像是麵包，在網上非常有名氣。餃子有多種口味共人選擇，從黑豬肉、火辣味豬肉到奶油蝦口味，每顆都香氣四溢，而且非常新鮮熱辣，建議買到手後立刻就吃掉。

INFO
Ⓐ 서귀포시 중정로73번길 13
Ⓣ 0507-1345-4361
Ⓗ 12:00~21:00
Ⓘ jeseong_bakery

2

牛島豬肉花生餃子｜우도돼지네 땅콩만두
是餃子還是花生

牛島以花生聞名，而這家店就是用牛島產的花生擀成香噴噴的花生餃子皮，內餡則有豬肉餡和辛奇(韓式泡菜)兩種，可以根據個人喜好選擇。花生餃子的造型看上去就像大顆的花生一樣，而且意外地好吃，經常登上韓國美食節目推薦，無論什麼時候光顧都是人氣滿滿。此外還有牛島花生米酒，和花生餃子實在絕配，推薦大家買來品嚐。

INFO
Ⓐ 서귀포시 중정로73번길 15-1
Ⓣ 064-733-9949
Ⓗ 11:00~20:00，公休：週二

3

小米年糕奶奶｜오메기떡할머니
柑橘麻糬就這家

在濟州傳統市場內很流行的一款年糕，就是以柑橘搭配紅豆沙作為餡料的柑橘麻糬，販賣時將麻糬對半切開，露出柑橘的果肉，一看就覺得新鮮，味道亦非常匹配。而在濟州西歸浦每日偶來內，就屬這家店的柑橘麻糬最為有名。

INFO
Ⓐ 서귀포시 중앙로42번길 24
Ⓣ 0507-1353-6210
Ⓗ 08:00~21:00，公休：週二

4

第一年糕店 │ 제일떡집
必吃正宗小米年糕

要在每日偶來市場吃到最美味、最正宗的小米年糕，就必須要選這家，其麻糬皮非常具有彈性，餡料亦不甜膩，經常一上架就被買光。

(INFO)

Ⓐ 서귀포시 중정로73번길 15-1
Ⓣ 064-732-3928
Ⓗ 10:00~20:00

5

黑豬肉日式炒麵 │ 흑돼지야끼소바
熱辣噴火炒麵

這家店的位置就在夜市場的第一攤，老闆為了吸引客人，經常會表演噴火槍的噱頭，不要以為表演浮誇就代表不好吃，這家店的炒麵其實炒得非常香，而且味道也很不錯，大多數客人都還是因為好吃才來買的。

(INFO)

Ⓐ 서귀포시 중정로61번길 20 17호
Ⓣ 0507-1371-7083
Ⓗ 17:00~22:00

6

雞腿排 │ 닭다리잡고스테이크
推薦偶來夜市場必吃第一位

店家位置就在偶來夜市的中心檔口，通常要排隊等候很長時間才能吃到。看著老闆熟練地炒著雞排，將雞肉的嫩滑程度掌握得恰到好處，一口咬下，肉汁四射的同時香味四溢，記得一定要趁熱吃才是絕妙好味。

(INFO)

Ⓐ 서귀포시 중정로61번길 20 11호
Ⓣ 0507-1440-4679
Ⓗ 17:00~22:00

7 🍽 昇基糯米堅果黑糖餅 │ 승기찹쌀씨앗호떡

來自釜山國際市場的名物

釜山國際市場有家非常有名的元祖昇基糯米堅果黑糖餅鋪，現在在濟州的西歸浦每日偶來市場內也能吃到了。有別於一般糖餅，釜山的糖餅內包含了豐富的堅果，是釜山地區糖餅的特色。

INFO

Ⓐ 서귀포시 중앙로54번길 35
Ⓣ 010-3939-7032
Ⓘ 12:00~21:00

8 🍽 每日炸雞 │ 매일통닭

令人欲罷不能的香脆大蒜炸雞

西歸浦每日偶來市場內最著名的美食就是「大蒜炸雞」，每一位遊客來到市場都會特別去買炸雞來吃，所以市場內有很多炸雞店，但在眾多炸雞店中，最受歡迎的一定是這家「大蒜炸雞」。這間店的炸雞現點現炸，雞肉經高溫油炸後仍然維持鮮嫩多汁，令人吮指回味。炸雞可選擇帶骨或無骨，懂吃的人當然是帶骨的最香最好吃，但如果打算在車上吃的話，無骨的還是比較方便。

INFO

Ⓐ 서귀포시 중앙로54번길 35
Ⓣ 0507-1344-5533
Ⓘ 11:00~22:00

‼ 🛒 西歸浦中亭路 │ 서귀포 중정로

西歸浦市中心購物商圈

這裡是西歸浦市區最熱鬧的購物商圈，主要的商店和品牌店都集中在這裡，而且還連接每日偶來市場和李仲燮街。這一帶也有相當密集的旅館酒店，多條巴士路線亦在此會合，前往其他地區非常方便。

INFO

Ⓐ 서귀포시 중정로

🛒 遊客和本地人都愛逛的鮮果市場
西歸浦鄉土5日市場
│서귀포향토오일시장

這裡已經遠離市區，可以搭乘巴士前往。市場規模不小，裡頭的商家包括濟州本地農作物、海鮮、衣服、棉被等，同時亦有韓式小吃店和餐館，可以體驗到在地傳統市場的熱鬧日常。

(INFO)　　　　　　　　　　　　　　　　　西歸浦市
Ⓐ 서귀포시 중산간동로7894번길 18-5
Ⓣ 064-763-0965

🛒 濟州島上唯一的HOMEPLUS超市
Home plus │ 홈플러스

位於西歸浦市區北邊，從市中心乘車大約10分鐘就可到達。這是西歸浦唯一的大型連鎖超市，樓高3層，一般超市的貨品一應俱全，裡頭還有DAISO的專櫃。超市設有停車場，且晚上11點才打烊，下榻在西歸浦市區的遊客可以到這邊逛逛。

(INFO)　　　　　　　　　　　　　　　　　西歸浦市
Ⓐ 서귀포시 중앙로 180
Ⓣ 064-731-8114
Ⓗ 10:00~23:00，公休：每個月第二及第四個週日

🛒 偶來市場旁的濟州伴手禮小物專賣店
兒時海苔 │ 소꿉노리

位於西歸浦每日偶來市場旁的精品小物店，販售濟州島最受歡迎的各種旅遊禮品，從橘子造型的精品如帽子、雨傘、別針等，到各式各樣的濟州特產餅乾、巧克力，甚至是濟州限定口味的泡麵、文具精品等，皆一應俱全。想要在舒適沒煩擾的環境下自在地購物，推薦來這間店逛逛。

(INFO)　　　　　　　　　　　　　　　　　西歸浦市
Ⓐ 서귀포시 중정로61번길 16 1층
Ⓣ 0507-1369-5991
Ⓗ 10:00~22:00
Ⓘ sokkup_nori_

☕ OVER THE SENSE｜오버더센스

型格籃球場咖啡店

西歸浦市

位於西歸浦區的綜合文化空間，店鋪的建築物就像體育館一樣，門前竟然有座真正的籃球場，成為此店特色。整間店鋪面積很大，不過精品店卻佔據了2/3的場地。咖啡店的部分特意選用澳洲三大咖啡品牌之一的dukes coffee，店內飄散著濃郁的咖啡香氣，感覺就像置身在墨爾本。店家貼心地規定不能拍照，以免影響客人用餐，餐桌也特意保持一定距離，以避免客人間相互打擾的情況發生。

穿過咖啡店便是需要預約才能進場的精品店，店內作為裝飾品的畫作及藝術品都是可以出售的，同時這裡賣的都是濟州島設計師的品牌產品，包括精品小物、文具、飾品、服裝、紀念品等，貨品款式非常特別，大部分在其他地方都很難找到。

INFO
(A) 서귀포시 칠십리로 655
(T) 0507-1409-1115
(H) 10:00~17:00，最後下單：15:30
(I) overthesense

☕ HARAKEKE｜하라케케

海景游泳池咖啡店

西歸浦市

這家非常有名的咖啡店，每人只要點一杯飲料就可以進入庭院內，庭院裡到處都種著椰子樹，彷彿來到了度假村般。這裡有一個能看到大海的游泳池，由於水深較淺，可以帶著孩子們一起來玩耍。庭院內的座位形形色色，還設有一個巨大的鳥巢拍照區，可以從鳥巢中間進去，為了能拍出整個鳥巢與外邊高高的椰子樹及藍色大海，只要稍微跳起來拍照，就能拍出彷彿來到東南亞度假勝地的認證照片；鳥巢面對建築的方向也有適合拍攝圓形框架構圖的角度。無論室內、室外都有很多拍照區，是個適合拍攝人生照的地方。

INFO
(A) 서귀포시 속골로 29-10 16호
(T) 0507-1311-0878
(H) 09:00~21:00
(I) harakeke_jeju

《換乘戀愛2》真心話大冒險的拍攝地

DEER LODGE │ 친봉산장

西歸浦市

曾是松堂村著名的元老咖啡店之一，近年搬遷至漢拏山下。店內裝潢充滿獵人風格，彷彿來到歐美山林裡的山屋般，讓人感覺就像結束漫長的登山跋涉後所來到的憩息處，自然而然心情也變得平靜起來。

傢俱裝潢非常有品味，帶點帥氣又親切的感覺，這些都是店主親自挑選和設計，而他本身就是個喜愛親手製作傢俱的人，有不少傢俱便是出自他的手筆，一進到店內就能看到他的工坊。

這裡有一個特色菜單，就是用柴火燒大鍋烹煮的炆燉牛肉，香濃的炆燉牛肉配上法式麵包一起吃，風味倍加，值得一嚐！這裡在舊店時已有很多韓星光顧，搬到新店後除了成為《換乘戀愛2》的拍攝地外，更有韓星李帝勳也來過這裡拍攝畫報，可說是星光熠熠的咖啡店。

INFO
(A) 서귀포시 하신상로 417
(T) 0507-1442-5456
(H) 11:00~22:00，最後下單：21:30
(I) jeju_deerlodge

澡堂改裝溫泉煙囪咖啡店

LAVARR │ 라바르

西歸浦市

這裡是一個由澡堂改裝而成的4層樓綜合文化空間，店內設有咖啡店、畫廊，甚至時裝店。咖啡店位於一樓，先在咖啡店點餐後，就可以參觀整棟建築物。一進到咖啡店內，一個圓形的大浴池便出現在眼前，客人可以坐在池旁用餐，感覺就像汗蒸完喝個咖啡那樣。一樓外面有露天庭院，可以看到樓頂的溫泉煙囪，如果想要近距離跟煙囪拍照的話，亦可以走到4樓天台，整體氣圍十分獨特有趣。

INFO
(A) 서귀포시 중앙로 13
(T) 0507-1402-9995
(H) 09:00~22:00
(I) lavarr.jeju

能觀賞到海豚的咖啡店

bunker house｜벙커하우스

也堡掩體造型的獨特外觀吸引了人們的視線，向咖啡店租賃望遠鏡，便可看到周邊島嶼和文島附近的海豚。西歸浦前海的海景非常漂亮，利用2樓的自然採光，就能拍出美美的照片。室外平台相當寬敞，鋪著人工草皮，很適合讓孩子在上面玩耍。這裡蛋達、蛋糕等甜點種類繁多，還有外賣自助餐吧，可以外帶麵包回去吃。

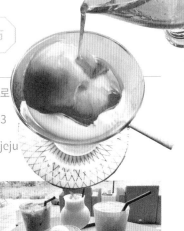

INFO
- Ⓐ 서귀포시 막숙포로 41번길 66
- Ⓣ 0507-1358-0803
- Ⓗ 09:00~21:00
- Ⓘ bunkerhouse_jeju

夏日限定消暑溪谷流水土雞鍋

束谷｜속골 👍

每年夏季7至8月限定的溪谷流水美食店，用餐時把腳泡在冰涼的溪水中，而上半身卻因為吃著熱騰騰的補身土雞鍋，血液循環加速下，原本冰冷的雙腿也跟著暖和起來！韓國人的習慣是以熱制熱，所以這裡的冰火冰火感覺絕對會令你難忘。

這間流水餐廳還有多款菜式可供選擇，但是大多韓國人來這裡都是點這款土雞鍋，因為店家選用的是濟州產的土雞，塊頭非常肥碩，肉質滑嫩美味，一口咬下，肉汁就會滾滾流出來。鍋裡不只土雞好吃，其湯頭、鍋中的配菜、馬鈴薯及蔬菜，都盈滿著土雞的味道，湯底還加入了人蔘及大量蒜頭，令整鍋湯味道更有層次，讓人一匙一匙地停不下來！而不辣的雞湯如果能配上啤酒或燒酒的話，滋味就更加一絕！

這個雞鍋適合三至四人一起食用，因為這裡的每一道菜都是固定份量，即使只有兩個人來，份量也是這麼大的一盤雞，人少的話其實吃不完。提醒的是，店內只收現金，前來用餐請穿著短褲和拖鞋，因為所有座位都是要涉水而過的。

INFO
- Ⓐ 서귀포시 호근동 1645
- Ⓗ 10:30 ~ 18:00

可愛漢拏山造型餅乾

漢拏山餅乾店 │ 한라산과자점

位於西歸浦區內，以可愛包裝和造型奶油餅乾聞名，據說其餅乾的漢拏山形狀是以從西歸浦看到的山形來製作的。店內的餅乾都使用濟州天然原料來表現出濟州的大自然，味道濃郁但又不會太甜，十分可口。招牌奶油脆餅有牛島花生、可可、濟州抹茶和漢拏峰柑橘等四種口味，其中濟州抹茶口味更限定每天只賣30個。

店家也很用心地為每款口味的餅乾附上說明，其保存期限因不同口味而有所區別，大約在1~3個月之間，由於包裝精美，非常適合當作送人的伴手禮。除了餅乾外，這裡還有出

售店主自己設計的明信片和文具小物，以及與藝術家崔正美合作的仿照漢拏山餅乾造型的濟州黑石雕塑。

(INFO)
A 서귀포시 월드컵로 105
T 070-4129-0105
H 11:00~17:00，公休：週二、三
I halla_cookieshop

一天前預約的西歸浦麻藥紫菜包飯

來情紫菜包飯 │ 오는정김밥 👍

這家是擁有30年傳統的老店，每位吃過他們的紫菜包飯的食客，臉上的表情都會發光，吞下肚後吐出的都是驚嘆號。由於其味道實在太好吃、太獨特了，比一般的紫菜包飯更甜、更美味、更讓人上癮，所以被稱為「麻藥紫菜包飯」。這裡沒有開放內用，只能外帶，訂單必須提前至少1個小時預約，最少要訂購兩份以上，而且電話非常難打通，所以大部份人都是前一天就預訂，可說是濟州島最有名的外賣紫菜包飯店。店內有很多韓國明星與名人

簽名，當中最令人印象深刻的是韓綜《帶著輪子的家》中，韓星孔孝真來到濟州島後，專程跑到南部的西歸浦外帶他們家的紫菜包飯，然後再回到西北部的挾才海水浴場吃，其美味的程度可想而知。

(INFO)
A 서귀포시 동문동로 2
T 064-762-8927
H 09:00~13:00，14:30~19:00

《週三美食匯》推薦的濟州式白切豬肉

天地谷 | 천짓골

白切豬肉在濟州島被稱為「돈배고기」，「돈배」是濟州方言，意思為「砧板」，因為會把煮熟的豬肉放在砧板上端上桌而得名。天地谷是西歸浦最有名的濟州式白切豬肉店，曾被韓國美食節目《週三美食匯(수요미식회)》推薦過，店家會把從鍋裡撈出來的大塊豬肉放在餐桌上，由服務生在客人面前當場切肉；當豬肉放入嘴裡的瞬間，脂肪和瘦肉融合在一起，就像冰淇淋般慢慢融化。

西歸浦市

(INFO)
Ⓐ 서귀포시 중앙로 41번길 4
Ⓣ 0507-1408-0399
Ⓗ 17:10~21:30，公休：週日

精美高檔果乾奶油沙甜點

一點夾心 | 호꼼샌드

中文觀光區

店主畢業於日本糕點學校，在著名的大田聖心堂等麵包店擁有10年以上資歷，是位經驗豐富的糕餅師。店內販售的是手工餅乾，一口大小的餅乾包含著濟州島的味道，其奶油沙採用法國最頂級的奶油和巧克力製成，共有3款口味：酸酸甜甜的山茶果味、鹹鹹甜甜的油菜漢拏峰柑橘味，以及味道獨特且高級的椰子巧克力味。

這裡的餅乾成份都不含雞蛋和杏仁粉，所以對堅果過敏的人可以安心食用。餅乾有供馬上食用的單獨包裝，也有可作為伴手禮的罐裝，由於奶油沙在室溫下會融化，所以購買時會附上一個冰袋和乾冰包，可以在室溫下暫時置放2小時左右，回到酒店後請記得立即冷藏。

(INFO)
Ⓐ 서귀포시 천제연로207번길 7
Ⓣ 064-738-0636
Ⓗ 10:00~18:30，公休：週末及一、二
Ⓘ hokkomsand

白種元改良的起司里脊肉排
Yeondon｜연돈 👍

因為參與韓國廚神白種元的節目《白種元的胡同餐館(백종원의골목식당)》而翻身的炸豬排店，以其拉絲炸起司豬扒而聞名，開業以來幾乎天天爆滿。總店只販賣香脆的炸豬里脊排和充滿風味的起司里脊肉排兩種餐點，附餐可以搭配手工咖喱和米飯。雖然是中午12點才開門營業，但建議早上8點就要去現場取號，因為10點以後才去取號，基本上要等到接近黃昏才能吃到。他們的炸肉排外脆內嫩，吃下去

一點都不油膩，配合咖喱一起吃的話，味道更加有層次，只要能進到裡面用餐，就能明白無論等候多久都是值得的。

INFO
Ⓐ 서귀포시 색달로 10
Ⓣ 0507-1386-7060
Ⓗ 12:00~21:00，最後下單：19:15

拌麵好吃的豬肉湯麵店
麵條海洋｜국수바다

位於中文觀光園區正前方，曾獲得韓國美食節目《食神之路(식신로드)》推薦的美食名店，是一家可以一個人獨自用餐的餐廳。這裡一早就開門營業，店家每天擀製出富有嚼勁的麵條，並熬煮濃郁的湯頭作為匹配，結合成香濃美味的豬肉湯麵。
點選套餐便可品嚐到各種各樣的味道，而此店最有名的招牌配菜就是集辣香甜於一身的拌麵，另外像是海膽鮑魚麵和海膽湯等，也都是店家推薦。點餐後，送餐機械人就會把餐點送到客人面前，完全不用擔心溝通出現困難。這裡午、晚餐時段人潮非常擁擠，至少要等待30分鐘以上才能入座。

INFO
Ⓐ 서귀포시 일주서로 580 1층
Ⓣ 0507-1395-9256
Ⓗ 08:00~21:00，最後下單：20:30，公休：週三

🍽️ 在美麗大海前吃黑豬肉吧
蘭得勒大海 │ 난드르바당

這是家可以將廣闊原野和大海盡收眼底的炭烤黑豬肉美食店，圍著地上鋪有碎石子的戶外烤爐餐桌，很有種在露營的感覺。除了黑豬肉外，店內也有提供海鮮燒烤，食材都是店主的海女媽媽每天從海中捕撈上岸的。在濟州島烤肉用的沾醬一般都是鯷魚醬，而他們家用的是特製秘方的鯛魚醬，味道更加突出且濃郁。 烤盤邊緣還放入雞蛋羹和起司玉米一起烤著吃，這一點也很特別，是筆者吃過島上三大好吃的烤黑豬肉店之一。

中文觀光區

(INFO)
Ⓐ 서귀포시 하예하동로16
　 번길 11-1
Ⓣ 064-739-0053
Ⓗ 12:00~22:00

🍽️ 《我們的藍調時光》劇中韓星李秉憲用餐的地方
頭里豆腐 │ 두리둠비

中文觀光區

(INFO)
Ⓐ 서귀포시 중문관광로 16 1층
Ⓣ 0507-1392-8380
Ⓗ 08:00~15:00, 16:30~21:00
Ⓘ duridoomby

這家豆腐餐廳位於中文旅遊園區內，店家堅持豆腐必須保持新鮮，不能放到隔夜，因此每日凌晨便開始製作嫩豆腐。這裡的嫩豆腐豆味很重，可以搭配湯鍋一起吃，成為嫩豆腐湯；而嫩豆腐湯又分為辣豆腐湯和不辣的烤肉豆腐燉菜，客人可以根據自己的口味選擇不同的豆腐菜式。店內還有各式濟州馬格利酒，配著嫩豆腐湯享用相當對味。除了豆腐外，也有販賣袋裝豆漿，是遊客經常光顧的餐廳。

5分鐘到西歸浦每日偶來市場

JEJU HOTEL THE M
｜제주호텔더엠

(INFO)
Ⓐ 서귀포시 태평로353번길 14
Ⓣ 0507-1330-6002
酒店等級：★★★★
開業年份：2020

西歸浦市

每日偶來市場旁獨遊首選

Kenny Stay Jeju
｜케니스테이 제주

(INFO)
Ⓐ 서귀포시 동문로 42
Ⓣ 0507-1373-5017
酒店等級：★★★
開業年份：2018

西歸浦市

老牌高檔海景酒店

KAL Hotels
｜서귀포칼호텔

(INFO)
Ⓐ 서귀포시 칠십리로 242
Ⓣ 064-733-2001
酒店等級：★★★★★
開業年份：1974

西歸浦市

西歸浦白種元酒店

Hotel the Born
｜호텔 더본 제주

(INFO)
Ⓐ 서귀포시 색달로 18
Ⓣ 064-766-8988
酒店等級：★★★★
開業年份：2019

中文觀光區

**《歡迎來到王之國》劇中
酒店場景拍攝地**

Parnas Hotel Jeju
｜파르나스 호텔 제주

(INFO)
Ⓐ 서귀포시 중문관광로72번길 100
Ⓣ 064-801-5555
酒店等級：★★★★★
開業年份：2022

中文觀光區

樂天集團大型度假區

濟州樂天酒店
｜롯데호텔 제주

WOWPASS機台

(INFO)
Ⓐ 서귀포시 중문관광로72번길 35
Ⓣ 064-731-1000
酒店等級：★★★★★
開業年份：2000

中文觀光區

HOTEL LIST

酒店清單

西部 | 서쪽

WEST SIDE

西部涯月邑・翰林邑旅行地圖

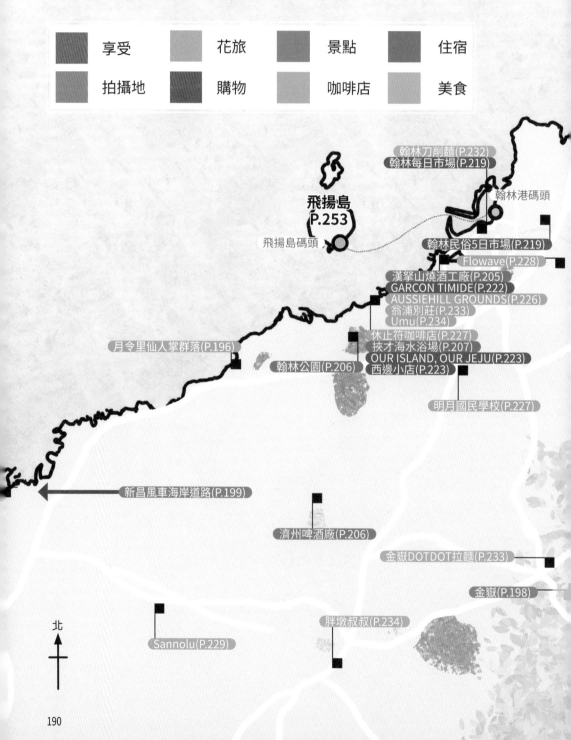

享受　花旅　景點　住宿

拍攝地　購物　咖啡店　美食

翰林刀削麵(P.232)
翰林每日市場(P.219)

飛揚島
P.253

飛揚島碼頭

翰林港碼頭

翰林民俗5日市場(P.219)

Flowave(P.228)

漢挐山燒酒工廠(P.205)
GARCON TIMIDE(P.222)
AUSSIEHILL GROUNDS(P.226)
翁浦別莊(P.233)
Umu(P.234)

月令里仙人掌群落(P.196)

休止符咖啡店(P.227)
挾才海水浴場(P.207)
OUR ISLAND, OUR JEJU(P.223)
西邊小店(P.223)

翰林公園(P.206)

明月國民學校(P.227)

新昌風車海岸道路(P.199)

濟州啤酒廠(P.206)

金嶽DOTDOT拉麵(P.233)

金嶽(P.198)

北

胖墩叔叔(P.234)

Sannolu(P.229)

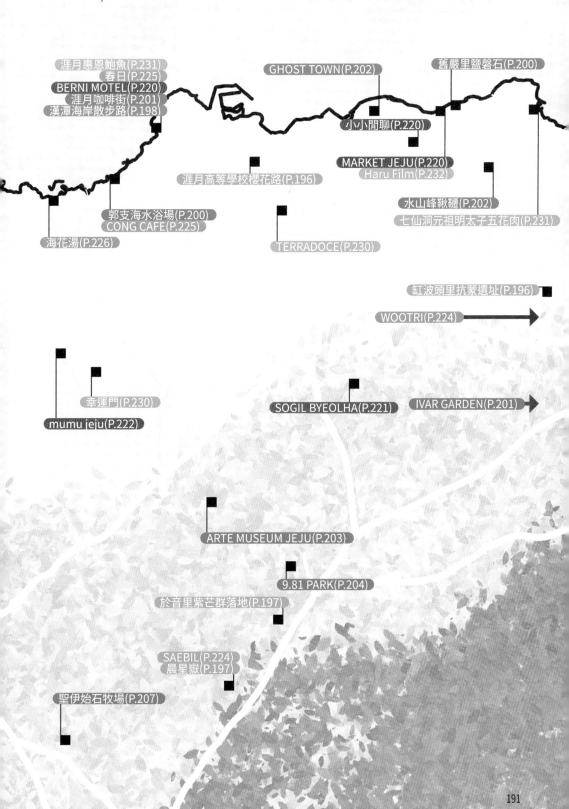

涯月惠恩鮑魚(P.231)
春日(P.225)
BERNI MOTEL(P.220)
涯月咖啡街(P.201)
漢潭海岸散步路(P.198)

GHOST TOWN(P.202)

舊嚴里鹽磐石(P.200)

小小閒聊(P.220)

MARKET JEJU(P.220)
Haru Film(P.232)

涯月高等學校櫻花路(P.196)

水山峰鞦韆(P.202)
七仙洞元祖明太子五花肉(P.231)

郭支海水浴場(P.200)
CONG CAFE(P.225)

海花湯(P.226)

TERRADOCE(P.230)

缸波頭里抗蒙遺址(P.196)

WOOTRI(P.224)

幸運門(P.230)

SOGIL BYEOLHA(P.221)   IVAR GARDEN(P.201)

mumu jeju(P.222)

ARTE MUSEUM JEJU(P.203)

9.81 PARK(P.204)

於音里紫芒群落地(P.197)

SAEBIL(P.224)
晨星嶽(P.197)

聖伊始石牧場(P.207)

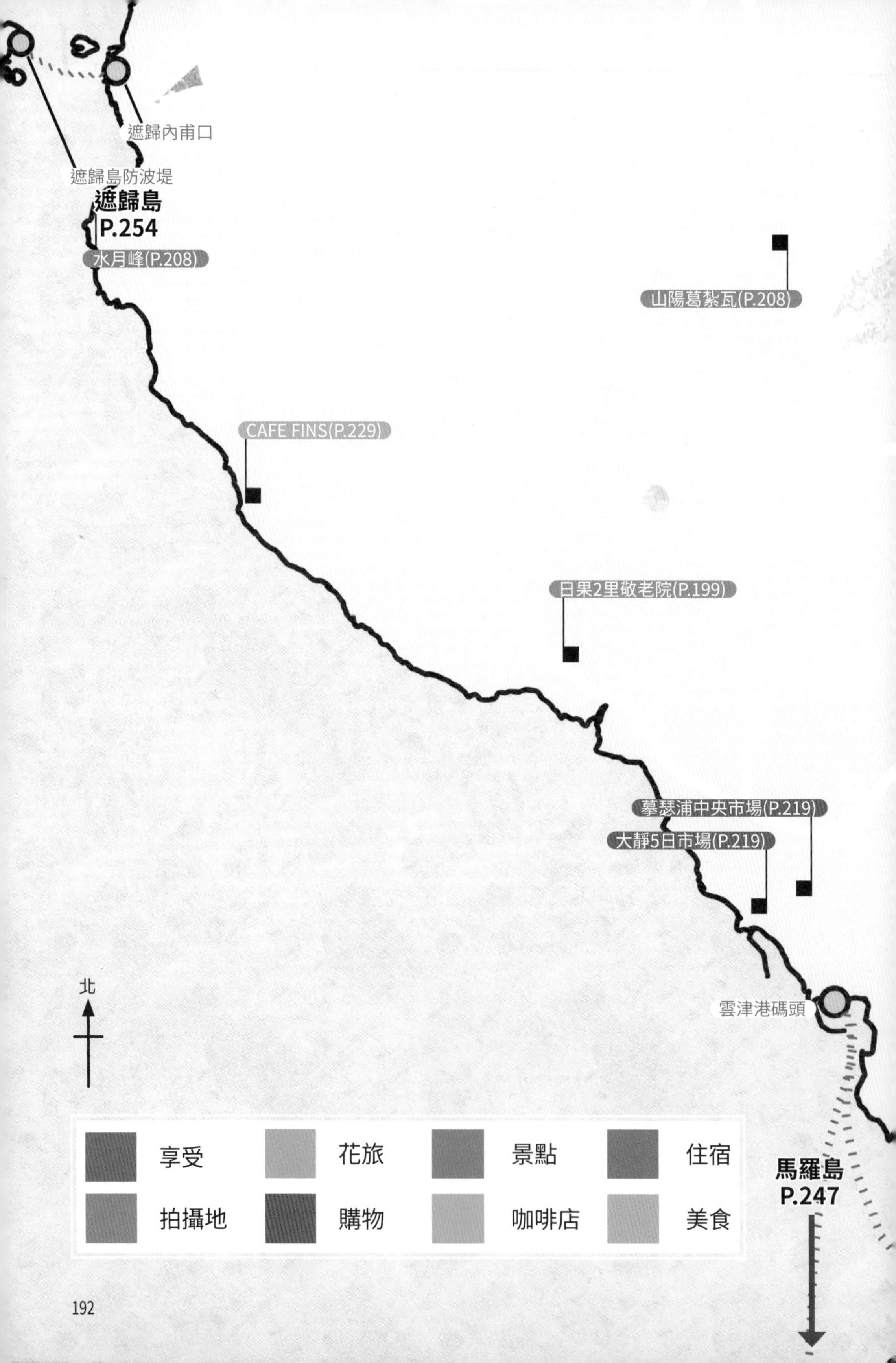

遮歸內甫口

遮歸島防波堤

遮歸島
P.254

水月峰(P.208)

山陽葛絲瓦(P.208)

CAFE FINS(P.229)

日果2里敬老院(P.199)

慕瑟浦中央市場(P.219)

大靜5日市場(P.219)

雲津港碼頭

北

馬羅島
P.247

	享受		花旅		景點		住宿
	拍攝地		購物		咖啡店		美食

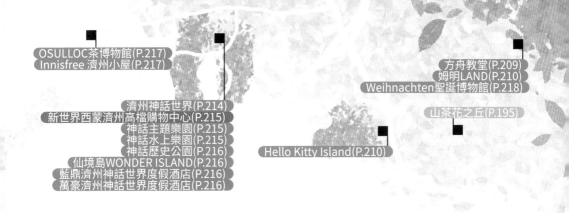

OSULLOC茶博物館(P.217)
Innisfree 濟州小屋(P.217)

方舟教堂(P.209)
姆明LAND(P.210)
Weihnachten聖誕博物館(P.218)

濟州神話世界(P.214)
新世界西蒙濟州高檔購物中心(P.215)
神話主題樂園(P.215)
神話水上樂園(P.215)
神話歷史公園(P.216)
仙境島WONDER ISLAND(P.216)
藍鼎濟州神話世界度假酒店(P.216)
萬豪濟州神話世界度假酒店(P.216)

山茶花之丘(P.195)

Hello Kitty Island(P.210)

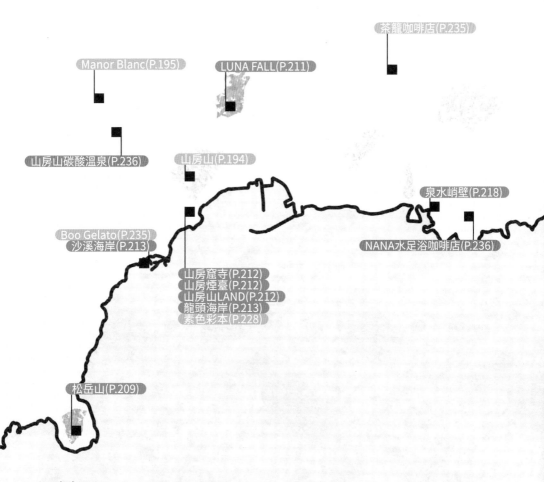

茶籬咖啡店(P.235)

Manor Blanc(P.195)

LUNA FALL(P.211)

山房山碳酸溫泉(P.236)

山房山(P.194)

泉水峭壁(P.218)

Boo Gelato(P.235)
沙溪海岸(P.213)

NANA水足浴咖啡店(P.236)

山房窟寺(P.212)
山房煙臺(P.212)
山房山LAND(P.212)
龍頭海岸(P.213)
素色彩本(P.228)

松岳山(P.209)

加波島
P.250
加波島碼頭

西部翰京面・大靜邑・安德面旅行地圖

花旅推薦勝地

BEST PLACE 01

濟州最快見到油菜花的地方

山房山｜산방산

傳說濟州神話裡的「雪門大奶奶」把漢拏山最頂端的部分拿走後，用來建成了山房山，而這座被說成是原本漢山頂的山房山，像屏風一樣聳立在天地之間，以之作為景，只要站在其正前方的黃色花叢中，就能拍攝不少人照片。作為沙溪里地標之一的山房山，是濟州島最先看油菜花的地方，山房山前的黃色油菜花田在濟州的藍天托下，令人印象深刻，以這華麗背景拍照的人自然也是繹不絕。但因為是私人土地，所以想要進入花田拍照必支付一定的入場費。

INFO

Ⓐ 서귀포시 안덕면 사계리 산 16
Ⓣ 064-794-2940

安德面

雪姬小提示

濟州島的「雪門大奶奶」傳說

在濟州創世神話中有位「雪門大奶奶」，相傳她巨型的身軀，用鐵鏟鏟了7次土，就把我們認知的漢拏山給堆建出來。期間她用裙子搬運土石時，有碎屑掉落下來，才形成了現在360多個小山丘。
而有「五百將軍」之稱的石柱，原本是雪門大奶奶的500個兒子，據聞有一天雪門大奶奶失蹤了，原來是她在家熬粥時，不小心掉進了大鍋裡，兒子回來後看見家中肉粥，因為肚子餓就把整鍋粥吃光，之後才驚覺事實的真相。
其後500個兒子痛心欲絕，便跑到漢拏山上邊痛哭邊呼喊母親的名字，最後因為傷心過度，大家都變成了石頭，形成了現在靈室登山口附近那些奇岩石柱的「五百將軍(又名「五百羅漢」)」。每年早春，漢拏山上都會染成一片鮮紅，那其實是杜鵑花海，傳聞就是兒子傷心流出的血淚。

BEST PLACE 02

美麗的繡球花公園
山茶花之丘 │ 카멜리아힐

安德面

山茶花之丘可說是濟州島上的夢幻花園，雖然是以冬天的山茶花而聞名，但每當初夏一來，這裡就會開滿俏麗茂密的繡球花，配合園內的場景設計，每一處角落盡是夢幻的花園景色。園內有250種濟州原生植物不間斷地填滿整座樹林，春天有櫻花樹和鬱金香，夏天有繡球花，秋天的樹林被染成橘紅色；至於冬天時，就輪到樹園中500多種共6,000棵山茶花樹開花登場，這是亞洲規模最大的山茶花樹木園，佔地約6萬坪，當山茶花從12月到2月中旬盛開時，這裡便成了冬季炙手可熱的景點。其實不僅是樹林和鮮花，寬敞的草坪廣場也裝飾著可愛的園景，都深受遊客喜愛。

INFO
Ⓐ 서귀포시 안덕면 병악로 166 Ⓣ 064-800-6296 Ⓗ 2，3，4，5，9，10月 08:30~18:30；6，7，8月 08:30~19:30；11，12，1，2月08:30~18:00 Ⓟ 成人10,000₩，青少年8,000₩，兒童7,000₩ Ⓘ camelliahilljeju

BEST PLACE 03

以山房山作為背景的漂亮花園咖啡店
Manor Blanc │ 마노르블랑

安德面

每年秋天，在Manor Blanc的2,000坪庭院中便長滿了粉黛亂子草。這裡到處都設有拍照區，以山房山和粉黛亂子草作為背景，可以拍出非常漂亮的照片，在SNS上一直備受關注和喜愛。雖然一縷一縷的雜草單獨看來並不起眼，但一旦數大便是美，就會散發出夢幻般的魅力。一年四季都有種植各種花卉的Manor Blanc咖啡店，原則上低消是一人一杯飲料，但如果不想喝飲料，也可以只支付入場費進場。

INFO
Ⓐ 서귀포시 안덕면 일주서로2100번길 46 1층 Ⓣ 0507-1339-1049 Ⓗ 09:00~19:00 Ⓘ jejumanorblanc

路邊盡是的波斯菊花海

缸波頭里抗蒙遺址｜항파두리항몽유적지

在缸波頭里抗蒙遺址有大片大波斯菊花海，而且免費就能觀賞。春天時這裡是油菜花盛開，夏天則是向日葵綻放，到了秋天就輪到波斯菊登場。這裡原是高麗時期蒙古軍入侵韓半島時，三別抄軍毅然決然挺身抵戰，堅持到最後一刻之地，近年這裡一直進行著相關遺跡的復原工作，為了吸引訪客，故此在附近種植了花園，免費開放給人們進來打卡拍照。

INFO

Ⓐ 제주시 애월읍 항파두리로 50
Ⓣ 064-710-6726

涯月邑

乘著海流延伸的仙人掌路

月令里仙人掌群落｜월령리선인장군락

濟州島越是深入瞭解，就越是神祕、越是美麗，金陵海水浴場(금능해수욕장)南邊的月令里仙人掌群落便是其中一個例證。在這條海岸步道上，手掌大小的仙人掌隨處可見，這種仙人掌的果實被稱為「百年草」，曾經是村裡主要的收入來源。雖然最近仙人掌已在濟州島上隨處可見，但月令里還是很特別的地方，因為它是韓國唯一原生種的仙人掌，是在韓國被指定為第429號天然紀念物的珍貴生物種。

INFO

Ⓐ 제주시 한림읍 월령리 359-4

翰林邑

濟州西部隱藏的櫻花高校前

涯月高等學校櫻花路｜애월고등학교

涯月高中正門前的道路，是當地人才知道的濟州櫻花隱藏景點，通往學校正門的路口，是一條長長的櫻花路，每年春季都盛開著令人陶醉的櫻花。而這裡的櫻花呈粉紅色，看起來更加美麗。由於是學生們學習的地方，因此建議在週末到訪。

INFO

Ⓐ 제주시 애월읍 일주서로 6372-20
Ⓣ 064-797-5100

涯月邑

秋天無限美麗的紫芒山

晨星嶽 | 새별오름

星嶽位於涯月邑的中山間,每到秋天,晨星嶽就會成為佈滿紫芒的紫芒山,由藍天和草原共同組成的畫面,
景美不勝收。如果說龍眼嶽是代表濟州東部的火山丘,那麼晨星嶽就是代表西部的火山丘了,山頂上的火山
由5座山頭組成,從入口處開始算起,大約20分鐘就能登頂。
在山頂上,東邊是漢拏山,而西邊遠處的大海和飛揚島,則像玩具船般可愛地漂浮著。這裡每年正月十五前
會舉行濟州島的代表性慶典「野火節慶典」,屆時在山上點燃紫芒田,還會噴出巨大的火焰,燃燒整座山
,其目的是為了給放牧的家畜生出新草,並放野火燒掉害蟲和舊草,同時亦是為了祈願一年農業豐收與安
,發展成今日濟州文化中的特色慶典。

INFO

제주시 애월읍 봉성리 산59-8

島上最大的紫芒群落

於音里紫芒群落地 | 어음리억새군락지

於晨星嶽附近的於音里,可能是島上最大的紫芒群落,這裡除了可以望見晨星嶽,還有風車作為背景。因為
地非常空曠的緣故,當大風吹過,紫芒便會沙沙作響。由於是沒有高度的平地,所以十分容易便能走進紫芒
中拍照,建議大家可以使用自拍棒或腳架輔助,如果有空拍機的話效果會更佳。
要往風車的方向看,就會見到遠處的飛揚島,濟州大地的風景在此一覽無遺。雖然沒有專屬的停車場,但因
空間十分廣闊,隨便找位子停下車來就可以了,或是把車開近紫芒群,然後站在車上從高處拍攝的話會更
。

INFO

제주시 애월읍 어음리 산68-5

01 《孝利家民宿》中李孝利和IU欣賞夕陽的海岸散步路
漢潭海岸散步路 | 한담해안산책로

起點位於涯月邑涯月咖啡街上，沿著這條緊靠著海岸線的蜿蜒步道一直走，大約1.2公里後就能走到郭支海水浴場。自2009年被選為濟州市「31處秘景之一」後，開始慢慢被世人所知；隨著偶來小路的規劃與民宿一個接一個出現，這裡便變得非常有名，而當春日咖啡館進駐漢潭海岸後，更是受到關注。

這裡亦是韓星姜素拉和劉延錫主演的電視劇《心情好又暖》的拍攝地，後來因G-Dragon在這裡開了GD咖啡後，這裡才正式出名起來，後來又因為《孝利家民宿》，為這處海邊的知名度做出了決定性的貢獻。還記得孝利和IU在日落時分欣賞夕陽的場景嗎？兩人坐在海岸散步路上聊天的畫面，正正就是漢潭的海邊，從此這裡就成了濟州島首屈一指的熱門海岸散步去處

(INFO)
Ⓐ 제주시 애월읍 곽지리 1359

涯月邑

韓劇拍攝地

02 韓星李孝利《首爾》MV的拍攝地
金嶽 | 금오름

這是座對開車自駕的人來說比較方便的山嶽，停好車後就可以直接上山了，在山頂能從事滑翔傘等活動，也能觀賞到漢山、晨星嶽等各種火山丘。整座火山口的周邊都是草原，由個山峰組成，中間有一個巨大的火山口湖，這座湖泊以前水豐富，現在幾乎都是枯竭的狀態，如果想看到它水位高一點話，建議在下雨的第二天到訪。

湖泊旁邊偶爾能看到低頭吃草的馬兒，看起來更加像一幅牧風情的風景畫。這裡原本只是當地人休閒的地方，但隨著李利的MV拍攝而廣為人知，因為山嶽位於金嶽村，所以也被稱「金嶽」。

(INFO)
Ⓐ 제주시 한림읍 금악리 산1-1

翰林邑

《歡迎回到三達里》中小狗三達的家
日果2里敬老院│일과2리경로당

大靜邑

劇《歡迎回到三達里》劇中男女主角再次相遇的地方，亦是小狗三達的家所在。因為同樣是有著圍繞大樹的環木床，使得很多劇迷以為和劇中海女經常聚集聊天說八卦的是同一個地方，但那其實是「石牆邊的紅蘿蔔」前的大樹，兩棵大樹的位置天南地北，一個在濟州島的東北部，一個在濟州島的西南部。這裡一般來說沒遊客到訪，就是個小小的社區，不過大樹四周的房子都是濟州最典型的海女家屋，而且整體保存得十分整潔看，所以能成為此劇的重要拍攝場地。

INFO

서귀포시 대정읍 서림로 18

《歡迎回到三達里》劇中女主角抱著男主角哭泣的海邊
新昌風車海岸道路│신창풍차해안도로

劇《歡迎回到三達里》劇中，女主角三達從後方擁抱男角容弼的風車海邊，原本就是非常出名的景點。濟州的邊有很多風力發電的風車利用海風來獲取能量，而沿著昌海岸巨大的風車群轟立在海面上，在遠處也能吸引遊的視線，是濟州首屈一指的兜風散步路線之一。

個風車海岸之所以特別，是因為能行走在海面之上，一穿越大海，一面欣賞美麗的海景。濟州西海岸以新昌里日落最為聞名，如果在黃昏時分來到這裡，可以看到距海面最近的日落；望著被夕陽染紅的大海和天空，那種人的晚霞光彩會讓人神魂顛倒。

INFO

翰京面

제주시 한경면 신창리 1481-23

涯月邑

李孝利玩衝浪板的海灘
郭支海水浴場｜곽지해수욕장

濟州島是火山爆發形成的島嶼，因此水常常不是流向地面，而是流往地下，從漢拏山山坡開始，水都是在地下流動的，有時從海岸地帶的低處突然湧出，島民將這種水稱為湧泉水，以湧泉水所在的地方為中心，自然而然便形成了村莊，濟州島的村莊多數都位於海岸邊，就是因為這個原因。

涯月邑郭支海水浴場擁有美麗的白色沙灘，這裡也有湧泉水，以前人們都相信西部地區的地下水流到郭支海邊後，就會流入大海，結束漫長的旅程；

而夏天洗完海水浴後，便可以利用這個龍泉水清洗身體。郭支海邊水不深而又清澈，非常適合享受遊艇、划槳板等海上活動；在《孝利家民宿》中，李孝利帥氣地玩衝浪板的地方就是這裡。這裡還有露營車的露營場，因此很受享受生活的人們歡迎。

(INFO)
(A) 제주시 애월읍 곽지리 1565
(T) 064-728-3985

涯月邑

承載著300多年歲月的鹽田
舊嚴里鹽磐石｜구엄리돌염전

這裡是利用玄武岩的天然岩盤製鹽的地方，自朝鮮時代起便是當地鹽業的重要基地，直到1950年代才功成身退。這裡製鹽的方法，是在寬闊平坦的玄武岩盤上，以黏土築成一格格的小鹽田，將海水擋在裡面，等海水曬乾蒸發後，便獲得鹽分結晶。現在這裡已被用作體驗和旅遊景點，由於位於濟州偶來

小路16號的路徑上，因此也是能夠欣賞大海美景的海岸兜風路線，黃昏時分來到這處西部海邊，能拍出不一樣的氛圍，再加上鹽田的存在，畫面變得更加獨特而豐富。

(INFO)
(A) 제주시 애월읍 구엄리 1254-1

一百萬張媒體藝術照構成的沉浸式光影藝術館

IVAR GARDEN │ 아이바가든

2023年8月開幕的 IVAR GARDEN，是位於濟州島西部的沉浸式多媒體展示館，場館佔地1萬坪，展出巨大的多媒體作品，以及採用觸控式多媒體技術所打造的光影藝術，讓人體驗高科技與藝術間的相互結合。IVAR GARDEN館內共有8大主題空間，利用一百萬張媒體藝術照片打造而成，每一處都像是特意設置的拍照區，燈光燦爛，絢麗無比，每個空間都極具特色，耀眼的燈光藝術也讓人捨不得移開目光。

欣賞概念多變且色彩豐富的數位藝術同時，也記得為自己拍一張精彩的照片。這裡還有間獨立的紀念品商店，可以入手濟州限定的明信片套裝，而IVAR旁邊散發歐洲氛圍的Cafe foul bian(카페 폴비앙)和VR體驗，同樣叫人流連忘返。

INFO
Ⓐ 제주시 애월읍 고성남서길 10
Ⓣ 064-752-1000
Ⓗ 09:00~19:00
Ⓟ 成人15,000₩，青少年12,000₩，兒童9,000₩
Ⓘ ivar_gardenjeju

最熱門的海邊咖啡店一條街

涯月咖啡街 │ 애월카페거리

本上，這裡的每一間咖啡店都能看到美麗的濟州大海，而且很多餐廳都設有露天桌椅，讓人得以邊吃東西邊欣賞濟州島的浪漫風情，而「春日」咖啡店無疑又是其中最具代表性的一家。同時這裡也是觀賞日落美景的知名去處，加上漢潭海岸散步路就在旁邊，接近黃昏的時候到訪最是適合。這裡也是體驗大海魅力的地方，涯月透明獨木舟就在咖啡店街的海邊，划完艇後找間海邊咖啡店休息，欣賞最美的日落，一天的行程不急不趕，悠閑的完結是濟州島旅行最愜意的玩法。

INFO

Ⓐ 제주시 애월읍 애월북서길 56-1

體驗毛骨悚然的涼快感
GHOST TOWN | 고스트타운

炎炎夏日想度過一個涼颼颼的夜晚,可以來到涯月一處特別的體驗館,保證讓你瞬間毛骨悚然、心跳加速。鬼鎮是個幽靈主題的公園,當中有幽靈之家、幽靈迷宮、虛擬體驗館、VR、5D遊戲等,豐富的主題特色和娛樂項目,讓這裡成為濟州島著名的鬼怪體驗場所。如果晚上不敢來的話,白天的時候來應該就不會這麼嚇破膽了吧!這裡每逢10月31號,都會舉辦萬聖節的特別節目,是當地很著名的鬼屋體驗,許多年輕情侶和家庭都會結伴來此探險。

INFO
A 제주시 애월읍 부룡수길 35-14
T 064-748-4245
H 10:00~22:00
P 成人8,000₩,青少年7,000₩,兒童6,000₩
I jeju_ghosttown

浪漫地看著漢拏山盪鞦韆
水山峰鞦韆 | 수산봉 그네

這個以大麻繩和木板搭建成的鞦韆,位於偶來小路16號的路徑上,就在水山峰入口不遠處,可以俯瞰400年歷史的黑松樹木、漢拏山和水山蓄水池。在松樹上盪鞦韆非常刺激,但乘坐時要小心,因為鞦韆設在小山坡的邊緣,若一不小心鬆開手,可是會直接飛出小山坡下的。天氣好的時候去,可以拍到

更加漂亮的風景照片,來此縱身在美麗的濟州景中,感受飛向天空的心情吧!這裡和舊嚴里鹽磐不很近,可以把行程安排在一起走。

INFO
A 제주시 애월읍 수산리 산1-1

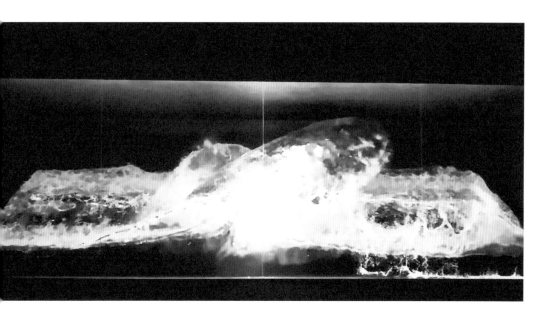

ARTE MUSEUM JEJU │ 아르떼뮤지엄

這是以光和聲音創造的幻想空間，由以COEX作品《Wave》而聞名的數位媒體設計公司d'strict主理，打造出韓國最大規模的媒體藝術展示館。館內以「永恆的自然」為核心概念，展現出10個主題的媒體藝術，其中尤以傾力之作的海灘(Beach)區最為有名。展館是以音響工廠改建而成，在鏡子反射的空間裡，花雨不停落下，金光璀璨的光影瀑布亦讓人忍不住不停拍照；而與人氣最旺的4公尺高月兔相互合照，更給人一種來到神話中月球的感覺。

這充盈著藝術、光影和音樂的空間，本身就瀰漫一股神祕感，在這裡你會驚嘆那飛舞著極光的天空和無邊無際的海洋是如何打造出來？當還在讚嘆眼前

震撼時，時間已不知不覺流逝，光影美麗得令你樂而忘返。離開藝術館前記得要體驗一下與光影互動的咖啡店，只要把咖啡杯放在桌上，光影就會跟著出現變化，既神奇又美麗。這裡是SNS上極有人氣的熱門旅遊景點，絕對不能錯過。

(INFO)
- Ⓐ 제주시 애월읍 어림비로 478
- Ⓣ 1899-5008
- Ⓗ 10:00~20:00
- Ⓟ 成人17,000₩，青少年13,000₩，兒童10,000₩，幼童8,000₩，敬老8,000₩
- Ⓤ kr.artemuseum.com

涯月邑

CP值極高的好玩重力賽車公園

9.81 PARK｜9.81파크

這是只有在濟州才玩得到的重力卡丁車，時段內可以盡情暢玩，若是親子一起，也有2人座的卡丁車，連孩子們都能樂在其中。這款無動力行駛的卡丁車是利用下坡路的重力加速度，賽道分為3種難度，由玩家按自身能力與膽量來作選擇，對大人和孩子來說都是刺激的體驗。

行駛途中，可以看到一望無際的濟州風景，包括遠處的大海和風車，景色十分怡人。車子在回到車場的上坡路時會自動爬升，乘客就可藉著這個空檔認真欣賞美景。另外，如果事先安裝這裡的應用程式，還可以透過APP自動錄製並傳送行駛時的影像到手機上。除了賽車活動外，場內還有多種電子遊動遊戲讓客人免費暢玩，所以說無論老少，在這裡都會樂不思蜀。

INFO
Ⓐ 제주시 애월읍 천덕로 880-24
Ⓣ 1833-9810
Ⓗ 09:00~20:00
Ⓟ 1人全套票52,500₩， 二人包括小孩全套票 79,500₩
Ⓘ 9.81park

 漢拏山燒酒的一切

漢拏山燒酒工廠 | 한라산소주공장

翰林邑

從1950年熱賣至今，酒精濃度21%的漢拏山燒酒在濟州依然人氣爆棚，甚至曾在著名國際酒類品評會的盲測結果中獲得金獎，非常有名。參加漢拏山燒酒廠的導覽行程，韓語導遊會詳細解說漢拏山燒酒的製作過程，讓參觀者了解他們是如何用濟州產的大米和濟州天然巖盤水釀製成漢拏山燒酒。

行程最後的高潮，就是免費品嚐他們出廠的燒酒，包括有調酒用的純한은、品牌代表性的燒酒、以及35度的「허벅술」陶罐酒，因此記得要填飽肚子才來；如果不能喝酒的話，則會提供柳橙汁代替。導覽結束後，可以到紀念品店入手漢拏山燒酒的周邊產品，其種類選擇眾多，有精品類、文具類、亦有小吃等，全部都是這裡的限定商品。

離開前別忘了在工廠外邊的燒酒箱牆拍下認證照再走，紅藍相間的箱子搭配藍天白雲，拍起照來超級美。請留意參觀前需要在NAVER MAP APP上進行預約，因為門票便宜，非常受到歡迎，所以最好提前兩至三星期就做好預訂。

(INFO)
Ⓐ 제주시 한림읍 한림로 555
Ⓣ 064-729-1959
Ⓗ 13:00~17:30，公休：週一至四
Ⓟ 成人6,000₩，未成年3,000₩
Ⓘ hallasansoju

禁 止 酒 駕 ， 飲 酒 過 量 害 人 害 己

10萬坪大型樹林生態公園
翰林公園｜함림공원

在這廣達10萬坪的主題公園內，包含了植物園、洞窟、民俗村、小型動物園等9個特色景點，這裡可以欣賞隨季節遞嬗的美麗花卉和超過300年歷史的盆栽，也可以進入被指定為天然紀念物的熔岩洞窟中探險，規模之大，沒有2個小時絕對逛不完全部。

這座大型公園在1970年代仍是一片荒地，後來種植了椰子樹林，其後又發展成現在這片綠色主題公園。公園地表之上依不同植物設置了多個植物園區，包括橘子園、仙人掌庭院、熱帶植物溫室等；在鳥類園區中，孔雀自由自在地散步著，你可能會

驚訝地發現牠們就在你身邊開屏示愛呢！而在熱鬧的地面底下，居然隱藏著一處由火山熔岩與石灰岩自然形成的複合型洞窟，因為擁有極其罕見的生態環境，當然成為這座公園的重點特色之一。

(INFO)
Ⓐ 제주시 한림읍 한림로 300
Ⓣ 064-796-0001
Ⓗ 09:00~19:00
Ⓟ 成人15,000₩，青少年10,000₩，兒童9,000₩
Ⓘ jeju_hallimpark

濟州新鮮釀造的啤酒
濟州啤酒廠｜제주맥주양조장

濟州啤酒是韓國各大便利商店中經常出現的啤酒品牌，其工廠位於翰林邑，是一個綜合啤酒文化空間。工廠內規劃有30分鐘的韓語導覽行程，可以在專人帶領下參觀啤酒廠，並了解其啤酒文化和歷史。參觀結束後，還能在3樓的酒吧中品嚐剛釀造出來的新鮮啤酒，而不喝酒的參觀者亦能改點茶類飲品，無論是指定數量的啤酒試飲或茶類飲料一杯，都包含在導覽行程的費用當中。

即使不參加行程，仍然可以隨時光顧其酒吧，品嚐他們最新研發且尚未發售的啤酒款式。同時這裡還售有包括T恤在內的品牌收藏周邊產品，是很好的

紀念品選項。參加啤酒廠的導覽行程需要提前在官網上預約，且至少一個星期前完成預訂。

(INFO)
Ⓐ 제주시 한림읍 금능농공길 62-11
Ⓣ 064-798-9872
Ⓗ 12:30~19:30，公休：週一、二
Ⓟ 22,000₩（包含品嚐一種啤酒）；
　　25,000₩（包含品嚐四種啤酒）
Ⓤ jejubeer.co.kr/brewery-program
Ⓘ jejubeerofficial

禁　止　酒　駕　，　飲　酒　過　量　害　人　害　己

擁抱主題咖啡店的綠色大海

聖伊始石牧場 | 성이시돌목장

這裡是《孝利家民宿》的拍攝場景之一，大片的綠色田野吸引了人們的視線。1961年11月，來自愛爾蘭的神父開墾了中山間地區的這片荒地，闢建了這規模廣達17萬平方公尺的草原牧場，現在這裡畜養著大量乳牛、韓牛及賽馬，可看到馬匹在廣袤的原野上奔跑。

來到牧場，千萬不要忘記去牛奶主題咖啡店「牛奶不斷(우유부단)」，購買牧場生產的有機鮮奶和手工冰淇淋、奶茶、咖啡、綠茶等，這可是在韓國任何地方都難以找到的牧場咖啡店。另外，這裡還有一棟建於1960年代名為「泰西封」的建築，泰西封是古波斯薩珊王朝的首都，而這棟拱形建築就是模仿泰西封唯一殘存的宮殿遺跡而建，因為外觀獨特，吸引很多人在建築物前打卡拍照。

(INFO)
Ⓐ 제주시 한림읍 산록남로 53

接近透明的果凍大海

挾才海水浴場 | 협재해수욕장

挾才海水浴場的海水永遠是近乎透明的藍色，一望無際的蔚藍大海、在陽光下閃閃發光的白皙沙子、沙灘周邊的黑色玄武岩、海平面上的飛揚島，以及多樣性的海洋生物，各自講述著濟州的藍色故事，到底要用上多麼好的顏料，才能展現出如此美麗的畫面呢？

海水浴場坡度平緩，海水不深，波平浪靜，銀色的沙灘像平原一樣遼闊，水色不亞於沖繩和馬爾地夫等度假勝地，無論男女老少都非常適合來這處海邊玩耍，尤其適合和孩子一起來玩水。不僅如此。挾才海水浴場的傍晚比白天還要美麗，飛揚島和被夕陽染紅了的天空、與被落日閃耀得金黃的大海，美得令人陶醉。這裡每逢夏季，夜間都有開放，可以在夜晚的海邊，沉浸於浪漫的旅行之中。

(INFO)
Ⓐ 제주시 한림읍 협재리 2497-1
Ⓣ 064-728-3981

踏進童話世界的木門
山陽葛紮瓦 │ 산양큰엉곶

翰京面

這是條森林中的散步道，步道中只要打開石牆之間的每扇木門，都會看到彷彿白雪公主與小矮人故事中的場景，進入另一處鋪設了鐵路軌道的空間。沿著茂密的林蔭小路散步，到處都有小小的休息處和可愛的窩棚、騎著掃帚的魔女、小矮人小屋、飛上天的鐵軌、月亮佈景等拍照區，還可以乘坐牛車蹓躂，並看到馬車、兔子等，夏天還有螢火蟲，看點非常多，很適合作為情侶和家庭的出遊目的地。路上也會有一些提燈供遊客免費取用，拿著提燈穿過木門或是走在鐵軌上拍照，拍出來的效果分外富有神秘和夢幻的感覺。

(INFO)
Ⓐ 제주시 한경면 칭수리 956-6
Ⓣ 0507-1341-4229
Ⓗ 09:30~18:00
Ⓟ 成人6,000₩，青少年5,000₩，兒童3,000₩
Ⓘ sanyang_keunkot

全國三大晚霞名勝
水月峰 │ 수월봉

翰京面

如果城山日出峰是觀賞日出的最佳場所，那麼觀賞夕陽最美麗的地方又是哪裡呢？那一定是在濟州島最西端翰京面高山里的水月峰無誤。因為這裡的晚霞實在太美，所以通往水月峰的道路也被稱為「晚霞海岸路 (노을해안로)」，濟州偶來小路12路線就是從這裡經過的。

沿著海岸線走下去，就會看到上山的坡道，可以利用電動車到達山頂上的瞭望臺「水月亭」。登上山頂後便能俯瞰遮歸島和遮歸海岸，日落時在這個位置看到的晚霞也是最美的。水月峰也是一本活生生的「火山教科書」，大約在1萬4千多年前，遮歸島和水月峰之間噴出了岩漿，噴發物聚積成像蒸糕一樣層層疊疊的海岸絕壁，因此雖然從懸崖斷面看像是長時間堆積的岩層，但實際上卻是短時間內因火山噴發而形成，是以被聯合國教科文組織指定為「世界地質公園」，還被載入「世界火山百科全書」內。

(INFO)
Ⓐ 제주시 한경면 고산리 3760
Ⓣ 064-772-3334

大靜邑

如擁抱大海般的最佳西部景觀
松岳山 | 송악산

立於濟州島西南端山房山附近,在偶來小路10號的
路徑上,因為由99座小山峰所構成,故又名「99
峰」,遠看就像大海中的巨大城堡一樣。同時由於是
每底火山爆發而形成,屬於雙重火山口,地質學上的
價值極高。山上有廣闊的草原地帶,著名韓劇《大長
今》和《All In》都有在此取景拍攝。
要登上松岳山頂大約只需20分鐘,山頂上風景如

畫,能看到附近的兄弟島、山房山、加波島以及遠處
的馬羅島,天氣好的話,還能把漢拏山美景盡收眼
底,可說是把濟州島最美的風景全都聚集在一起了。
每年初夏,上山路一帶便會綻放很多繡球花,形成了
美麗的繡球花登山路,是這裡另一個美麗風景之一。

ⓘNFO
Ⓐ 서귀포시 대정읍 송악관광로 421-1

安德面

伊丹潤向挪亞方舟致敬的建築
方舟教堂 | 방주교회

方舟教會是從挪亞方舟的故事中取得靈感而建,和
水風石美術館一樣,也是由韓裔日籍建築大師伊丹
潤所設計。伊丹潤試圖模仿諾亞方舟的感覺,用一
座蓮花池圍繞教堂,令教堂看起來就像飄浮在水面
上的大船一樣。在颱風的日子裡,蓮花池的水面如
每浪般波濤洶湧,此時方舟教會更似在大海上航行
的模樣。天氣晴朗的時候,教堂映照在池塘裡,又

別有一番韻味。而教堂內部也和外觀一樣漂亮,像
魚鱗般閃閃發光的屋頂、映照在水中的建築倒影、
如茵的綠色草坪,使端莊整潔的教堂更加光彩照
人,因此很多人都是為了拍照專程到訪。

ⓘNFO
Ⓐ 서귀포시 산록남로762번길 113
Ⓣ 064-794-0611

邀請你到姆明的家

姆明LAND｜무민랜드제주

芬蘭國民作家朵貝・楊笙創作的《姆明家族》(台譯：嚕嚕米)，是七十多年來一直受到全世界人民喜愛的卡通角色。姆明樂園內設有展示區、媒體藝術、木工藝術體驗、咖啡店、禮品店、庭院等，呈現出姆明一家生活的「姆明山谷」，是一個充滿幸福的美麗空間，讓人產生彷彿置身童話世界中的錯覺。走進樓高三層的姆明之家，裡頭的裝潢十分漂亮，客人可以充份感受姆明童話中的氛圍。如果還沒有看過姆明的故事，不妨在姆明谷影像館觀賞姆明的電影，或是翻閱這裡滿滿的姆明書籍。

(INFO)
Ⓐ 서귀포시 안덕면 병악로 420
Ⓣ 064-794-0420
Ⓗ 10:00~19:00
Ⓟ 成人15,000₩，青少年14,000₩，兒童12,000₩
Ⓤ www.moominlandjeju.co.kr

充滿粉紅色的kitty世界

Hello Kitty Island｜헬로키티아일랜드

世界上所有少女都會渴望生活在Hello Kitty的粉紅世界裡，而濟州島的Hello Kitty Island正是為少女們而設的地方。整棟建築共有3層，裡頭包含歷史館、圖書館、美術室、音樂室、咖啡店、3D影像館，還有戶外迷宮庭園等，加上隨處都是可愛的拍照區，只要是喜歡Hello Kitty的人，沒有不流連忘返的。除了Hello Kitty外，還有她的男友丹尼爾，以及一眾Kitty身邊的好友角色，都能在這裡看到，無論是誰都會感到可愛爆表。除了單純參觀，場內還設有咖啡店和禮品店，可以在此購入濟州限定版的Hello Kitty產品，絕對適合Kitty迷放手血拼。

(INFO)
Ⓐ 서귀포시 안덕면 한창로 340
Ⓣ 064-792-6114
Ⓗ 09:00 ~ 18:00
Ⓟ 成人14,000₩，青少年13,000₩，兒童11,000₩
Ⓘ hellokittyislandkorea

 體驗濟州浪漫森林之夜
LUNA FALL │ 루나폴

這裡是韓國女團Oh My Girl的MV拍攝地,並且是世界規模最大的夜間數位主題公園,每天晚上8點半才開放讓遊客進入。園區佔地廣達12萬坪,逛一圈至少要一個半小時以上,而且進場有人數限制,經常要等待一段時間才能進去。這處佈滿光影藝術裝置的森林共分9個體驗區,一進場就有非常震撼的光影表演,看完表演後循著工作人員指示逐個場景參觀,而在園區正中央的超大型光影月球是大家必定打卡的地點。

光影月球附近有個紀念品店,先買一個小小的月亮夜燈(願望球/wishing ball,5000₩/個),再進入光影森林內,每個主題園區都至少會有一個特別裝置,必須把這個月亮夜燈擺放在指定位置內,才會啟動特別的光影藝術表演,如果沒有夜燈的話就只能等其他人來啟動了。而這個夜燈在參觀完之後,是可以帶回去當紀念品的。夏天時,因為森林內的樹木茂密,所以會有點悶熱,秋天來就很舒爽了。大家如果想來這裡的話,請安排一個晚上住在南部或是西南部,才會比較方便。

INFO
Ⓐ 서귀포시 안덕면 일주서로 1836
Ⓣ 064-794-9680
Ⓗ 20:30~24:00
Ⓟ 成人22,000₩,青少年20,000₩,兒童17,000₩
Ⓘ lunafall_jeju

山房窟寺 ｜ 산방굴사

山房山在海拔150公尺高的地方有個自然石窟名為「山房窟」
窟裡供奉一尊大佛像讓四方善信參拜，故也被稱為「山房窟
寺」。當這裡被列入瀛州十景的消息傳開後，很多人慕名前
來，除了拜佛之外，為的就是欣賞得天獨厚的自然美景，不過
此地落石事故頻傳，所以一定要注意安全。山房山入口左邊是
山房寺，右邊有普門寺，沿著兩座寺廟間的石階梯拾級而上，
不久就可到達隱藏在山上洞窟內的山房窟寺。雖然路程不遠，
但因為梯級頗陡，走上去會有點累，所以必須隨身攜帶足夠的
飲用水，並且穿著舒適的鞋子。如果不想登山，亦可選擇到入
口旁的普門寺，同樣可以欣賞到美麗的風景。

(INFO)　　　　　　　　　　　　　　　　　　　安德面
Ⓐ 서귀포시 산방로 218-12
Ⓣ 064-794-2940

山房煙臺 ｜ 산방연대

山房煙台是一座位於海邊山丘上的煙台，古時若有敵人入侵，
便在煙台上點燃烽火或狼煙，用以傳達緊急軍情，因此煙台所
在位置，往往也是視野最好的地方。今日在煙台上，可以將龍
頭海岸、沙溪海岸甚至背後的山房山美景盡收眼底。山房煙台
就在山房路的旁邊，步行到龍頭海岸的話便會經過此處。留意
在地圖上搜尋這個地方的時候，最好直接輸入地址，不然地圖
會引導錯誤路線到山房山烽火台，那裡可是要登山才能到達的
地方。

(INFO)　　　　　　　　　　　　　　　　　　　安德面
Ⓐ 서귀포시 안덕면 사계리 3689

山房山LAND ｜ 산방산랜드

位於山房山底下的小型遊樂場，除了有海盜船等機動遊戲外，
還有自然樂園(자연놀이터)區，可以與可愛的小動物互動接觸。
這裡有個必須要體驗的好玩設施，就是軌道式的滑草場，只要
坐在無動力的滑草板上，順著斜坡上的軌道滑下去，就能輕鬆
享受速度的快感，雖然斜坡並不算太高，但亦是相當刺激，因
為不需要特別的技巧，所以即使孩子也能玩得很上手，是一個
大小都能暢快玩樂的地方，而且收費便宜，每人5,000₩就能無
限次數任玩。

(INFO)　　　　　　　　　　　　　　　　　　　安德面
Ⓐ 서귀포시 안덕면 사계리 117-2
Ⓗ 09:00 ~ 18:00
Ⓟ 5,000₩(大小同價)

具有天朗氣清、風平浪靜的日子才能看到
龍頭海岸 │ 용머리해안

這裡因長得像躍進大海的龍頭，所以取名為「龍頭海岸」，其成因是海底的三個火山口爆發時，噴出了大量火山碎屑，經過數千萬年的層層堆積和侵蝕作用下而形成了砂岩層，並出現凹陷的山洞以及岸壁中侵蝕的痕跡，呈現出獨特的曲線和形態。沿著與大海幾乎相連的步道前行，近距離面對雄偉的龍頭海岸，看那無數奇形怪狀的岩石絕壁，壯觀程度直可與大峽谷相媲美，景色令人感動，是濟州獨有的驕傲。而在這裡還有機會遇上海女擺攤，能當場享用新鮮捕撈上岸的海產漁獲。不過由於龍頭海岸的地形比較崎嶇難行，而且是緊鄰著大海散步，路面溼滑容易跌倒，所以只在天氣好的時候才能進入，如果天候或海象不佳，就不會對外開放。

(INFO)
Ⓐ 서귀포시 안덕면 사계리 112-3
Ⓣ 064-760-6321
Ⓗ 09:00-17:00
Ⓟ 成人2,000₩，青少年1,000₩，兒童1,000₩

有如大峽谷的海邊砂岩
沙溪海岸 │ 사계해안

位於偶來小路10號的路徑上，是退潮後才能看到的景致，所以要注意潮汐時刻到訪。黃色的岩石是由沙子堆積而成，當海水退去後，會看到由大自然創造出來神祕而獨特的岩石縫隙，別具特色，若在當中拍照，就能拍出宛如在大峽谷中間的效果一樣。這裡的砂岩非常堅硬，但卻長滿了苔蘚，故此岩石表面非常滑，很容易就會摔跤，要特別小心。這裡就在義式冰淇淋店Boo Gelato的前面，沒有設置停車場，只能在路邊停車拍攝。海邊附近的兄弟島以盛產黑鯛而聞名，因此姜太公們也是絡繹不絕。

(INFO)
Ⓐ 서귀포시 안덕면 사계리

酒店、主題公園、娛樂、購物一站式度假村
濟州神話世界 | 제주신화월드

這是韓國首座世界級的大型綜合度假園區，佔地約250萬平方公尺，擁有4家五星級酒店、兩個超人氣主題樂園、50多間美食餐廳，是個老少咸宜的渡假勝地。在神話世界內，住宿、水上樂園、購物、餐飲等旅行所需的一切皆一應俱全。另外在2026年，全球第三大零售業者COSTCO將會進駐神話世界，屆時園區內就會有大賣場，更能滿足大家旅行途中的各種生活機能。

INFO

Ⓐ 서귀포시 안덕면 신화역사로304번길 38
Ⓣ 0507-1393-2021
Ⓤ www.shinhwaworld.com

濟州神話世界
園區設施介紹

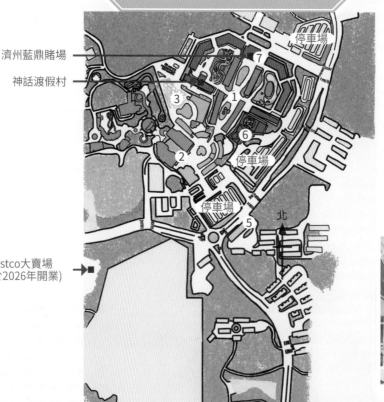

濟州藍鼎賭場
神話渡假村

停車場
停車場
停車場

北

Costco大賣場
(將於2026年開業)

濟州藍鼎賭場

濟州神話世界平面圖

WEST SIDE • WEST SIDE • WEST SIDE • WEST SIDE • WEST SIDE • WEST SIDE • WEST SIDE • WEST SIDE

1

新世界西蒙濟州高檔購物中心｜신세계사이먼 제주프리미엄전문점

一站式名牌OUTLET

位於神話世界內的購物中心，也常被稱作「神話世界購物中心」。商場與各酒店和樂園相連，裡頭除了品牌專賣店和美食廣場外，還設有濟州島首個品牌折扣店(Outlet)。其Outlet的營運模式類似百貨公司，集結多家品牌專櫃，如果想要尋找折扣價的奢侈品，就可以來這裡逛逛。Outlet中的奢侈品品牌專櫃包括 LOEWE、JILLSTUART、TODS、BOSS、Calvin Klein等，亦有韓國潮流品牌如NERDY、what is isnt、O!Oi、COVERNAT、BEENTRILL、MATIN KIM等等。

INFO
Ⓐ 서귀포시 안덕면 신화역사로304번길 38 신세계사이먼 제주 프리미엄전문점 G층, B1층　Ⓣ 1644-4001
Ⓗ 10:30~21:00　Ⓘ premiumoutlets.korea

2

神話主題樂園｜신화테마파크

動畫主人公的神秘探險世界

這裡是以韓國本土動畫《逗逗蟲(爆笑蟲子)》的幽默無厘頭的世界觀為主題的正宗韓式遊樂園。孩子們將從冒險的起點「視界之港」，通過神秘森林古代城市「奧斯卡新世界」，最終到達可愛主人公匯聚一堂的「逗逗蟲冒險村」，在這個過程中，遊客會玩完15種遊樂設施，其中包括濟州唯一的雲霄飛車「舞動奧斯卡」在內。此外還能體驗VR、嚐試多種遊戲、以及觀賞遊行隊伍和各種表演等節目。

INFO
Ⓐ 서귀포시 안덕면 신화역사로304번길 98　Ⓣ 1670-1188
Ⓗ 10:00~21:00　Ⓟ 普通門票27,000₩/位，旺季門票35,000₩/位

3

神話水上樂園｜신화워터파크

和孩子一起清涼的水上樂園

濟州島上最大的水上公園，隸屬於濟州神話世界旗下，就位在神話主題樂園旁邊。這裡設有不同魅力的室內、室外水上樂園設施，並擁有9個遊樂景點，包括刺激的室外衝浪池、RocketBLAST®激流水道飛車、FlyingSAUCERTM飛碟和TornadoWAVE®旋風大浪板等。從100公分以下的幼童到年邁的長者，在這裡都能找到可以享受的水上遊樂設施，且經常推出多種優惠，建議在入園前先行查詢。

INFO
Ⓐ 서귀포시 안덕면 신화역사로304번길 38　Ⓣ 1670-1188
Ⓗ 室外12:00~18:00，室內12:00~20:00
Ⓟ 淡季門票36,000₩，普通門票45,000₩/位，旺季門票63,000₩/位

4

神話歷史公園 | 신화역사공원

雛菊花海勝地

隸屬於濟州神話世界旗下，神話歷史公園位於濟州神話世界圓環路口附近的庭院內，園內的白色拱形涼亭搭配廣闊的雛菊花海，景觀非常美麗。這個花園是免費開放的，不同季節會種植不同的花卉，隱祕程度連這裡的住客也未必發現有這片無敵花海的存在，是本地人私藏的花海拍照區。

(INFO)
Ⓐ 서귀포시 안덕면 서광리 산24-8

5

仙境島WONDER ISLAND | 원더아일랜드

兒童版的沉浸式光影藝術體驗

專為孩子們而設的沉浸式光影藝術館，結合了傳統遊樂設施和現代化的多媒體技術，讓孩子可以透過與藝術作品的互動，來豐富他們學習和娛樂的體驗。仙境島內有各種各樣的遊樂設施，包括攀岩牆、溜滑梯、攀爬架和迷宮等，最有趣的是多媒體藝術互動區，場內共有10多個以濟州島大自然為主題的精彩場景，包括沉浸式的光影藝術「秘密森林——想像之島」，可以在互動牆上與超過50種動物相遇；而在頂級遊樂場內則可以享受球池，以及超級好玩的光影彈跳球舞會等設施，是一個非常適合全家人一起遊玩的地方。

(INFO)
Ⓐ 서귀포시 안덕면 신화역사로304번길 89
Ⓣ 064-792-3364
Ⓗ 10:00~18:00
Ⓟ 成人17,000₩，兒童12,000₩

6 CP值高經濟實惠之選

藍鼎濟州神話世界度假酒店 | 랜딩관 제주신화월드 호텔 앤 리조트

(INFO)
Ⓐ 서귀포시 안덕면 신화역사로304번길 38
Ⓣ 1670-8800
酒店等級：★★★★★
開業年份：2017

7 賭場上蓋高級酒店

萬豪濟州神話世界度假酒店 | 메리어트 제주신화월드 리조트

(INFO)
Ⓐ 서귀포시 안덕면 신화역사로304번길 38
Ⓣ 1670-8800
酒店等級：★★★★★
開業年份：2018

OSULLOC茶博物館 ｜ 오설록티뮤지엄

被世界著名設計建築類網站「設計(designboom)評選為全球十大美術館，每年訪問量達150萬人次的濟州最佳景點，那就是擁有卓越景觀的OSULLOC茶博物館。這裡亦是韓國第一家茶博物館，可以試喝到Osulloc的各種茶類，如濟州火山岩茶等，除了茶以外，還有帶點苦澀味的濃厚綠茶冰淇淋和綠茶捲餅，也都非常好吃。參觀館內的展示解說，可以了解茶的歷史與各種茶具等知識，強烈推薦走上建築物內的瞭望臺，從上面看到的風景十分美麗。由於與茶園相連，遊客可以在廣闊的茶園之間拍照，而這裡亦作為攝影勝地而廣為人知。另外，Innisfree濟州小屋店就在博物館旁邊，行程上可以安排在一起走。

INFO
Ⓐ 서귀포시 안덕면 신화역사로 15
Ⓣ 064-794-5312
Ⓗ 09:00~19:00

Innisfree 濟州小屋 ｜ 이니스프리 제주하우스

韓國護膚品牌Innisfree的濟州旗艦店，位於一大片綠茶園的旁邊，建築物周邊環境非常美麗，就像被大自然所懷抱般。店內除了Innisfree的全系列產品外，更有該品牌的濟州限定商品，而遊客購物之餘，還可以親手體驗製作香皂、圖章明信片等紀念品。店裡也有附設咖啡店，在眾多甜點與咖啡飲品當中，最著名的便是裝在超精美籃子裡的濟州故事早午餐便當，是每位來此用餐的客人都一定會叫的餐點。在這裡一邊研究護膚產品，一邊品嚐精心烹調的美食，是體驗濟州島的其中一個方法。

INFO
Ⓐ 서귀포시 안덕면 신화역사로 23
Ⓣ 064-794-5351
Ⓗ 09:00~18:00

被海岸絕壁環繞的大海

泉水峭壁 │ 박수기정

位於偶來小路9號路線起點上的泉水峭壁，像屏風一樣環繞著大海，是濟州島最大的海岸絕壁。要欣賞這處美麗絕景可以到大坪浦口(대평포구)，從大坪浦口往峭壁的方向走，就能來到鵝卵石海邊；而這裡亦是西南部觀賞日落的勝地，如果在日落時分向海邊左側走，就能將落日的太陽和泉水峭壁融為一體，風景獨特又美麗。

INFO

Ⓐ 서귀포시 안덕면 감산리 1008

從全世界收集來的聖誕飾品

Weihnachten聖誕博物館 │ 바이나흐튼 크리스마스박물관

由店主的個人夢想所打造出來的小巧聖誕博物館，如今成了濟州島冬天最熱門的場所。店面模仿德國建築物的外觀，充滿了歐洲風情，內部則裝滿從世界各地收集得來的聖誕節相關展品，彷彿聖誕節已然到來，非常適合喜歡小巧玲瓏精緻飾品的人。在聖誕節前的一個月，這裡就會開始舉行聖誕市集，規模雖然不及歐洲聖誕市集那般龐大，但仍能感受到歐洲聖誕節的氣氛，所以一到冬天就有很多遊客來訪。博物館內可以購買可愛的胡桃鉗士兵、各種

聖誕木工製品，以及國內很難購入的聖誕啤酒、紅酒等多種產品；二樓還能免費參觀多姿多彩的聖誕節裝飾。即使不是聖誕節，這裡也一年四季都照常營業，讓大眾無時無刻都能感受到聖誕節的歡樂。

INFO

Ⓐ 서귀포시 안덕면 평화로 654
Ⓣ 0507-1328-7976
Ⓗ 10:30~18:00
Ⓘ christmas_museum

翰林民俗5日市場
｜한림민속오일시장
體驗正宗濟州方言的市場

在濟州有許多個五日市場，當中就只有翰林民俗五日市場的商家都是操濟州方言，所以這裡地道感比較強烈。此處亦是西部商圈內唯一的五日市場，規模不小，距離挾才海水浴場和翰林公園都非常近，離翰林港也不遠，因此市場內經常有當季、便宜的海鮮漁貨販售。

INFO 　　　　　　　　　　　　翰林邑
A 제주시 한림읍 한수풀로4길 10
T 064-796-8830
H 08:00~17:00
每月4、9、14、19、24、29日營業

翰林每日市場
｜한림매일시장
西部最地道的生活日常

翰林地區水產品豐富，且畜牧業和農業都很發達，因此在翰林每日市集可以買到優質的農、畜產品。在這裡還可看到高麗菜、香蔥、仙人掌和帶魚等翰林盛產的土特產，是當地居民平常光顧的市場，能夠體驗最地道的濟州社區生活。

INFO 　　　　　　　　　　　　翰林邑
A 제주시 한림읍 한림리 1584
T 064-796-5209
H 08:00~20:00

大靜5日市場
｜대정5일시장
西部地區規模最大的市場

大靜五日市場又稱「摹瑟浦五日市場」，是濟州西部地區規模最大的市場，就在摹瑟浦港口附近，經常有軍人和從加波島、馬羅島來的人在此趕集採購。市場內的攤販販售從附近海域捕撈的新鮮海產，以及當地農場收成的時令蔬果，最著名的特產就是剛從摹瑟浦港上岸的帶魚和石鯛，所以在這一帶餐廳吃到的海鮮都是最新鮮的。

INFO 　　　　　　　　大靜邑
A 서귀포시 대정읍 하모리 1089-20
T 064-730-1615
H 08:00~17:00
每月1、6、11、16、21、26、31日營業

摹瑟浦中央市場
｜모슬포 중앙시장
以吃生魚片而聞名的傳統市場

韓劇《我們的藍調時光》拍攝地，劇中漢修回到濟州時，曾向這裡的攤販打招呼、拜碼頭。這個市場在濟州島最南端的西歸浦大靜邑，入口在一處狹窄的街道邊上，且設計非常簡約，並不明顯，而其內部長長的拱形屋頂是這裡的特徵。市場於1955年開幕，並於1974年搬至現址，因為所在地大靜邑以出產鯛魚著稱，所以市場內的魚販幾乎都有販賣鯛魚，在這裡還能吃到最新鮮的鯛魚生魚片。

INFO
A 서귀포시 대정읍 영서중로13번길
T 064-794-2586
H 08:00~20:00
　　　　　　　　　大靜邑

🛒
BERNI MOTEL │ 베르니모텔

整間小店以彩色貨櫃改裝而成，粉色貨櫃上方安裝巨型立體招牌，加上七彩的沙灘椅、巨型墨鏡的泰迪熊等佈置，令整個環境好像跳進了芭比娃娃的美式海灘派對一樣。作為一家生活風格選物店，主要商品為服飾和雜貨，以及室內飾品和家居用品、懷舊玩物、K-Pop小物等，當中還有很多可愛的卡通人物公仔，以及芭比娃娃，全都是店主親自從國外精選回來的產品。

INFO
Ⓐ 제주시 구좌읍 동복리 1351-1
Ⓣ 0507-1399-7412
Ⓗ 08:00~19:00
Ⓘ berni_motel

涯月邑

🛒
小小閒聊 │ 소소한담

位於涯月的濟州紀念品店，販賣各種濟州紀念品、藝術家創作的手工精品、手繪明信片、濟州食品、手作蠟燭、別針、傳統酒、葡萄酒和手工糖漿，以及蘊含如橘子味、山茶花味等濟州風味的香水。當中最受歡迎的產品是大約只有手掌大小的針織小白熊，小熊身上穿的衣物都是店主親自挑選搭配，所以比在外面看到的款式更加精緻可愛。店面別具歐陸情調的裝潢，加上精心挑選手作感強烈的小物，特別適合喜歡文青風格的旅人。

INFO
Ⓐ 제주시 애월읍 일주서로 6691 1층
Ⓣ 0507-1474-8765
Ⓗ 10:00~19:30
Ⓘ sosohandam_

涯月邑

🛒
MARKET JEJU │ 마켓제주

釜山藍線公園的車站紀念品店內，販賣著一位韓國插畫家所繪製的釜山風景周邊精品，包括明信片、海報、卡片等，因為插畫風格非常可愛獨特，所以受到旅客喜愛。而濟州這家紀念品店就邀請了同一位插畫家，為他們創作濟州限定版的明信片與精品小物，以插畫家一貫可愛鮮明的畫風，把濟州特色以畫筆記錄下來。除了這位插畫家的作品外，此店更售有其他濟州精品小物，想找濟州限定的紀念品，就可以來這裡看看。

INFO
Ⓐ 제주시 애월읍 애월해안로 664 2층
Ⓣ 010-8321-2629
Ⓗ 10:30~21:00
Ⓘ market_jeju_aewol

涯月邑

🛒 韓星李孝利的濟州舊店

SOGIL BYEOLHA｜소길별하

涯月邑

年熱播的韓綜《孝利家民宿》，令大家對濟州島滿了好奇和興趣，節目完結後不只興旺了當地旅業，更令孝利家的周邊社區跟著熱鬧起來。原本常隱蔽的住家變成了旅遊熱點，李孝利無奈之下好搬離該處，房子易手後，便進駐了現在這家當品牌的精品選物店。想要入內參觀必須提前預約購買門票，每位入場人士都可以到咖啡店領取一免費咖啡和點心。建築物無論內外裝潢，都跟孝時期大致上相同，所以如果想要回憶《孝利家民》的點滴，那麼就一定要進來看看。

間店的每個角落都擺放著當地設計師的作品，當最值得留意的是濟州著名插畫家「春天辦公室(봄무소)」的胖胖濟州老夫婦插圖系列，這裡就有寄他們的插畫產品，是文青一族最愛的可愛風格。內商品都經過店家精心挑選，在外面很難找到相

同的東西，所以如果看到心動的商品，就不要猶豫了，立即入手吧！

這裡購物的方式有點特別，是先把產品編號抄寫下來拿到服務台，店員就會幫你取貨及結帳。在這裡時常需要用心等候，因為來這裡的人基本上都是《孝利家民宿》的粉絲，所以總有一大票人在他們熟悉的角落等著拍照。另外，如果是自己開車來的朋友，前往這裡的小路崎嶇不平，而且路面非常狹窄，兩邊樹木容易把車身刮花，所以開車時要非常小心。

（INFO）

Ⓐ 제주시 애월읍 소길남길 34-37
Ⓣ 0507-1430-4838
Ⓗ 12:00~17:00，公休：週三
Ⓘ sogil_bh

🛒 網紅可愛濟州風格小物店
mumu jeju｜무무제주

INFO
Ⓐ 제주시 애월읍 봉성로3길 11
Ⓣ 010-9016-6586
Ⓗ 11:00~18:00，公休：週二、三
Ⓘ mumu_jeju

涯月邑

位於涯月鳳城里的一家精品小物店，可愛的奶白色小屋覆蓋著橙色屋瓦，門前一片綠草庭院，環境悠閒寧靜。店鋪外種植了一排山茶花樹，冬天時便會開滿豔麗的山茶花，很適合拍照打卡，可以拍出可愛小屋的感覺。

店內整潔地擺放著無數以濟州柑橘為主題的可愛小物，像是風鈴、小擺設、胸章、濟州島主題的戒指、鑰匙圈和手機殼、明信片等等，都是非常可愛精緻，適合少女們在此選購。

🛒 你相信可愛能拯救世界嗎？
GARCON TIMIDE｜가르송티미드

這家店的商品很可愛，就連店主的經營理念亦如是，難怪他堅信「可愛可以拯救這個世界」。這間店位於翰林港附近，就在著名布丁店UMU的隔壁，這裡販售的紀念品全都是同一種風格……也就是可愛！所有產品皆由店主親自設計並製作，雖然款式種類不多，不過因為主打可愛單純，所以能虜獲一眾少男少女的心。店內商品整齊簡單地擺放著，包括手機殼、手機支架、海報、明信片、T-SHIRT、貼紙等等。購物之後記得要在店門前拍照留念，那面大大的半圓形玻璃窗上貼著笑臉，下方擺著三張彩色椅子，旁邊立有一面造型非常可愛的巴士站牌，彷彿要前往可愛星球似的。

INFO
Ⓐ 제주시 한림읍 한림로 542
Ⓣ 064-900-1335
Ⓗ 10:00~18:00
Ⓘ garcontimide

翰林邑

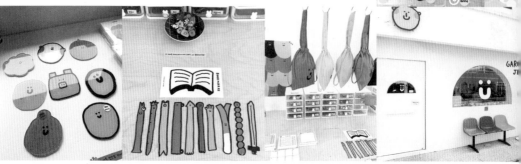

🛒 OUR ISLAND，OUR JEJU │ 아워아일랜드아워제주

可小包購買後再入手原盒的伴手禮店

位於挾才海水浴場旁，一家建築外型相當美麗的精品小物店，在藍天與碧草襯托下，白色小屋前兩個大大的圓拱形玻璃窗，配上鮮豔的濟州橙色，是一家由內到外都充滿了濟州風格的小店，美得成為網紅的拍照熱點。進店後就會發現，原來從那兩道圓拱玻璃窗，可以直接觀賞美麗的挾才海水浴場和飛揚島。

店主很有信心地表示，店內所有商品比機場的免稅店還要便宜，所以看到喜歡的就可以入手了。產品從明信片、貼紙、磁鐵、鑰匙圈，到高爾夫球組等

應有盡有，而雖然這裡販賣的濟州特產伴手禮如餅乾和巧克力等，在別的商店也都有賣，但這裡的特色是不一定要買一整盒，而是可以單買當中的獨立小包裝，如果覺得好吃再買原盒回去，老闆這個經營方法真的非常貼心。

INFO
- Ⓐ 제주시 한림읍 협재1길 39 1층
- Ⓣ 0507-1362-4832
- Ⓗ 11:00~18:00
- Ⓘ our_island_jeju

翰林邑

🛒 西邊小店 │ 서쪽가게

《孝利家民宿》拍攝的復古精品店

翰林邑

位於挾才海水浴場附近一條小巷內的小店，樓高三層，每層皆販售不同種類的商品，包括：廚房用品、露營用品、古董的餐具及用品、陶瓷器皿、香氛和店家自製的香薰蠟燭等。一進門，店主就非常熱情地向客人打招呼，歡迎客人隨便參觀選購，而店舖陳列也非常精美，每一個角落都很適合拍照。三樓賣的是珠寶首飾，全都是店主從國外搜購回來的特色飾品，並且保證都是真正的寶石製成，所以價值不菲。而店主也很用心地佈置每一個地方，到處都擺滿了有趣的裝飾品，因為都是古董與復古風

的擺飾，所以瀰漫著50年代的懷舊氣息，在外邊很少看到這種類型的店舖，適合喜歡尋寶或發掘有趣事物的人來此一探究竟，或許會有一些意料之外的發現。

INFO
- Ⓐ 제주시 한림읍 한림로 372-7
- Ⓣ 064-796-8178
- Ⓗ 11:00~19:00
- Ⓘ west.ore.jeju

可愛小樹屋咖啡店
WOOTRI | 웃뜨리

位於涯月地區靠近濟州市中心的位置，是韓國人打卡的熱門勝地，店門對面就有一棵大樹，樹上搭建了小樹屋，樹下更是一大片橘子園，客人可以走進小木橋來到樹屋上拍照。到了冬天的時候，就可以從樹屋觀看一片橘子海。咖啡店的面積亦非常大，佔地兩層，每層都有不同的裝潢主題，等待大家去發掘！

INFO　　　　　　　　　　　涯月邑

Ⓐ 제주시 애월읍 광성로 213
Ⓣ 0507-1372-2044
Ⓗ 08:00~20:00
Ⓘ jeju_wootri

粉嫩浪潮咖啡店
SAEBIL | 새빌

這棟曾被用作度假村的建築，經過改造後成為了現在的歐式甜點咖啡店。除了濃厚的綠茶拿鐵和冷萃咖啡外，他們的招牌飲料是新星拿鐵，糕點師精心製作的可頌也是他們的推薦餐點。在他們的庭園裡，可以看到秋天的粉色浪潮──粉黛亂子草。另外，咖啡店就在紫芒山晨星嶽的旁邊，故此每年晨星嶽舉行野火節慶典時，咖啡店就成了觀賞慶典的最佳位置。

INFO　　　　　　　　　　　涯月邑

Ⓐ 제주시 애월읍 평화로 1529
Ⓣ 0507-1315-0080
Ⓗ 09:00~19:00
Ⓘ saebilcafe

☕ 春日｜봄날

涯月元老級海景咖啡店

說到要去涯月看日落，不是到春日咖啡館，就是到隔壁的GD Cafe，不過GD Cafe已經倒閉多年，現在變成一家餐廳，而春日咖啡館直至今日仍然高朋滿座，每位網紅都要來此打卡。春日咖啡館位於漢潭海邊的涯月咖啡街盡頭，在咖啡街竄紅之前，這間咖啡店就已經坐落於此，有如元老般的存在，因而享有「涯月海邊1號咖啡店」之稱。

這裡緊鄰著海岸，風景是這家店最具代表性的地方，因為是海景第一排，所以坐在窗邊就可以直接面對大海。春日的裡裡外外經過悉心佈置及裝潢，帶有木系田園風情的格調，在這裡拍照既可愛又不失浪漫，可以說整家店盡是打卡場景，堪稱最能代表濟州的海景咖啡店。

INFO
- 제주시 애월읍 애월로1길 25
- 0507-1494-4999
- 09:00~21:30
- jejubomnal

涯月邑

☕ CONG CAFE｜콩카페 👍

神級正宗越南椰奶咖啡

去過越南的人都知道，越南咖啡很有名，而當中有間連鎖咖啡店分店遍及多個城市，那就是Cong Cafe。他們在越南的峴港非常受韓國遊客青睞，基本上每個韓國人到那裡都會在Cong Cafe喝一杯才走，而其招牌咖啡就是「椰奶咖啡」。Cong Cafe進駐韓國不過短短幾年，版圖便迅速擴展，如今分店更開到濟州島上。濟州分店位於郭支海水浴場旁，店面充滿越式的亞熱帶風情，深色原木裝潢配上越南大花布抱枕，散發濃濃越南味；門前還有幾張小餐桌，讓客人得以一邊吹著海風，一邊享用他們的招牌咖啡。如果想喝到口味濃郁的純正越南咖啡，感受那令人振奮的咖啡因，來這家咖啡店就對了。

涯月邑

INFO
- 제주시 애월읍 곽지3길 21 1층
- 0507-1480-0799
- 09:00~21:00
- congcaphe_kr

☕ 海花湯 │ 해화탕
夢幻仙境澡堂咖啡店

結合了咖啡店與澡堂(목욕탕)的概念，建成這處非常獨特的場景。一進到店內就會看到店中央的巨型泳池，佔據了差不多1/3的空間，池中還飄浮著無數大小小的白色盤子，當池水流動時，盤子之間就會因輕微碰撞而產生「叮叮、噹噹」非常清脆悅耳的聲音，就像樂器般不間斷地演奏出起落的音韻。
而最夢幻的時刻是，店家每半小時會啟動煙霧機令整間咖啡店的室內瀰漫了白色的煙霧，形成如仙境般的場景；或許是為了配合店內那種羅馬式的氛氛，店主還把其中幾面大玻璃窗裝飾成彩繪玻璃的模樣，營造出既神聖又夢幻的感覺。這裡進場需要一人一杯飲料，不能只是為了拍照而內進。

INFO
Ⓐ 제주시 한림읍 일주서로 5855 1층
Ⓣ 0507-1436-5150
Ⓗ 10:00~20:00
Ⓘ haehwatang

翰林邑

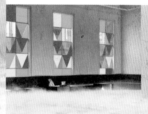

☕ AUSSIEHILL GROUNDS │ 오지힐그라운즈
濟州巨大化可頌

翰林邑

濟州島一直都很能追得上潮流，繼潮流貝果和司康後，還有「超巨型可頌」。這家咖啡店位於翰林邑，是一家以麵包著稱的咖啡店，他們的麵包受歡迎的程度，只要一上架就會被搶空。而最特別的是，他們有出爐現下韓國最熱門的超巨型可頌，尺寸是一般可頌的將近十倍大，所以要吃到的話，需要提早兩天預訂，吃的時候還會提供果醬搭配食用。

INFO
Ⓐ 제주시 한림읍 한림상로 16 1층
Ⓣ 0507-1345-0541
Ⓗ 10:00~20:00，公休：週三
Ⓘ aussiehillgrounds_jeju

明月國民學校 ｜ 명월국민학교

韓劇《歡迎回到三達里》劇中的海女展覽場地，擺放著男女主角的母親們年輕時穿著海女裝的青春合照。這裡其實是間非常出名的咖啡店，原本是座國民學校，學校於1993年廢校後，時隔25年以同樣的名字重新問世。以明月里青年會為中心，村民們齊心協力，將這處廢墟改造成了咖啡店及文化空間，保留了充滿過去回憶的場景，既別具特色又讓人感到親切。

校舍的正門就是中央入口，藍色門框成了明月國民學校最有人氣的拍照背景；整棟校園建築分為三個部分，分別是咖啡店、精品店和畫廊，每個房間都

展示有從前的老照片，參觀起來非常有趣，而走在校舍走廊上，木地板還會發出嘎吱聲響，年代感滿滿。近年很多咖啡店都沒有為兒童規劃空間，他們卻刻意預留了寬敞的運動場作為專屬的兒童區域，大家還可以在精品班購買風箏、毽子等懷舊遊戲，再到操場上渡過愉快的時光。

INFO
A 제주시 한림읍 명월로 48
T 0507-1341-1955
H 11:00~18:30
I _lightmoon.official

休止符咖啡店 ｜ 제주쉼표

位於挾才海水浴場旁，一家在SNS上非常有名的咖啡店，以白色布幔搭成一個個面海的獨立帳幕而聞名。這棟建築物的外觀平平無奇，屬於隨時會錯過的類型，但是走到店鋪頂樓的天台，透過每個帳幕望向那翠綠色的大海，你會發現美麗的飛揚島就在帳篷框架之內出現；白色三角形的帳幕，加上飛揚島海景，而你坐在一張以繩網編織成的吊床上，唯美而療癒的畫面，就會在你的相機鏡頭中呈現。如果黃昏時分前來，日落景色會更加美麗，畫面更加動人。

INFO
A 제주시 한림읍 한림로 359
T 064-796-7790
H 09:00~21:00
I jejucomma

《換乘戀愛3》網紅黑夜煙火熔岩咖啡店

Flowave｜플로웨이브

這裡是著名戀綜《換乘戀愛3》的浪漫拍攝地，是一家結合大自然和現代藝術元素的咖啡空間，在網上知名度居高不下，不止韓國人追捧，就連外國旅客也要慕名來訪。這間咖啡店的重點在於室外的紅色夜燈裝置，入夜後，店外的火山熔岩造景就會亮起紅色的燈帶，彷彿滾滾流動的岩漿；而岩石上會拉起繩串，店員會請客人在紙條上寫下願望，再親手綁到繩串上，把繩串和願望紙條都點燃之後，火花在漆黑的夜空中隨風飄散在水面上，譜成浪漫又驚豔的一刻。

(INFO)

(A) 제주시 한림읍 장원길 63-12
(T) 0507-1305-9367
(H) 15:00~22:00
(I) flowave_jeju

@haaan_jiii

如畫般的龍頭海岸油菜花海咖啡店

素色彩本｜소색채본

位於山房山與龍頭海岸之間的一家咖啡店，在建築物中間有個開放式的大門洞，就像是把面前一大片鮮黃迷人的油菜花海裱褙在畫框中一樣。門洞前擺放了餐桌和椅子，客人可以坐在這裡拍照，拍出來的效果有如風景水彩畫般動人。另外，此店最受歡迎的就是西瓜汁，這在濟州島來說是比較少見的飲品選項，烈日當頭的夏日，逛完壯麗的龍頭海岸路出來，一定會經過這家咖啡店，記得要停下腳步，

點杯西瓜汁解暑一下，拍張如畫般的認證照後再離開。

(INFO)

(A) 서귀포시 안덕면 사계남로216번길 24-61
(T) 0507-1356-1686
(H) 09:00~20:00
(I) sschebon

☕ 濟州個性系專業綠茶專門店
Sannolu │ 산노루

翰京面

annolu是一家位於西部翰京面,充滿著現代職人
綠茶質感的咖啡店,建築外觀是用紅磚搭建而成,
而室內空間則以綠色和白色作為主調,搭配各種植
物,營造出清新的綠茶系氛圍。其咖啡店與賣場融
合在一起,提供各種由自家種植的綠茶調製而成
的飲料及甜點,還有販售以綠茶加工製作的其他產
品,如罐裝綠茶粉、藥油、護膚產品等等。

INFO
Ⓐ 제주시 한경면
　낙원로 32
Ⓣ 070-8801-0228
Ⓗ 10:00~19:00
Ⓘ sannolu.co.kr

☕ 靜看海豚的海邊咖啡店
CAFE FINS │ 카페핀스

INFO
Ⓐ 서귀포시 대정읍 무릉리 4065-1
Ⓣ 0507-1355-4085
Ⓗ 11:00~19:00, 公休:週三
Ⓘ fins_cafe

大靜邑

位於西歸浦大靜邑一個以賞海豚出名的海邊,這家
咖啡店獨特而時尚的建築,以厚重的濟州黑石搭建
成外牆,設計中構成了各種形狀,包括三角形、正
方形和圓形等,打造出不同空間感。室內面海的落
地大玻璃,可以無阻礙地看著大海,若想要更清楚
地觀看這邊最討喜的海豚,就要上到咖啡店的天
台,一邊品嚐咖啡,一邊尋找海豚的踪影,據店家
說只要坐在這裡,一定可以看得到海豚。

筆者私心推薦濟州限定極品甜點
TERRADOCE | 테라도스

位於涯月小區內的一家高檔甜點店，生產研發都來自濟州島，現在更推廣到韓國其他地區進行Pop-Up營銷。店主親自研發出來的甜點是一款名為Terradoce(테라도스)的蛋糕，意思是「以這片土地的甜蜜」，其創作靈感來自日本長崎縣平戶市那傳承了500年滋味的代表性甜點──有「甜點界金磚」之稱的「Casdous(カスドース)」。

老闆經過長時間研究，並根據濟州本地的溫度和溼度，自行開發出屬於濟州島的獨特版本。Terradoce僅使用純淨的濟州鮮奶和雞蛋製作而成，並規定當天生產當天銷售，以確保新鮮，雖然冷凍可以保存7天，但還是建議大家馬上食用才是最完美的。

蛋糕有兩種口感以供選擇，一種比較柔軟，另一種則是比較酥脆；蛋糕的大小兩口就能吃完，外層是清甜有嚼感的粗粒糖，鬆軟的蛋糕則帶有香甜的雞蛋味，口感和味道都是一流，配著牛奶一起吃的話，味道更加突出有層次，這是筆者在韓國吃過最美味的一款甜點。

INFO
Ⓐ 제주시 애월읍 애상로 207-2
Ⓣ 010-8565-4162
Ⓗ 10:00~17:30，公休：週日
Ⓘ jeju_terradoce

精緻韓屋漢堡專門店
幸運門 | 행운문

INFO
Ⓐ 제주시 애월읍 봉성로2길 34-3
Ⓣ 0507-1477-4060
Ⓗ 17:30~23:30，最後下單23:00，公休：週三
Ⓘ luckydoorjejudo

韓國首家推出多種蝦漢堡的漢堡專賣店，大型四葉草形狀的木製門口，是此店的重要標記。雖然餐廳賣的是漢堡，但店內裝潢卻是韓屋風格，完全展現出東西合璧的獨有韻味。店家以濟州傳統竹籃來裝盛各種醬料、炸薯條、沙拉以及重點的漢堡包，視覺上就像一盤豐盛的韓餐饗宴。漢堡共有5種口味選擇，包含多種不常見到的食材，能讓人感到滿足。一個漢堡套餐份量十足，加上全店盡是無死角的美麗裝潢，餐點上桌之後，可要記得讓相機先吃。

七仙洞元祖明太子五花肉 | 칠사돈 원조명란삼겹살

全韓首創明太子烤黑豬肉...👍

涯月邑

曾在韓國MBC美食節目《Live Tonight(생방송오늘저녁)》中推薦過的美食名店,位於涯月附近的一棟白色建築內,從店內掛滿的名人簽名看來,果然名不虛傳。他們家獨創並獨家供應的「烤明太子黑豬肉(명란 숙성 오겹살 흑돼지)」,夠份量的調味明太子豪邁地塗抹在黑豬肉上,加以按摩入味後,再端到客人面前烤熟。

看著紅紅的明太子變成粉色,新鮮的黑豬肉也烤成金黃,一股充滿鹹、香、鮮的氣味傳來,真恨不得馬上就能吃到。果然一口咬下去,肉汁立刻流出

來,不用再蘸其他醬料,因為明太子的鹹香已經足以把黑豬肉調味得剛剛好,讓人忍不住不斷地把肉送進嘴裡,一眨眼的功夫,整份黑豬肉就已吃得盤底朝天。

INFO
- Ⓐ 제주시 애월읍 애월해안로 906 1층
- Ⓣ 064-748-3366
- Ⓗ 12:00~22:00
- Ⓘ 7sadon

涯月惠恩鮑魚 | 애월은혜전복

胡同中的美味鮑魚海鮮拉麵

涯月邑

位於涯月咖啡街胡同中的鮑魚專門店,有鮑魚飯、鮑魚片、鮑魚粥、土鍋鮑魚等餐點,還有烤鮑魚、蒸鮑魚等單點菜餚。推薦他們的鮑魚海鮮拉麵,以新鮮海產烹煮而成,而且完全沒有腥味,份量非常豐富,值得一試。另外,他們的鮑魚粥也非常美味。在這裡用餐特別之處是,免費小菜中就已包含了半條烤鯖魚,外層烤得酥脆,魚肉還是鮮嫩,一點魚腥味都沒有,非常推薦。雖然店面沒有特別裝潢,亦沒有優美的風景,但美味的食物本身就是這裡最引以為傲的強項。

INFO
- Ⓐ 제주시 애월읍 애월로1길 24-3 1층
- Ⓣ 0507-1432-9060
- Ⓗ 09:40~20:00,最後下單:19:00

超級網紅藍白奶油風咖啡店

Haru Film｜하루필름

位於涯月邑的沿海公路旁，店內以奶油色調搭配baby blue，還設有上閣樓的旋轉樓梯，整體氛圍都很溫馨可愛，極具ins感，非常符合少女風格打卡拍照，故能成為超級網紅店。「雲淋」是他們家的招牌，而且還有多種口味，包括原味(牛奶味)、玉米味、濟州鍋巴味以及焦糖味等，冰淇淋也可選擇甜筒或杯裝，許多人會拿著冰淇淋在前拍照，再上傳到社群網站上。另外，店內還設有「人生四格」拍貼機，濾鏡的效果，能拍出像蓬鬆雲朵似的夢幻感，跟店家形象相符，在韓國的拍貼機界非常有名。

(INFO)
Ⓐ 제주시 애월읍 애월해안로 672 1층
Ⓗ 11:00~19:00
Ⓘ haru_in_aewol

海螺刀削麵、海螺粥、海螺煎餅的美味代表

翰林刀削麵｜한림칼국수 👍

海螺刀削麵是濟州島的傳統菜餚之一，說到海螺刀削麵就一定要去翰林刀削麵店，他們的海螺刀削麵是濃稠的綠色湯頭，配上勁道十足的海螺口感，味道雖然清淡卻非常鮮美。這裡所有食材都是來自濟州島，麵團也是自家揉製，被當地人評選為濟州島的靈魂菜式。另外，此店還無限量供應白飯和辣辣的辛奇(韓式泡菜)，是絕對值得信賴的海螺專賣店。若是覺得單點刀削麵不滿足，他們的海螺煎餅也煎得香脆可口，如果是不吃麵的人，來碗海螺粥也是一絕。

(INFO)

翰林總店	濟州機場店	東門市場店
Ⓐ 제주시 한림읍 한림해안로 141	Ⓐ 제주시 광평중길 82	Ⓐ 제주시 관덕로13길 3 1층
Ⓣ 0507-1442-3371	Ⓣ 0507-1320-9920	Ⓣ 0507-1401-6250
Ⓗ 07:00~15:00，公休：週日	Ⓗ 08:00~15:00，公休：週日	Ⓗ 09:00~16:00，公休：週二

濟州海女海螺粥即食包

金嶽DOTDOT拉麵｜금악뜻뜻라면 👍

在白種元的飲食競賽節目《胡同餐廳-濟州篇》中勝出的店家，跟在比賽時一樣，招牌就以濟州島的食材烹調而成的大蒜豬肉拉麵。大量蒜蓉加到以豬肉秘製的拉麵中，湯頭在嗆口的辛辣中又帶有濃郁肉香，令人欲罷不能，索性吃完麵後立即加單，再來一碗白飯，泡進湯中全部吃光。來這裡的每個客人都說辣，但辣到極致又不禁直呼「爽」，雖然吃到大汗直流，但那種暢快真是一絕。

這家拉麵店的人氣指數，厲害到連韓國著名食品大廠「不倒翁」都邀請合作，推出同名品牌的「濟州大蒜豬肉泡麵」，不過這款泡麵只在濟州島發售，島上大大小小的紀念品店都找得到(詳細介紹請參考P.040)。要提醒大家，因為泡麵含有肉塊，無法入境台灣，但可以入境香港。另外，自己煮的話必須加入指定食材，才能煮出跟店家一樣的味道。

INFO

翰林本店
Ⓐ 제주시 한림읍 금악로 18
Ⓣ 0507-1490-8265
Ⓗ 09:00~15:00，公休：週三
Ⓘ dotdot_ramen

濟州市2號店
Ⓐ 제주시 고산동산6길 11-1 1층
Ⓣ 0507-1387-6919
Ⓗ 11:00~15:00，17:00~20:00，
　公休：週日

翁浦別莊｜옹포별장가든

店內放有店主與韓國前總統文在寅的合照，便知道這是當地大有來頭的餐廳。此店的建築物已有百年歷史，而餐廳則是打從1945年就在此營業至今，是當地人經常光顧的餐廳，在島上可說是無人不曉。他們的鮑魚料理非常著名，搭配既獨特又健康，例如加入黑白芝麻的鮑魚粥、　　　　　加了飛魚子、南瓜和地瓜的鮑魚石鍋飯、以及鐵板烤鮑魚和白切黑豬肉等，每一道菜　　　　　　都新鮮美味，吃得出大家的用心經營。另外，這裡還有難得一見的仙人掌泡菜　　　　　　供應，味道獨特又羊甜，想要體驗連總統都認可的濟州傳統美味，不妨來　　　　　　這裡品嚐一下。

INFO

Ⓐ 제주시 한림읍 한림상로 24 1층
Ⓣ 0507-1355-3146
Ⓗ 11:00~16:00，17:00~20:30，最後下單：19:30，
　公休：週四

韓國人氣NO.1濟州可愛布丁

Umu｜우무

翰林邑

以濟州海女親自採擷的石花菜製作成布丁，不僅只能在濟州品嚐到，而且沒有使用明膠和防腐劑，因為店家的經營理念是以最好的食材製作健康的甜點，成為每位旅人最難忘的甜蜜瞬間，同時還要與濟州共生，籍此宣傳濟州海女，因此非常用心地以手工製作每一個布丁。石花菜煮久之後會變得透明有彈性，店家便利用這一特性製作成布丁，並設計出卡士達醬(吉士)、綠茶、巧克力、素食布丁、燕麥等5款基本口味。

當中的卡士達醬布丁是他們的招牌，故此當然是最受歡迎的味道；而為了令素食者也能吃到這些富有意義的布丁，於是製作出素食布丁，分有純素跟蛋奶素，絕對適合素食人士享用。另外還會有期間限定的口味，在不同季節推出。在吃布丁的時候可以看到當中的石花菜顆粒，感覺既健康又味道滿分，不過要留意布丁必須在購買後5小時內食用完畢。店內也設有不同語言的菜單，方便外國旅客點餐。

(INFO)

翰林店
- (A) 제주시 한림읍 한림로 542-1
- (T) 010-6705-0064
- (H) 09:00~20:00
- (I) jeju.umu

舊濟州市店
- (A) 제주시 관덕로8길 40-1
- (T) 010-4471-0064
- (H) 09:00~20:00

當地人推薦經濟實惠的帶魚餐廳

胖墩叔叔｜뚱보아저씨

翰京面

烤帶魚套餐只需要11,000₩，你能相信嗎？以現在濟州島的物價來算，這裡真的很便宜。一份套餐包含了烤帶魚、燉鯖魚和海膽海帶湯，這是濟州島標準的烤魚套餐搭配；套烹煮，非常下飯，而重頭戲的烤帶魚雖然等候時間比較久，值得的。店內其他小菜也都是店家親手烹調，非常新鮮廳，如果來西部旅遊想不到要吃什麼的話，就來這

餐中的紅燒青花魚是和甜蘿蔔一起但好吃的程度讓所有等待都是美味。這是家CP值極高的餐裡吃濟州特產烤帶魚吧！

(INFO)
- (A) 제주시 한경면 중산간서로 3651
- (T) 0507-1415-1112
- (H) 09:30~15:30，17:00~20:00，最後下單：19:20，
  公休：週四

田園鄉村風傳統海女 三層便當

茶籠咖啡店│카페차롱

這裡位於中文區和山房山的主幹道上，交通非常方便。咖啡店由傳統石屋改建而成，就像童話場景一樣，店內裝飾簡潔可愛，每個角度都是IGable，那寬敞寧靜的空間，可以感受到店主希望客人靜下心來，享受在這裡的時光。建議先來一杯黑糖薄荷咖啡，整杯咖啡光用看的都美得像一幅風景畫，讓人捨不得喝掉；而重點的招牌菜就是三層便當，以韓國傳統棉質包袱裹著海女們常用的傳統藤織飯盒，亦稱「茶籠(차롱)」，給人一種既珍貴又地道的感覺。

小心翼翼地打開包袱，逐層揭開便當，每一層都充滿視覺震撼，誘人瘋狂按下快門。建議大家從便當上桌便開始錄影，每一層每一刻都要記錄下來，雖然一份便當價錢昂貴，但是足夠兩個人吃，除了外觀精美，味道亦是一絕，作為早午餐或下午茶都是非常好的選擇。

INFO

🄰 서귀포시 안덕면 감산로 3
📞 0507-1355-3189
🕐 10:30~17:00，最後下單：16:00，公休：週二、三
📷 cafe_chalong.jeju

歡迎來到濟州的芭比世界

Boo Gelato│부젤라또

立於沙溪海岸對面的芭比粉色Gelato店，整間店的每個角落都是粉紅色的，在這裡拍下的照片充滿著美式風情，不知情的人還以為是去了LA呢！必吃濟州島特色口味有Riso(大米味)、Mandarino (蜜柑味)、最多客人喜歡的Jeju Milk(濟州牛奶味)，和店員推薦的Tiramisu(提拉米蘇味)。拿著雪糕走上建築物的頂樓，一邊欣賞著沙溪海岸的獨特風景，一邊享受冰涼的冰淇淋，彷彿到了天堂一樣，絕對是夏日必去的解暑行程。

INFO

🄰 서귀포시 안덕면 형제해안로 32
📞 0507-1385-0342
🕐 09:30 - 20:00
📷 boo_gelato

山房山碳酸溫泉 | 산방산 탄산온천

一邊欣賞山房山美景，一邊享受溫泉浴

很多人以為濟州是個火山島，所以應該也像日本一樣有很多溫泉，但事實並非如此，這是因為日本的岩漿靠近地表活動，而濟州島的岩漿位於地底深處，無法加熱靠近地表的地下水。雖然地質條件不同，但濟州島偶爾也還是能發現溫泉，像是這處位於韓國最南端的溫泉——濟州山房山碳酸溫泉。

這裡以神祕的山房山作為背景，周圍景色非常迷人，其溫泉水是從地下600公尺提取而來，用以供給戶外溫泉浴場、溫泉游泳池和桑拿房使用，泉水中的碳酸鈣有助於美膚和調節血壓，對身心健康都非常有益處。在露天浴池可以邊享受溫泉浴，邊欣賞山房山和濟州島南部美麗的景致，就算是在室內溫泉浴池中，也可以透過玻璃幕牆看到濟州島的自然風景。

安德面

INFO
(A) 서귀포시 안덕면 사계북로41번길 192
(T) 064-792-8300
(H) 06:00~23:00

NANA水足浴咖啡店 | 니나수족욕카페

珍貴的天然礦物質水療癒身心

位於西歸浦海邊的足浴咖啡店，選用的是已獲得美國專利，且受到美國FDA認證的珍貴天然礦物質NANA水來泡腳。這種水全球只有30多個國家限量，據說無論是外用或內服，都可以促進血液循環、舒緩疲勞，還能治療頭痛、失眠以及皮膚炎等問題；用來飲用的話，可以令頭腦清晰；而用來泡腳、泡湯的話，則有助於舒緩肌肉、治療痠痛和神經痛，還能消去腿部浮腫。

進店後先選擇想要的香薰倒進足浴盆，然後再點飲料即可；足浴香薰共有尤加利足浴粉、粉鹽足浴和薰衣草足浴等3種，每種香薰功效都不同，而店家最推薦的是尤加利。店鋪分為上下兩層，2樓是室內的海濱足浴區，以及天台上的足浴泡湯區，基本上每個位置都能享受陽光海濱的美景，可以一邊泡著腳一邊欣賞，讓旅行的疲勞頓時盡消。

安德面

INFO
(A) 서귀포시 안덕면 대평로 29
(T) 0507-1353-9803
(H) 10:00~22:00
(I) ninasu.cafe

外島 | 섬

ISLAND

 魅力無限的島嶼
牛島｜우도

牛島是韓國國內的海洋道立公園(해양도립공원)，作為濟州島中之島的牛島，因為遠看像一頭躺著的牛而得名，全島人口只有1,700人，每年卻吸引多達300萬名遊客來訪。如果是第一次去牛島旅行，建議先搭乘循環巴士，司機會在車上對主要景點作簡單介紹，並講解牛島的故事。乘客可以按照自己的喜好，在屬意的車站下車閒逛，然後再乘坐循環巴士前往下一個目的地。如果是第二次到訪牛島，建議走走村路，島上如畫的風景絕對能讓人大飽眼福。如果第三次來牛島的話，建議在島上住一晚，因為牛島八景中的「天津觀山(천진관산)」和「夜航魚帆(야항어범)」都是只能在晚上才看得到。「天津觀山」是指從天津港(천진항)觀看漢拏山，此時漢拏山的背後在夕陽照耀下，看起來就像燃燒中一般，特別是從東天津洞看到的城山日出峰和燃燒中的漢拏山風景，更是令人驚豔。如果旅行時期是在夏天的話，可以見到「夜航魚帆」，夜晚出航的漁船們逐漸點亮船尾燈，將大海點綴得閃亮耀眼，本身就是令人着迷的畫面，而這正是韓劇《我們的藍調時光》中所提到的100個月亮的情景。黑沙海水浴場、西濱白沙等都是牛島上的著名風景，只有看過牛島的海水浴場，才能說是真正看過了濟州的大海。如果想到海水浴場享受一番，建議到下古水洞海邊，那裡的水不深，波浪也很平靜，尤其適合體驗浮潛。如果夏天時遇到下雨的話，不妨去石坎兒海岸的「雨生瀑布(비와사폭포)」看看吧，雨生瀑布顧名思義指的就是「只有下雨才會出現的瀑布」，也非常壯觀；沿着那裡的海岸道路，還排列着各式各樣以黑石搭成的「許願石塔」。此外，位於牛島最高峯牛頭峯牛頭山坡(우도봉 소머리오름)的牛島燈塔公園(우도등대공원)，則能看到壯麗的城山日出峰躺濟州的美景。其他像是過橋的牛島飛揚島等也是名勝。

牛島到處都是美景，但是牛島最好的風景是蘊藏在人們心中的那份低調與慢活的節奏；牛島就是這樣的地方，只要體會過牛島的魅力，就一定會愛上這裡。

牛島定期渡輪

運行資訊		
出發碼頭	城山浦港綜合客運碼頭｜성산포항종합여객터미널	
出發碼頭地址	서귀포시 성산읍 성산등용로 112-7 (位於東部)	
電話	064-782-5671	
班次	一日22班，每隔半小時發船 (按季節班次會變動)	
船程時長	10多分鐘	
抵達牛島碼頭	- 天津港｜천진항 - 下牛目洞港｜하우목동항	
建議島上行程	半天至一天	
備註	渡輪會按表定時間停泊在其中一個碼頭，平均每半小時一班船，遊客可以按自己的行程，回程時到其中一個碼頭上船，即可離開牛島。	
網頁	udoboat.smart9.net (牛島交通官方詳情及時刻表)	

牛島入島收費表

分類	單程收費	往返收費	道立公園門票
	船票價	船票價	(進入牛島必須)
乘客收費			
成人	4,500₩	9,000₩	1,000₩
中學生	4,500₩	9,000₩	800₩
長者、身心障礙者 和有功勳人士	4,500₩	9,000₩	--
小學生	1,500₩	3,000₩	800₩
2~6歲	1,500₩	3,000₩	--
車輛收費			
輕型車	8,800₩	17,600₩	4,000₩
中小型車 -9人座以下商務車	11,000₩	22,000₩	4,000₩
大型車(君爵以上進口車) -12人座或以下商務車	13,200₩	26,400₩	4,000₩
大型車 -15人座以下商務車	16,500₩	33,000₩	4,000₩
中巴 -25人座以下	27,500₩	55,000₩	6,000₩

• 以上價格只作參考，船票價格會按照實際船公司的收費而有所不同。

牛島渡輪售票處

牛島渡輪

攜同船票、護照、乘船
申請書前往登船

可站在甲板看風景

船倉內要脫鞋子席地而坐，設有插座可充電

城山浦港的停車場

自駕遊的旅客由於大部分都不能開租賃車登上牛島，故需要將車子停放在城山浦港綜合客運碼頭對面的城山浦港收費公營停車場(성산포항 공영주차장)內。其收費以時間計算，基本上要去牛島的話都要停一整天。停車場分為室內和露天兩個區域，盡可能把車停在室內停車場會比較妥當。

(INFO)
Ⓐ 서귀포시 성산읍 성산등용로 130-19
Ⓟ 停車場收費：全日停放8,000₩/台

雪姬小提示

租車自駕上牛島的規定

根據濟州觀光公社的說明，基本上外國遊客是「可以」開租賃車登上牛島的，不過實際上還是得取決於租車公司的規定，而大部分的租車公司都禁止其車輛開去牛島，其原因多半是因為保險範圍不包含牛島，倘若發生意外，租客必須自行承擔事故產生的所有相關費用。

雪姬小提示

國內坐船都要個資申報

在韓國國內無論是搭乘客輪或是渡輪，都需要提供護照作個人資料登記，這是因為船公司在緊急情況發生時需要確認乘客身份，因此每次坐船前都需要填寫乘船申報表。填寫的資料包括：乘客姓名、出生日期、性別、聯絡電話等，因為需要往返的關係，基本上要分開兩張來填寫(通常一張可以填寫多人)，去程一張，回程一張，每次登船前連同護照和船票一起交給職員檢查，確認完資料後，職員便會收回填好的申報表。

牛 島 重 點 推 介
美 食 、 景 點 一 次 GET

①
黑沙海水浴場 ｜ 검멀레해수욕장
牛島最著名美麗黑色沙灘

作為牛島最美、最獨特的海灘，因黑色的沙灘而聞名。同時這裡還有牛島八景之一的「東岸鯨窟(동안경굴)」，退潮時可以直接走進去。另外這裡亦是濟州島最著名的快艇體驗場地。

INFO
Ⓐ 제주시 우도면 연평리

②
漢德瓦薩公園 ｜ 훈데르트바서파크
名畫家的文化藝術空間

又名「牛島百水公園」，以奧地利名畫家佛登斯列‧漢德瓦薩為主題的文化藝術空間，部分時間是免費開放的。

INFO
Ⓐ 제주시 우도면 우도해안길 32-12
Ⓣ 064-766-6077
Ⓗ 09:30~18:00，最後入場：17:00

③
牛島飛揚島 ｜ 우도 비양도
濟州飛揚島2.0

這座小島以150公尺長的短橋和牛島相連，因為是濟島最快能看到日出的地方，而成了濟州島引以為榮露營聖地。

INFO
Ⓐ 제주시 우도면 연평리

4

下古水洞海水浴場 │ 하고수동해수욕장

感受寧靜的果凍海

於牛島風勢最弱的地方，因清澈的海水、淺淺的
深和平靜的波浪，在牛島內被稱為「海水浴勝
」，附近更開滿了無數間海景咖啡店。

(INFO)
Ⓐ 제주시 우도면 연평리

6

牛島珊瑚海水浴場-西濱白沙 │ 우도산호해수욕장-서빈백사

白色石子組成的海岸

鋪滿海灘的不是沙子，而是白色的石頭，這些白色的石頭由紅藻石所構成，相當特別。

(INFO)
Ⓐ 제주시 우도면 우도해안길 264

5

巨型海螺模型 │ 거대한 뿔소라

城堡名店附近的巨型地標模型

海螺同樣是牛島的特產，來到錢屹洞海女更衣室(전동해녀탈의장)前，牛島海岸路線循環巴士站旁，巨型海螺來張合照也很可愛。

(INFO)
Ⓐ 제주시 우도면 연평리 828-1

7

JIMMY'S │ 지미스

最有名的牛島花生冰淇淋店

牛島的特產之一就是花生，所以來到牛島，當然要吃最具代表性的牛島花生冰淇淋；而其中最有名的店鋪，就是黑沙海邊的JIMMY'S (지미스)。

(INFO)
Ⓐ 제주시 우도면 우도해안길 1132
Ⓣ 010-2298-8633
Ⓗ 08:30~18:00

8 🍽 HAHAHOHO │ 하하호호
牛島最著名的漢堡店

牛島最著名的漢堡店，其食材均是選用牛島或濟州島的特產製作而成，份量十足，味道非常出色，多年來都是牛島上的必吃餐廳之一。最特別的是，他們獨創以牛島特產的蒜頭製作成蒜頭冰淇淋，蒜香加上奶油香，實在是神奇美味的搭配。

(INFO)
Ⓐ 제주시 우도면 우도해안길 532
Ⓣ 0507-1344-1365
Ⓗ 10:00~17:00，最後下單16:00

9 🍽 On Off │ 온오프
海邊的邪惡拉絲炸豬排

著名韓綜《換乘戀愛3》的拍攝地，以濟州黑豬肉及羅勒起司製成的拉絲炸豬排，是這家店的打卡招牌菜。

(INFO)
Ⓐ 제주시 우도면 우도해안길 876
Ⓣ 0507-1346-9807
Ⓗ 11:00~18:00，最後下單：16:30

10 ☕ Blanc Rocher │ 블랑로쉐
小紅書超人氣海邊咖啡店

這家位於下古水洞海邊左側的咖啡店，是《牛島旅館》的拍攝地，能透過超大落地窗把海水浴場的景一覽無遺。窗前設有露台空間，可以體驗到與海零距離般的感覺。在這裡一邊喝著咖啡或吃著淇淋，一邊看著大海，也許就是人生最大的享受。

(INFO)
Ⓐ 제주시 우도면 우도해안길 783 1층
Ⓣ 0507-1398-9154
Ⓗ 11:00~17:00

‥島上的租車

島後，在兩個碼頭入口旁都有多間租車店，分別
不同種類的車型可供選擇，包括電動車、自行
、電動自行車等。當中需要留意的是，最基本款
的電動車只能兩人共乘，並必須持有國際駕照且
照上蓋有A類章(即機車類)才能租用。
車時會要求出示國際駕照確認，取車時，職員會
簡單的英文說明如何駕駛，如果完全不懂英文的
，比較不建議租用，特別是三、四輪電動車，因
大部份的店員都不會中文；當然你也可以尋找能
供中文服務的店家，只是所佔比例非常稀少。
果國際駕照上只蓋有B類章(即普通小客車)，那就
能租用最普遍的電動車款，只能尋找租賃3~5人電
四輪車款的店家，不過只有很少數的店家有出租
5人電動車。另外，租車收費按小時計算，基本包
：3小時、4小時和一天等選項以供選擇。

雪姬小提示

提供3~5人電動四輪車的店家
牛島電氣租車 ｜ 우도전기렌트카

Ⓐ 우도면 우도해안길 372
Ⓣ 010-3699-3895 /010-9583-3655
　 /064-783-3355

‥車款式參考

普通電動三輪車 (免子車款，不含保險)

普通電動三輪車 (敞篷款，不含保險)

3人電動四輪車(需要購買保險)

• 5人電動四輪車(需要購買保險)

• 電動自行車

• 電動摩托車

牛島上的循環巴士

抵達牛島時，不論是在天津港還是下牛目洞港下船，碼頭旁邊都有巴士站，這兩個車站都設有售票處，先購買車票再上車。循環巴士有兩條路線，第一條是海岸路線，基本上沿著整個牛島的海岸公路走一圈；第二條是觀光路線，只繞行主要觀光景點，不會到牛島的北部。因此乘客上車前要先計劃好旅遊行程，在購票時告知售票處職員，才不會誤乘到不適合的路線。另外，除了碼頭終點站外，每個車站的末班車時間都不相同，所以要計劃清楚離開時間，不然錯過就要等很久。每台車的座位數量不多，滿座時需要站著，站與站之間的車程大約3分鐘左右。

運行資訊	
首班車時間	雙數日：早上08:30(由天津港開出) 單數日：早上08:30(由下牛目洞港開出)
末班車時間	- 由天津港開出：下午17:40 - 由下牛目洞港開出：下午17:40
車資	- 成人8,000W/位 - 青少年7,000W/位 - 兒童5,000W/位
班次相隔時間	- 每隔20分鐘一班車 - 上車和下車的車站位置相同
路線	雙數日(即2、4、6…日)順時針方向行駛 單數日(即1、3、5…日)逆時針方向行駛(兩者可換乘)
車票使用限制	每張車票只能搭乘一圈，一圈後車票會被收回，要再搭乘的話得另外購票
乘車規定	車上不能攜帶飲料、冰淇淋等食物

• 碼頭旁邊的售票處(下牛目洞港)

• 巴士車票要保存好，完成一圈車程後司機需收回

• 牛島循環巴士

• 牛島循環巴士站候車亭，但有些小站只有圓形站

• 巴士車廂內

• 每個候車亭都會張貼著末班車時間

246

 ## 走向大韓民國國土最南端的盡頭
馬羅島｜마라도

為馬羅海洋道立公園(마라해양도립공원)，島上開闊得一如高爾夫球場般，全島居民只有49戶共91人。一般在島上的停留時間大約是1小時30分鐘，島上建有教堂、寺廟、教會、派出所、便利店、以及無數賣炸醬麵的餐廳及民宿，慢慢走的話，一個小時就可以環島。去馬羅島別忘了欣賞日落，在馬羅島最南端看到的日落是莊嚴而崇高的，還帶著一點傷感的美麗。

雪姬小提示

為什麼到馬羅島一定要吃炸醬麵？？？

說到馬羅島就會想起炸醬麵，跟韓國其他地區以豬肉或牛肉烹煮的炸醬麵有別，馬羅島上的炸醬麵是以海鮮烹煮的，所以有人說馬羅島的炸醬麵可謂是山珍海味。而馬羅島炸醬麵的成名之路，要從上世紀90年代後期韓國某通訊公司的廣告說起，當時他們為了宣傳手機信號覆蓋面有多廣闊，而有如下的廣告內容：一個外送員在郁陵島(韓國最東北面的島嶼)海面上划著小船，手裡拿著炸醬麵的外送箱子，一邊大聲叫著：「點炸醬麵的那位！點炸醬麵的那位！」突然電話鈴聲響起，電話那頭的人坐在遊艇上，字幕顯示「馬羅島的海上」，他慢悠悠地說：「那個誰，我現在就在馬羅島了！送到這裡來吧！」。這則廣告一推出便在韓國家喻戶曉，同時更吸引了無數國內遊客前來探訪，於是到馬羅島吃炸醬麵就成為了這裡的傳統，來到馬羅島一定要吃碗炸醬麵才走。

馬羅島定期渡輪

運行資訊	
出發碼頭	雲津港馬羅島加波島定期渡輪候船室｜운진항 마라도 가파도정기여객선대합실
出發碼頭地址	서귀포시 최남단해안로 120 (位於西南部)
電話	064-794-5490
班次	一日4班，每隔1.5小時發船
船程時長	25分鐘
船費	-成人21,000₩/位 -青少年(中、高校生) 20,800₩/位 -兒童(24個月以上~小學生)10,500₩/位 -長者(65歲或以上)16,000₩/位 *以上票價均已包含海洋道立公園入場費1,000₩
建議島上行程	1~2小時，如果要在島上吃炸醬麵必須2小時
備註	可在KKDAY上訂票，售有單獨加波島或馬羅島的船票，以及同遊兩島的套票

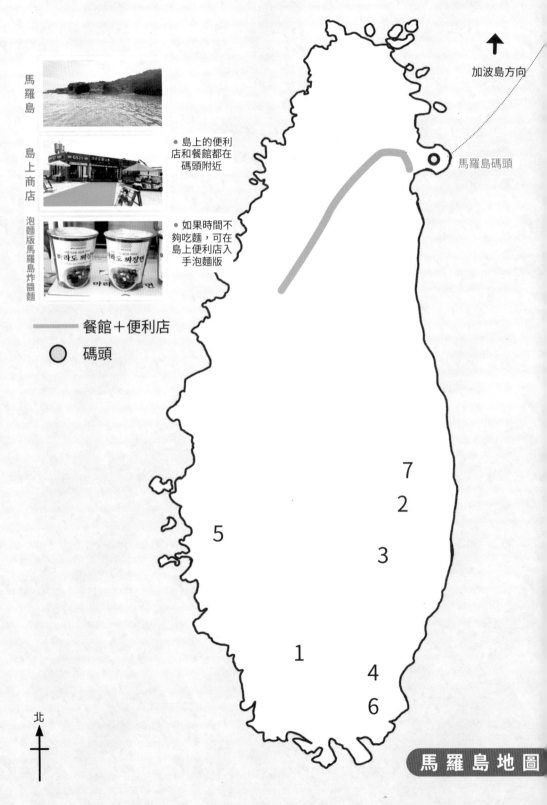

馬羅島

島上商店

泡麵版馬羅島炸醬麵

- 島上的便利店和餐館都在碼頭附近

- 如果時間不夠吃麵，可在島上便利店入手泡麵版

———— 餐館＋便利店

◯ 碼頭

加波島方向

馬羅島碼頭

7

2

5

3

1

4

6

北

馬羅島地圖

馬 羅 島 重 點 推 介
景 點 一 次 G E T

巧克力城堡-最南端之家
초콜렛캐슬-최남단의집
1
Ⓐ 서귀포시 대정읍 마라로 113

2 ### 馬羅島燈塔 | 마라도등대
Ⓐ 서귀포시 대정읍 마라로 165

馬羅島教堂 | 마라도성당
3
Ⓐ 서귀포시 대정읍 마라로 153

國度最南端紀念碑
| 국토최남단 기념비
4
Ⓐ 서귀포시 대정읍 가파리

祇園精舍 | 기원정사
5
Ⓐ 서귀포시 대정읍 마라로 87

將軍岩 | 장군바위
6
Ⓐ 서귀포시 대정읍 가파리

馬羅島航標管理處
| 마라도항로표지관리소
7
Ⓐ 서귀포시 대정읍 마라로 165

 在麥田間浪漫地散散步
加波島 │ 가파도

到馬羅島的時候，不妨把加波島同時加入你的行程中。加波島的面積是馬羅島的2.5倍，生活着150多位居民。從摹瑟浦旁邊的雲津港乘船，只需10分鐘便能抵達，兩個多小時就可以遊覽完這座美麗的島嶼。從碼頭向小島內部散步，人們都會不由自主地發出讚歎聲，除了黃色和綠色屋頂的房子、小學校、保健所等建築物外，整個島嶼都掀起了綠色浪潮，連早已習以為常的汽車聲音都沒有，時間彷彿停止了一樣，也許當初的濟州也是這個樣子吧。

加波島是韓國最先迎來春天的地方，到了4月，整個島嶼都掀起了青麥的波濤，面積廣達18萬坪的麥田隨風起舞，就像青麥海一樣，而青麥搖曳就如同海浪般，令人不禁呀然的壯觀。青麥是濟州島土生土長的品種，比普通的大麥大兩倍以上，加上位於海拔高度僅20.5公尺的平地上，因此無論從島上的哪個角度，都能看到恣意搖曳的綠色麥海。每年4月中旬到5月中旬，加波島還會舉行為期一個月的青麥慶典。在這裡可以漫步於麥田、建造許願石塔，還可以參觀特產銷售場。 如果說加波島春天的代表是青麥的話，那麼夏天就是向日葵，秋天則是大波斯菊，屆時一片黃澄澄的花兒將在這裡誘惑著你。

偶來小路10-1路線就在加波島上，沿着濟州偶來10-1路線走上4.2公里，或是租輛自行車在海風吹拂下前進，沉醉於小島的景色中，都是不錯的選擇。如果放眼望向遠處，從漢拏山、松岳山、山房山到西歸浦，濟州島西南部的風景就像觸手可及一般。近年再加上韓劇加持，讓加波島成為除了牛島外，第二個深受韓國遊客喜愛的濟州外島。

加波島定期渡輪

運行資訊	
出發碼頭	雲津港馬羅島加波島定期渡輪候船室 │ 운진항 마라도 가파도정기여객선대합실
出發碼頭地址	서귀포시 최남단해안로 120 (位於西南部)
電話	064-794-5490
班次	一日8班，每隔1小時發船
船程時長	10分鐘
船費	-成人15,500W/位 -青少年(中、高校生) 15,300W/位 -兒童(24個月以上~小學生)7,800W/位 -長者(65歲或以上)11,600W/位 *以上票價均已包含海洋道立公園入場費1,000W
建議島上行程	2~2.5小時
備註	可在KKDAY上訂票，售有單獨加波島或馬羅島的船票，以及同遊兩島的套票

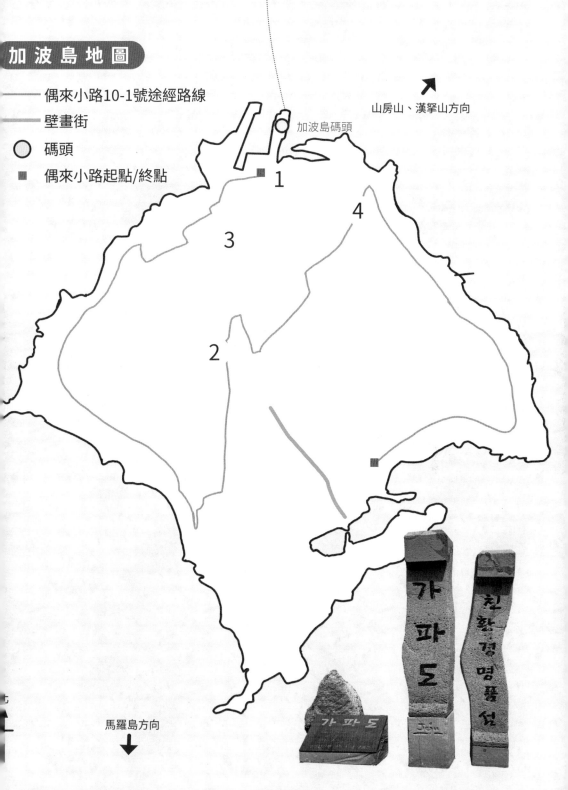

加波島地圖

— 偶來小路10-1號途經路線
— 壁畫街
◯ 碼頭
◼ 偶來小路起點/終點

加波島碼頭

↗
山房山、漢拏山方向

1

4

3

2

馬羅島方向
↓

加 波 島 重 點 推 介

美 食 、 景 點 一 次 G E T

1 ☕

Blanc Rocher │ 블랑로쉐

最美風景咖啡店・必嚐青麥冰淇淋

INFO

Ⓐ 서귀포시 대정읍 가파로 239 1,2층

2 🖼

加波島希望展望台
│ 가파도소망전망대서파크

從加波島高處環顧青麥田全景

INFO

Ⓐ 서귀포시 대정읍 가파리 460

3 🖼

《歡迎來到王之國》拍攝地

韓劇拍攝小屋・著名海螺石牆

INFO

Ⓐ 서귀포시 대정읍 가파242 꼬치삼춘

4 🖼

偶來小路最美路段

能觀賞到山房山和漢拏山的小路

INFO

Ⓐ 位置參考地圖

@Jejuyuiapa　@Jejuyuiapa

神話般的神秘島嶼
飛揚島 │ 비양도

飛揚島

挾才海水浴場近海漂浮著一個小島，水很淺，彷彿可以徒步過去一樣，老島民都說這個島是從很久很久以前的中國飛過來的。自從有了這個傳說後，飛揚島就成了一座神祕的小島。飛揚島是濟州島最年輕的島嶼，約1,000年前由火山噴發形成，整個島的周長約3.5公里，中央因火山活動而形成的山峰被稱為「飛揚峰」；山頂上有2個火山口，大的周長800公尺，小的500公尺，登上山頂就能看到大海對岸的濟州島和漢拏山，那景象平靜而美麗。去飛揚島只要在翰林港坐渡輪，15分鐘就可以到達島上；在島上若只走海岸路線，需時約50分鐘，要登飛揚峰則需時約40分鐘，而登頂加上環島一周，則需要1.5小時。

飛揚島定期渡輪

	運行資訊
出發碼頭	翰林港渡輪候船室 │ 한림항도선대합실
出發碼頭地址	제주시 한림읍 한림해안로 196 (位於西北部)
電話	064-796-7522
班次	一日4班，每隔兩小時發船
船程時長	10分鐘
船費	-成人12,000W/位 -兒童(滿2~11歲) 6,000W/位
建議島上行程	2~2.5小時

釣魚愛好者的天堂
遮歸島 ｜ 차귀도

遮歸島是一個無人島，因盛產竹子故又被稱為竹島，除了頂部有樹林外，其餘部分都是黑色玄武岩的懸崖，於2000年被指定為第422號天然紀念物，並被劃為自然保護區。由於位於濟州島的最西端，故此處亦是最早能看到日落的地方，夕陽時分整片海岸被染成紅色，令人不禁讚嘆連連。島上最美的景點就是位於小山丘上的無人白色燈塔--「竹島燈塔」，這座燈塔是在1957年時由當地居民親手建造，他們當時辛苦地將材料搬運到山上，所以整個山頭都充滿著居民的汗水和努力。而在山頂上還可以觀賞到新昌風車海岸道路(신창풍차해안도로)的美景。

遮歸島遊覽船

運行資訊	
搭乘渡輪	VENUSTA 3 ｜ 베누스타 3
出發碼頭	遮歸內甫口 ｜ 자구내포구
出發碼頭地址	제주시 한경면 노을해안로 1161 (位於西部)
班次	一天11~13班來回，每半小時一班
船程時長	10分鐘＋20分鐘乘船遊覽
船費	-成人(12歲以上)18,000₩/位 -兒童(24個月以上) 13,000₩/位
建議島上行程	1小時
備註	可在NAVER MAP上訂票

濟州的多島海
楸子島 ｜ 추자도

楸子島是在濟州島和全羅道之間的一個島嶼，位於濟州市最西北邊的海面上，從濟州港搭乘渡輪前往需要80分鐘。這片群島分為上楸子島、下楸子島、秋浦島、橫干島等4個有人居住的島嶼以及38座無人島，被譽為是濟州島上的「多島海」。根據2019年的普查記錄，住在島上的人口有1,733人，島民世世代代以海為生，自古以來就以抓鯤魚和海釣而聞名，是頗受垂釣愛好者青睞的景點。偶來小路有兩條路線在楸子島上，包括18-1和18-2路線，成為了旅客到訪楸子島最主要的原因。

楸子島定期渡輪

運行資訊	
搭乘渡輪	SANTA MONICA ｜ 산타모니카
出發碼頭	濟州港渡輪站 ｜ 제주항여객터미널
出發碼頭地址	제주 제주시 임항로 111 (位於北部)
電話	1666-0930
班次	一天2班來回
船程時長	1~1.5小時
建議島上行程	2天1夜
備註	www.seaferry.co.kr (可在渡輪官網上訂票)

偶來小路 ｜ 올레길
OLLE

255

這就是濟州島的「偶來小路」

濟州島偶來小路是專門為徒步旅客而設的道路，在這座美麗的海島上，遊客可不受時間和路途限制，盡情地享受寫意的漫步時光。這些曾經近乎消失或被遺忘的道路，經過修葺後構成了今日的偶來小路，其目的就在於連結島上每一個神秘的角落，讓人們擺脫以往走馬看花的旅行模式，盡情投入在大自然的壯麗當中。

偶來小路(올레길)的「偶來(올레)」是濟州方言，意思是「從大街通往家門的小巷道」。建構徒步小徑的計劃，啟發自西班牙聖地牙哥著名的「朝聖之路」，從2007年開始至今，總共規劃了26條路線，全長425公里，途經135座村莊，其中知名景點多達130多個。英國知名戶外旅行雜誌《Active Travelle Magazine》把濟州島的偶來小路評為「全球最受歡迎的十大海岸徒步路線」之一，不同路線的難度各異，沿途景致亦不一樣，所以可根據個人喜好來選擇步行路線。

另外，為了不讓旅客迷路，路上均設置有標示起點或終點的石碑、雙色記認絲帶、箭頭標示牌、嚮導板、繞行以及危險路段標誌，以及藍色小馬形狀的甘穗印章盒等等。有時根據路況，會稍微變更路線，這時請到濟州偶來諮詢處或官方網站確認最新路徑消息。

Ⓤ www.jejuolle.org (英、韓)

藍色小馬形狀的甘穗

「甘穗」是濟州偶來的象徵物「矮馬」的名字，這個名字出自濟州方言中的「甘穗達利(音譯)」，意思是「懶骨頭」。在岔路處會設有甘穗來指引道路，由起點往終點走的話，甘穗的頭部會指向該條路徑的前進方向。在有景點的地方，甘穗身上會放置標有嚮導文的馬鞍。在輪椅路段的起點，馬鞍上會標示著輪椅與「S(START)」字樣，在終點則標示著輪椅與「F(FINISH)」字樣。

● 濟州偶來旅客中心

1 濟州偶來護照

這是一本專為濟州偶來旅客準備的旅遊證明書，在濟州偶來小路的起點、中間點以及終點，都設有甘穗印章盒可以蓋章，而且會有相關路線的簡略說明以及地圖。

2 甘穗印章盒

立於各路線的起點、中間點以及終點，都有設立漆成藍色的木製甘穗印章盒，打開其頭部的蓋子，裡面會有代表各路線的印章以及印泥。

3 濟州偶來印章

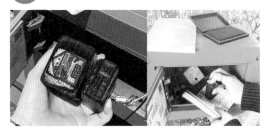

圖案涵蓋26條路線的特點，必須在護照上蓋上每條路線起點、中間點及終點的印章，才能認證走完全程。

4 濟州偶來的認證 走完全程的獎牌和證書

當你把所有路線走完，只要拿著蓋完所有印章的偶來護照到濟州偶來旅客中心(西歸浦市中正路22號，7號路線的起點)，便可以拿到官方認證走完全程的獎牌以及證書，獎牌有藍色與橘色兩種顏色，走完全程一次便可選擇其中一個顏色。

偶來小路路線難易度分類

難易度	路線
難度高	3A，9，18-1
難度中	1，1-1，2，4，5，7，7-1，8，10，11，12，13，14，15A，16，17，18，19，20
難度低	3B，6，10-1，14-1，15B，21
輪椅路線	1，4，6，8，9，10，10-1，12，14，17

257

偶 來 小 路 地 圖

—— 偶來小路途經路線
—— 偶來小路輪椅途經路線
—— 偶來小路B號途經路線
■ 偶來小路起點/終點
■ 偶來小路蓋章處
● 偶來小路路段號

18-1

17

15B

15A

16

濟州市

14

翰林邑

滙月邑

14-1

翰京面

13

大靜邑

安德面

中文區

西歸浦市

12

7-1

11

9

8

10

7

北

10-1

258

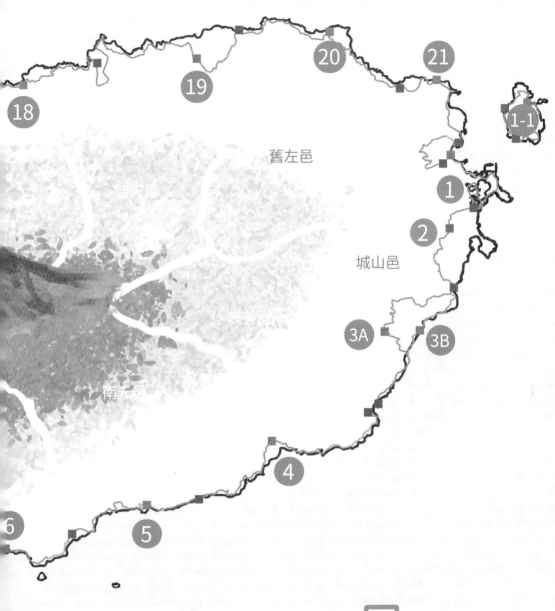

舊左邑

城山邑

JEJU OLLE

濟州偶來旅客中心

在濟州各區均設有大大小小的濟州偶來旅客中心，中心內除了有專人提供偶來小路資訊查詢外，還有販售偶來限定紀念商品，作為伴手禮也是不錯的選擇。另外，濟州偶來護照和指南手冊都是在偶來旅客中心發售。

● 濟州偶來護照，分為藍色和橘色兩種，內容其實一樣，20,000W/本

● 濟州偶來指南手冊，分為韓、簡中、日、英版本，10,000W/本

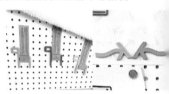

● 濟州偶來磁鐵，甘穗磁鐵5,000W/個，導向箭頭磁鐵7,000W/個

精選偶來路線

讓你的感性被碧綠色所感染
偶來小路20號路線 〔金寧>下道偶來〕

濟州島原始的風景，不斷刺激着人們的感性。在這條路線上，能夠盡情觀賞波光粼粼的濟州海岸，漫步在城勢基海邊、月汀里、坪岱里和細花里海邊，不知不覺間，你的感性也會被碧綠色的海洋所感染。在這裡還可以看到海女們的休息場所，以及濟州島以前的燈塔等。另一方面，這也是條地質觀察路線，可以看到火山爆發後，熔岩流入大海所形成的各種痕跡。而在杏園浦口，則立著朝鮮第15代國王光海君濟州流放地的石碑；再繼續朝著大海走去，用不了多久就會抵達終點站海女博物館。

路線 金寧西浦口停車場>濟州海女博物館涼亭
出發地 제주시 구좌읍 김녕리 4070
距離 17.6km　**難度** 中　**所需時間** 5~6小時

投入牛島和城山日出峰的懷抱
偶來小路21號路線 〔下道>終達偶來〕

這條路線從舊左邑下道里的海女博物館，一直延伸到終達里的海岸，雖然距離不長，不過沿途大海、平原的石牆路和火山丘等景觀，多姿多彩地連接在一起，令人感到餘韻不絕。在蜿蜒曲折的石牆背後，野花、綠悠悠的旱田作物、蔚藍的天空和起伏的波浪，形成了完美絕倫的風景畫作，任誰在這裡都會放慢腳步，沉醉在陽光、空氣和草香之中。

路線 濟州海女博物館涼亭>終達海邊
出發地 제주시 구좌읍 해녀박물관길 26
距離 11.3km　**難度** 低　**所需時間** 3~4小時

到訪濟州 | 비짓제주

VISIT JEJU

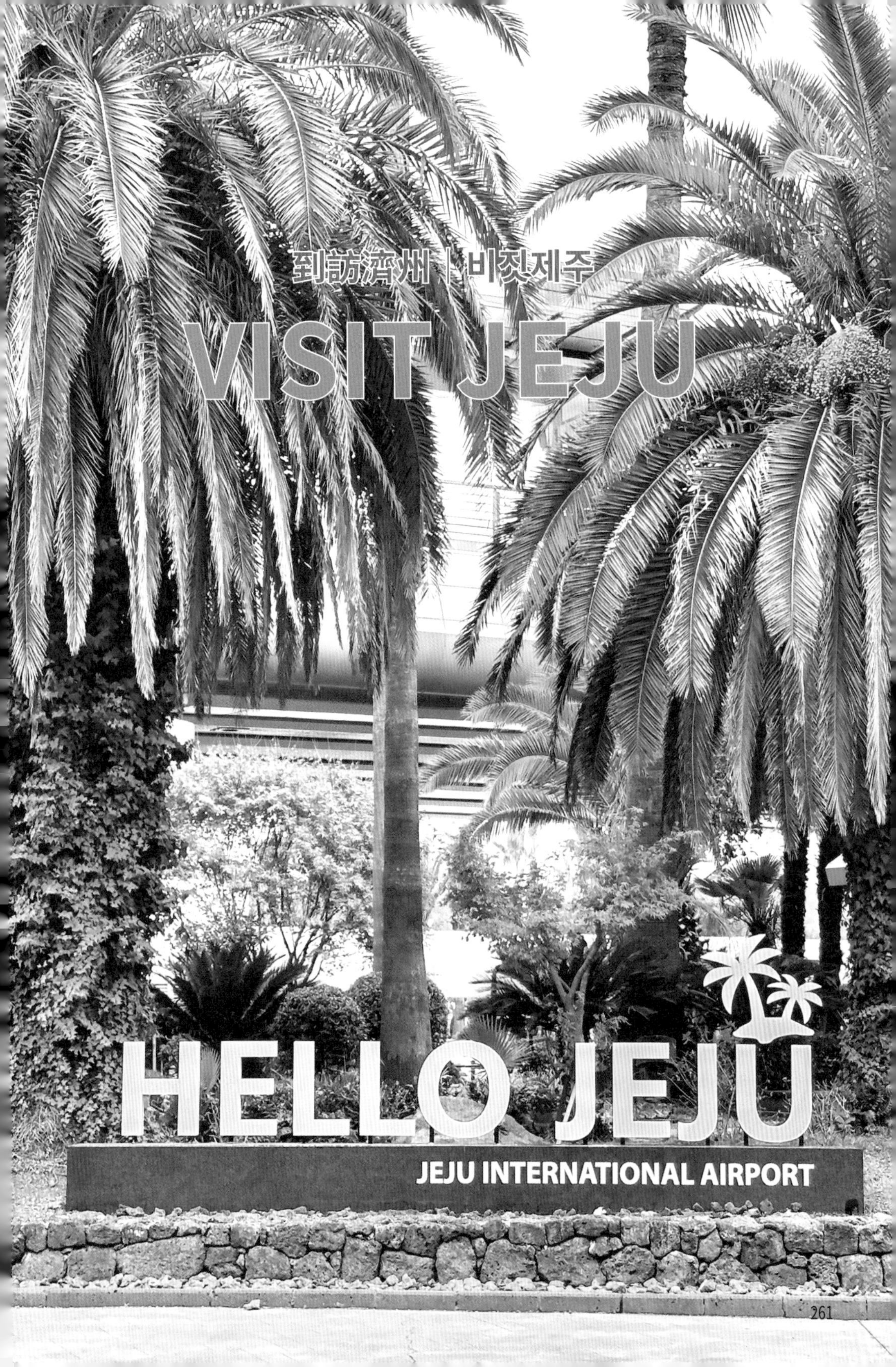

空 中 交 通

不論是台灣或是香港，都有直飛濟州的航班，從台灣到濟州大約需要兩小時，而從香港到濟州則大約需要三小時。濟州島上目前只有一個機場，那就是濟州國際機場(제주국제공항)。其實除了直飛之外，也可以選擇跳島遊的方式進行，例如在櫻花或紅葉盛開季節，許多人都會安排長線旅遊走遍韓國，一般會分為兩種路線：第一種是從首爾來濟州，在首爾金浦國際機場(김포국제공항)坐國內線前往，約需要1小時15分鐘；第二種是從釜山來濟州，在釜山金海國際機場(김해국제공항)坐國內線前往，約需要1小時。
另外，如果從台北直飛濟州的航班時間不能配合上行程規劃，亦可考慮以經由首爾的方式前往濟州，因為無論從台灣還是香港，直飛首爾仁川國際機場(인천국제공항)的航班選擇都非常密集，從台北松山與高雄也有直飛金浦國際機場的航班，而金浦直飛濟州的航班同樣也不少，所以很多時候以這樣轉機的方式前往濟州，經常會遇上特價機票，那就可以節省旅遊開支，不過當然也要考慮多出的轉機時間。

雪姬小提示

仁川國際機場前往金浦國際機場轉國內線到濟州，建議預留至少4小時

因為仁川國際機場離金浦國際機場還是有一段距離，如果選擇同日轉機到濟州的話，由離開仁川國際機場算起，到達金浦國際機場國內線大約需要1小時，而國內線如果需要行李託運的話，至少要提前45分鐘至1小時辦理登機手續，但問題是正常情況下在航空公司櫃檯還需要排隊等候一段時間，而且所有海外遊客搭乘國內線託運行李的話，都會嚴格檢查行李箱，所以地勤人員會要求你站到指定地方，等確認你的行李沒問題才能放行。也就是說，光是辦手續和等待的時間就可能花上半小時至1小時，所以想要順利轉機的話，建議離開仁川國際機場到金浦國際機場國內線辦理登機手續的這段時間，至少預留3小時較為保險。另外，當你在仁川國際機場下飛機後，有可能會遇上大量入境人潮，提領行李時亦有可能耽誤，故此預留在仁川機場的時間至少還要另加1小時，把時間預留得寬鬆一點，才不怕趕不上轉機，影響後續的行程。

雪姬小提示

便捷搜尋機票

濟州國際機場 = CJU
金浦國際機場 = GMP
仁川國際機場 = ICN

機場來往市區交通

抵達濟州國際機場之後，可以搭乘巴士或是計程車前往飯店，如果住的飯店就在濟州市中心內，一般都會建議直接搭乘計程車較為方便，因為車費就在幾千₩以內，如果有兩個人以上分攤車資的話，這是最舒適、最方便的選擇。不過若是飯店是在濟州市中心以外的話，那就建議搭乘機場巴士或巴士前往了。

前往濟州國際機場巴士選擇

巴士種類	費用	班次	下車地點	特點
機場豪華巴士 • 600號	5,000₩	- 平均15~40分鐘/班 **- 營運時間** 從機場出發 - 06：00(首班車) - 22：40(末班車) 從西歸浦出發 - 06：00(首班車) - 21：40(末班車)	機場 / 공항< > 西歸浦KIA飯店 /서귀포칼호텔 (經中文區)	-車廂下層設有擺放行李的空間，適合攜帶大型行李者 -到站提示有中、英、日、韓4種語言 -車站設在各大飯店附近
機場巴士 • 800號 • 800-1號	1,300~5,000₩ (分區收費，上車時司機會詢問下車地點，再按下車地區收費)	- 平均40~60分鐘/班 **- 營運時間** 從機場出發 **• 800號** - 06：00(首班車) - 21：25(末班車) **• 800-1號** - 06：20(首班車) - 21：50(末班車) - 22:30(深夜加開班次) 從西歸浦出發 **• 800號** - 06：20(首班車) - 22：00(末班車) **• 800-1號** - 06：20(首班車) - 22：00(末班車) - 22:30(深夜加開班次)	**• 800號** 濟州巴士客運站/제주터미널 < >新西歸浦巴士客運站/ 신서귀터미널 (經機場) **• 800-1號** 濟州巴士客運站< >西歸浦登記所/서귀포등기소 (經機場)	-車廂下層設有擺放行李的空間，適合攜帶大型行李者 -到站提示有中、英、日、韓4種語言 -車站設在各大飯店附近
紅色急行巴士 • 111號 • 112號	3,000₩	- 平均70~105分鐘/班 **- 營運時間** 從機場出發 **• 111號** - 07：20(首班車) - 22：00(末班車) **• 112號** - 06：40(首班車) - 21：10(末班車) - 22:30(深夜加開班次)	**• 111號** 機場 / 공항< > 城山港/ 성산부두 **• 112號** 機場 / 공항< > 城山港 (經市廳和濟州大學)	-車廂下層設有擺放行李的空間，適合攜帶大型行李者 -到站提示有中、英、日、韓4種語言

列表下頁續 ‖‖‖‖ ▶

巴士種類	費用	班次	下車地點	特點
紅色急行巴士 • 101號	3,000₩	- 平均15~40分鐘/班 - **營運時間** 從機場出發 -06：35(首班車) - 21：50(末班車) 從西歸浦出發 - 06：20(首班車) - 21：50(末班車)	機場<>新西歸浦巴士客運站(經咸德海水浴場及高城)	-車廂下層設有擺放行李的空間,適合攜帶大型行李者 -到站提示有中、英、日、韓4種語言 -車站設在多個東部著名海邊景區,而且終點站設在南部,是一台非常長途的急行巴士
藍色幹線巴士 • 315、316 • 365、366 • 325、326 • 332、370 綠色支線巴士 • 465、466	1,150₩	-請參考濟州巴士官方網頁了解詳情 Ⓤ bus.jeju.go.kr	舊城區圈(塔洞、七星路街)<>機場<>新城區圈(蓮洞、老衡洞)	-沒有設置行李架,只適合攜帶輕便行李者 -到站提示有中、英、日、韓4種語言
深夜循環巴士 • 3001號	1,150₩	- 平均30~40分鐘/班 - **營運時間** 從機場出發 - 22：00(首班車) - 00：25(末班車)	舊城區圈(塔洞、七星路街、市廳、濟州巴士客運站)<>機場<>新城區圈(蓮洞、老衡洞)	-沒有設置行李架,只適合攜帶輕便行李者 -到站提示有中、英、日、韓4種語言

• 機場計程車候車

• 位於GATE 5附近的600號機場豪華巴士候車站

• 位於GATE 3附近的800號機場巴士候車站

雪姬小提示

機場內不能使用
KAKAO-T叫車離開

濟州國際機場規定,如果客人需要搭乘計程車「離開機場」的話,只能夠在機場的計程車候車處搭乘,如果要使用KAKAO-T叫車到機場接機的話,必須先離開機場範圍,走到機場以外的地方才能夠正常叫車。相反的,如果是要叫車「前往機場」的話,則是沒有任何限制的。

海 上 交 通

國際郵輪

濟州島是國際郵輪必經的站點之一，郵輪主要停靠在南部的西歸浦江汀郵輪碼頭(서귀포 강정 크루즈터미널)，也有部分郵輪在北部的濟州港國際渡輪碼頭(제주항국제여객터미널)停靠。一般情況下郵輪會逗留6~7小時左右，遊客可以把握這半天的時間，來個濟州島的精華遊：如果是江汀郵輪港停靠的話，可以走南部中文區等景點行程，如果是濟州港停靠的話，則可以走濟州市中心附近的景點行程。

● 西歸浦江汀郵輪碼頭

國內客輪/渡輪

除了坐飛機入島外，在韓國不同地區也都有渡輪可以前往濟州島，例如從釜山木浦或仁川等地出發，都能抵達濟州港國際渡輪碼頭。詳細航班資訊，可以透過「韓國海運合作客輪預約網站」搜尋相關資料。

Ⓤ island.haewoon.co.kr (韓國海運合作客輪預約網)

● 濟州港國際渡輪碼頭　● 來往木浦的國內客輪QUEEN MARY 號　● 濟州港國際渡輪碼頭內前往木浦的售票處

濟州國際機場使用攻略

濟州國際機場作為韓國第三大機場，大樓左右兩邊分別為國際線和國內線，兩者之間是互通相連的。國際線的航班主要來往中國大陸、台灣、香港、新加坡等鄰近的亞洲城市，而國內線則能來往全國各大地區如首爾、釜山、大邱等等。

從機場到濟州市中心地區的路程非常近，最靠近的新城區如蓮洞和老衡洞，搭乘計程車前往只需10分鐘左右；而舊城區如七星路街和東門市場等地，則只需要15~20分鐘。從機場到租車公司亦十分方便，因為機場停車場劃分了租車公司接駁巴士專用的乘車區域，下飛機後先到租車公司櫃位登記，就可以直接在機場搭乘免費接駁巴士到達各大租車公司取車。

Ⓤ www.airport.co.kr/jejuchn/index.do

國際線介紹

國際線位於機場的GATE 5，出境大廳設於3樓，而入境大廳則設於1樓，主要店鋪設於GATE 1~3之間，也就是國內線內。機場不是24小時開放，每天大約5點半才開門，所以搭乘早班機離開濟州的旅客，請無須考慮在機場過夜，建議到市中心找飯店住一晚比較適合。而且機場除了便利商店外，大部分的店家都是早上7點後才陸續營業，故不用提早太多到達機場，只要在指定時間內辦好登機手續即可。一般情況下，下午5點後的國際線出境大廳最為繁忙，其他時間的人流倒還好。

從海關出來後到達入境大廳，設有SKT電訊供應商的櫃位，旁邊有WOWPASS機台，以及濟州觀光諮詢中心，還有銀行和提款機可以兌換外幣與提

款。入境後，最近的便利商店要去3樓才有，不然就要走到GATE 1國內線入境大廳的盡頭才能找到第二家便利商店，路途更加遙遠。另外，出境大廳位於GATE 4~5之間設有退稅櫃位，有退稅機器和人工櫃位供遊客使用，這邊更設有收費的行李寄放櫃檯。

在國際線的出境管制區候機大廳內設有小型免稅店、新羅免稅店以及樂天免稅店等免稅店的提貨區，另外還有一家CU便利商店、濟州紀念品店、麵包店和義式冰淇淋店等，不過大家想要購買伴手禮的話，還是建議在市中心先買好再到機場。另外要提醒的是，候機大廳內禁止吃泡麵或任何有味道的食物，所以建議大家前往機場前先吃早餐比較適合，雖然4樓美食廣場中有部分餐廳早上6點半就開始營業，但時間會非常趕，不建議搭早班機離開的人冒這個險。

國內線介紹

國內線在機場的GATE 1~4，佔據整個機場的三分之二，人流也比較多。同樣地，出境大廳設於3樓，而入境大廳設於1樓。1樓GATE 1附近開有著名的連鎖三明治店EGG DROP，以及便利商店和咖啡店，至於租車公司的櫃位則在GATE 2旁。位於3樓GATE 1附近設有多台自助辦理登機的機器，而且走到國內線的盡頭，還有兩間濟州特產和紀念品店，以及著名的連鎖麵包店巴黎貝甜。

國內線通過海關抵達出境管制區候機大廳後，設有大型免稅店，全濟州島唯一一家KAKAO FRIENDS專櫃就設在這裡。除此之外，候機大廳內還有便利商店，以及多家咖啡店及餐廳，環境非常擁擠熱鬧。

● 濟州國際機場3樓國內線近GATE 1的美麗發光藍色鯨魚裝置

● 1樓國際線入境大廳海關閘口出來就是濟州觀光資訊中心

● 濟州觀光資訊中心設有大量旅遊小冊子供取閱

● 1樓國內線入境大廳海關閘口出來左側亦是濟州觀光資訊中心

● 1樓和3樓樓層的國際線和國內線大廳是相通

● 1樓國內線入境大廳

!! 濟州國際機場1-4樓詳細介紹

濟州國際機場內有大大小小的店鋪和設施，各自分佈在不同位置，以下的平面圖能讓你了解機場的基本結構和店鋪分布：

1樓介紹

Ⓐ 巴黎貝甜	Ⓖ OLIVE YOUNG
Ⓑ WOWPASS機台	Ⓗ 旅遊咨詢
Ⓒ SK電訊供應商	Ⓘ 租車公司櫃位
Ⓓ 銀行、提款機、外幣兌換	Ⓙ EGG DROP
Ⓔ WOWPASS機台	Ⓚ 外幣兌換
Ⓕ 美食廣場	Ⓛ CU便利店

Ⓚ

• 1樓國際線入境管制區內的兌換店

Ⓗ 09：00~16：00
Ⓡ 提供外幣兌換服務　Ⓓ

• 1樓國際線入境大廳內的新韓銀行和濟州銀行

Ⓗ 06：00~21：00　Ⓐ

• 國際線GATE 5出口往停車場走開有巴黎貝甜

Ⓗ 07：00~21：00　Ⓕ

• 可在1樓GATE 3和4之間的美食廣場用早餐

Ⓗ 07：30~21：30　Ⓖ

• 1樓GATE 3和4之間的OLIVE YOUNG

Ⓗ 07：30~21：00　Ⓙ

• 1樓GATE 1旁的EGGDROP

• 1樓GATE 1 EGGDROP的旁邊開有CU便利店　Ⓛ

2樓介紹(國內線管制區候機大堂)

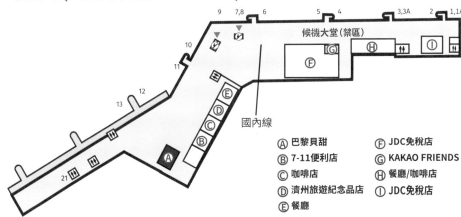

國內線

- Ⓐ 巴黎貝甜
- Ⓑ 7-11便利店
- Ⓒ 咖啡店
- Ⓓ 濟州旅遊紀念品店
- Ⓔ 餐廳
- Ⓕ JDC免稅店
- Ⓖ KAKAO FRIENDS
- Ⓗ 餐廳/咖啡店
- Ⓘ JDC免稅店

- 國內線候機大堂內設有大型JDC免稅店

- 國內線候機大堂內設有兒童玩樂區

- 國內線候機大堂人流量非常多

- JDC免稅店內設有KAKAO FRIENDS專賣店

- JDC免稅店內設有LOOPY專賣店

3樓介紹

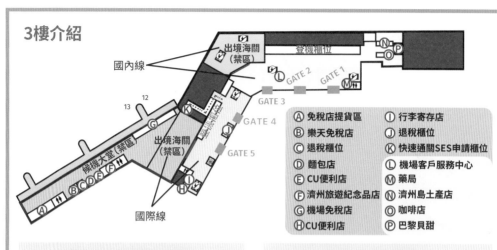

國內線
出境海關（禁區）
登機櫃位
國內線
候機大堂（禁區）
出境海關（禁區）
GATE 1
GATE 2
GATE 3
GATE 4
GATE 5
國際線
12
13

Ⓐ 免稅店提貨區　　Ⓘ 行李寄存店
Ⓑ 樂天免稅店　　　Ⓙ 退稅櫃位
Ⓒ 退稅櫃位　　　　Ⓚ 快速通關SES申請櫃位
Ⓓ 麵包店　　　　　Ⓛ 機場客戶服務中心
Ⓔ CU便利店　　　　Ⓜ 藥局
Ⓕ 濟州旅遊紀念品店　Ⓝ 濟州島土產店
Ⓖ 機場免稅店　　　Ⓞ 咖啡店
Ⓗ CU便利店　　　　Ⓟ 巴黎貝甜

Ⓚ SES快速通關申請櫃位

- 位於3樓GATE 4，近登機手續櫃位A25~A26之間的左手邊通道最裡面內。

- 3樓國內線外通道盡頭的巴黎貝甜

國際線候機大堂內的免稅店

Ⓘ 行李寄存服務

- 3樓出境大廳近海關閘口旁，設有收費的行李寄存服務，按行李尺寸及寄存時間收費，可用信用卡或韓幣現金結帳。另外，旁邊是入閘前最後一家便利店。

國際線候機大堂內(禁區)

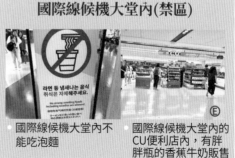

國際線候機大堂內的免稅店提貨區

國際線候機大堂內的樂天免稅店

國際線候機大堂內不能吃泡麵

國際線候機大堂內的CU便利店內，有胖胖瓶的香蕉牛奶販售

4樓介紹(美食廣場)

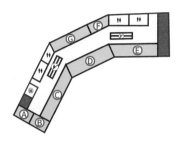

Ⓐ 美食廣場   Ⓓ 제주향토음식점   Ⓖ 진고복식당

Ⓑ QUIZNOS   Ⓔ Bell a bell

Ⓒ 1950   Ⓕ 카페 오가다

• 3樓GATE 3兩旁設有電扶梯前往4樓美食廣場

Ⓗ 06：00~22：00   Ⓐ

• 4樓的PLE EATING LOUNGE美食廣場

Ⓗ 07：30~21：00   Ⓑ

• 4樓的美式三明治店QUIZNOS

Ⓗ 08：00~20：20   Ⓒ

• 4樓的韓式料理店1950

Ⓗ 07：00~20：00   Ⓓ

• 4樓的濟州鄉土料理店제주향토음식점

Ⓗ 07：00~20：30   Ⓔ

• 4樓的韓式小吃咖啡店Bell a bell

Ⓗ 07：00~21：00   Ⓕ

• 4樓咖啡店Cafe오가다

Ⓗ 06：50~20：20   Ⓖ

• 4樓的韓式料理店진고복식당

······ 出發！365天 ······

濟州島

제 ······ 全攻略 ······ 주

租車自駕 X 行程規劃 X 食購玩宿 X 韓劇網紅熱點

韓國最美島嶼完整指南，明天就出發

作者雪姬 Suki Yeung
主編林昱霖
責任編輯蔣育荏
封面設計雪姬 Suki Yeung
內頁美術設計雪姬 Suki Yeung

執行長何飛鵬
PCH集團生活旅遊事業總經理暨社長李淑霞
總編輯汪雨菁
行銷企畫經理呂妙君
行銷企劃主任許立心

出版公司
墨刻出版股份有限公司
地址：115台北市南港區昆陽街16號7樓
電話：886-2-2500-7008 ／傳真：886-2-2500-7796 ／E-mail：mook_service@hmg.com.tw
發行公司
英屬蓋曼群島商家庭傳媒股份有限公司城邦分公司
城邦讀書花園：www.cite.com.tw
劃撥：19863813／戶名：書虫股份有限公司
香港發行城邦（香港）出版集團有限公司
地址：香港九龍土瓜灣土瓜灣道86號順聯工業大廈6樓A室
電話：852-2508-6231 ／傳真：852-2578-9337 ／E-mail：hkcite@biznetvigator.com
城邦（馬新）出版集團 Cite (M) Sdn Bhd
地址：41, Jalan Radin Anum, Bandar Baru Sri Petaling, 57000 Kuala Lumpur, Malaysia.
電話：(603)90563833 ／傳真：(603)90576622 ／E-mail：services@cite.my
製版·印刷漾格科技股份有限公司
ISBN978-626-398-055-6、978-626-398-054-9（EPUB）
城邦書號KJ3003 **初版**2024年9月 **初版二刷**2024年11月
定價480元
MOOK官網www.mook.com.tw
Facebook粉絲團
MOOK墨刻出版 www.facebook.com/travelmook

國家圖書館出版品預行編目資料

出發!365天濟州島全攻略：租車自駕X行程規
劃X食購玩宿X韓劇網紅熱點，韓國最美島嶼完整
指南,明天就出發/雪姬作.-- 初版. -- 臺北市：墨
刻出版股份有限公司出版：英屬蓋曼群島商家庭
傳媒股份有限公司城邦分公司發行, 2024.09
272面；16.8x23公分.-- (Focus；KJ3003)
ISBN 978-626-398-055-6(平裝)
1.CST: 旅遊 2.CST: 韓國濟州島
732.7999   113011692